CONSTRUCTION
AND MANAGEMENT
OF JUDICIAL
ADMINISTRATION
INFORMATIZATION

司法行政信息化建设与管理

数字法治与智慧司法研究丛书

陈雪松 ◎ 著

华中科技大学出版社
http://press.hust.edu.cn
中国·武汉

内 容 提 要

本书以指导"数字法治 智慧司法"工程实践为目标,从司法行政系统智慧司法局(所)、智慧监狱、智慧戒毒、智慧矫正、公共法律服务信息化建设需求出发,为读者阐述了司法行政信息化建设的网络规划、硬件资源、机房标准、实体业务中心规范、安全体系、运维保障、数据共享、项目组织、建设管理和验收标准等相关内容。书中所讨论的全部素材和相关技术,均来自实际案例,并经过了"数字法治 智慧司法"建设的实践验证。本书顺应全国司法行政系统信息化建设发展方向,秉承"一切业务数据化,一切数据业务化"的建设原则,真正体现指导司法行政系统各级单位信息化建设需要,具有行业性、实用性和指导性特点,适合政法院校相关专业及司法局(所)、监狱、戒毒所、社区矫正中心、公共法律服务中心信息化建设人员使用。

图书在版编目(CIP)数据

司法行政信息化建设与管理/陈雪松著.—武汉:华中科技大学出版社,2023.1(2023.10重印)
(数字法治与智慧司法研究丛书)
ISBN 978-7-5680-8790-2

Ⅰ.①司… Ⅱ.①陈… Ⅲ.①司法-行政-信息化-研究-中国 Ⅳ.①D926.1

中国版本图书馆 CIP 数据核字(2022)第 217682 号

司法行政信息化建设与管理

陈雪松 著

Sifa Xingzheng Xinxihua Jianshe yu Guanli

策划编辑:张馨芳
责任编辑:苏克超
封面设计:孙雅丽
责任校对:张汇娟
责任监印:周治超

出版发行:华中科技大学出版社(中国·武汉)　　电话:(027)81321913
　　　　　武汉市东湖新技术开发区华工科技园　　　邮编:430223
录　　排:华中科技大学出版社美编室
印　　刷:湖北金港彩印有限公司
开　　本:787mm×1092mm　1/16
印　　张:18.75　　插页:2
字　　数:386 千字
版　　次:2023 年 10 月第 1 版第 3 次印刷
定　　价:58.00 元

本书若有印装质量问题,请向出版社营销中心调换
全国免费服务热线:400-6679-118　竭诚为您服务
版权所有　侵权必究

前言
preface

《司法行政信息化建设与管理》是系统阐述司法行政信息化建设的专著。《司法行政信息化建设与管理》以理论为引导、实践为主线，介绍了"数字法治 智慧司法"的规划设计、网络架构、硬件建设、场所要求、审批备案、招标施工、质量监控、风险规避、安全保障的具体要求、关键节点、实施方法、制度建设等。

《司法行政信息化建设与管理》分别从"数字法治 智慧司法"的数据属性分析与逻辑结构、智慧应用设计、基础设备与环境设施、安全与运维体系、项目管理几部分进行了论述，书中所讨论的全部素材和相关技术均来自实际案例，并经过了"数字法治 智慧司法"建设的实践验证。通过本书，希望读者能够在主持研究和设计"数字法治 智慧司法"建设工程项目时明确司法行政信息化建设的基本理论、技术路线、数据模型、信息处理的特点和具体的实现方法，在实施"数字法治 智慧司法"建设工程项目时，能够清楚有哪些工作要做，应该怎样去描述业务逻辑关系、用户需求、业务分析，应该怎样去设计和实施，在实践中需要掌握的要点是什么，如何分析和规避信息化建设中的风险点等。

本书可作为各级司法行政机构理解司法行政体系与信息化体系的关系，进行信息化建设的指导意见，也可作为司法行政系统高等院校各专业司法行政业务通识教材，作为司法（监狱、戒毒所、矫正中心、司法所）信息化及相关专业的基础教材，还可以选择本书的相关内容，作为各地司法行政机关进行在职培训和晋衔培训的资料。

司法行政信息化建设的一般规律和流程对应本书的实际使用，可按如下步骤进行。

第一步，明确对应信息化建设的大概需求或展望。

第二步，对应本书章节和内容，定位自身信息化是哪一类（法治政府、智慧监狱、智慧戒毒、智慧矫正、公共法律服务）。

第三步，根据书中章节，主要考虑需要建设的项目（有的项目已经存在可以利旧，有的项目需要新建）。

第四步，根据项目确定所需要的网络、基础设备、设施、安全保障和运维。

第五步，形成立项报告、然后进行可研、初步设计、招标、建设（全程需要设计、监理、造价、审计参与）。立项时要考虑到司法行政系统信息化专业人才不足的现状，需要建设运维中心并提供人员驻场运维服务。

第六步，建设中需要有专门机构（科技信息化领导小组、各业务部门）、专业机构（设计、监理、造价、审计、测评等公司）协助完成。

第七步，要求有驻场运维人员参与运维，并对外公布统一运维热线。运维日志和运维数据分析作为系统改进升级的依据，形成应用和推进的闭环回路。

作　者

2022 年 11 月

《司法行政信息化建设与管理》
各类读者使用本书重点章节对应指南

章节	司法行政系统用户				高校用户				公司用户
	智慧监狱	智慧禁毒	智慧矫正	智慧司法局	高职生	本科生	硕士生	博士生	工程师
第一章 "数字法治 智慧司法"体系结构	√	√	√	√	√	√	√	√	√
第二章 司法行政网络规划与建设	√	√	√	√	√	√	√	√	√
第三章 司法云平台建设	√	√	√	√	√	√	√	√	√
第四章 机房及配套工程	√	√	√	√	√				√
第五章 应急指挥中心	√	√	√	√					√
第六章 公共法律服务中心				√	√				√
第七章 系统集成	√	√	√	√		√	√		√
第八章 灾备中心设计	√	√	√	√		√	√		√
第九章 安全防护体系	√	√	√	√	√	√	√	√	√
第十章 等级保护	√	√	√	√		√	√	√	√

续表

章节	司法行政系统用户				高校用户				公司用户
	智慧监狱	智慧禁毒	智慧矫正	智慧司法局	高职生	本科生	硕士生	博士生	工程师
第十一章 运维管理体系	√	√	√	√	√	√			√
第十二章 司法行政科技创新工作	√	√	√	√	√	√	√	√	√
第十三章 各级司法行政机构信息化建设内容	√	√	√	√			√	√	√
第十四章 司法数据资源开发	√	√	√	√			√	√	√
第十五章 立项、可研、初设、招标	√	√	√	√					
第十六章 "数字法治 智慧司法"建设项目管理	√	√	√	√		√	√		
第十七章 "数字法治 智慧司法"标准规范	√	√	√	√	√	√	√	√	√
附录 A "数字法治 智慧司法"标准名录	√	√	√	√	√	√	√	√	√
附录 B 初步设计参考目录	√	√	√	√		√	√		√
参考文献									

目录 contents

第一章 "数字法治智慧司法"体系结构 /1
第一节 "数字法治智慧司法"含义 /1
第二节 司法行政信息化含义 /2
第三节 "数字法治智慧司法"系统架构 /3
第四节 司法行政业务与信息化的层级架构说明 /7
第五节 "数字法治智慧司法"技术架构 /8
第六节 "数字法治智慧司法"数据库要求 /12

第二章 司法行政网络规划与建设 /21
第一节 网络设计概述 /21
第二节 司法行政网络平台建设需求分析 /23
第三节 "数字法治智慧司法"及网络基础架构 /24

第三章 司法云平台建设 /30
第一节 总体架构 /30
第二节 云平台软件 /31
第三节 区块链技术 /35

第四章 机房及配套工程 /38
第一节 机房建设概述 /38
第二节 机房功能分区 /39
第三节 装饰装修工程 /41
第四节 综合布线工程 /41

第五章　应急指挥中心　/43
 第一节　各级指挥中心指挥平台、场所及设备要求　/43
 第二节　各级指挥中心装饰工程与机房环境要求　/46

第六章　公共法律服务中心　/53
 第一节　系统理解　/53
 第二节　建设内容和要求　/55
 第三节　综合布线标准　/57
 第四节　安防监控系统　/58
 第五节　政务服务排队叫号系统　/64
 第六节　办公区域无线覆盖系统　/65

第七章　系统集成　/66
 第一节　司法行政业务系统设备通用要求　/66
 第二节　网络集成　/67
 第三节　软件集成　/68
 第四节　硬件集成　/68
 第五节　显示集成　/73
 第六节　技术集成　/74
 第七节　数据集成　/74
 第八节　系统总集成　/75

第八章　灾备中心设计　/77
 第一节　灾备概述　/77
 第二节　总体架构　/78
 第三节　备份架构设计　/80

第九章　安全防护体系　/82
 第一节　总体理解　/82
 第二节　网络安全域拓扑结构　/84
 第三节　基础安全能力　/85

第十章　等级保护　/103
 第一节　信息系统测评内容　/104

  第二节 测评实施原则 /104

  第三节 安全管理要求 /105

  第四节 测评风险规避要求 /106

第十一章 运维管理体系 /109

  第一节 运维管理总体要求 /109

  第二节 安全运维中心建设 /110

  第三节 运维监测建设 /112

  第四节 基础环境设施综合运行维护和配套服务 /118

第十二章 司法行政科技创新工作 /120

  第一节 形势与需求 /120

  第二节 科技创新基本原则 /120

  第三节 科技创新着力点 /122

第十三章 各级司法行政机构信息化建设内容 /129

  第一节 司法部信息化建设内容 /129

  第二节 司法厅信息化建设内容 /133

  第三节 市州司法局信息化建设内容 /138

  第四节 县区司法局信息化建设内容 /142

  第五节 乡（镇、街道）司法所信息化建设内容 /146

  第六节 监狱系统信息化建设内容 /147

  第七节 戒毒系统信息化建设内容 /157

  第八节 社区矫正信息化建设内容 /167

第十四章 司法数据资源开发 /178

  第一节 大数据服务支撑平台 /178

  第二节 司法行政信息分析平台 /189

  第三节 社会关系网络分析 /190

  第四节 司法行政事件分析研判子系统 /192

  第五节 司法行政知识库子系统 /194

  第六节 司法行政案例库子系统 /200

  第七节 精准普法系统 /204

第八节　质量提升系统　　　　　　　　　　　　　　　　　　　/206
第九节　辅助决策系统　　　　　　　　　　　　　　　　　　　/208

第十五章　立项、可研、初设、招标　　　　　　　　　　　　　/216
第一节　立项报告　　　　　　　　　　　　　　　　　　　　　/217
第二节　可行性研究报告　　　　　　　　　　　　　　　　　　/217
第三节　初步设计报告　　　　　　　　　　　　　　　　　　　/218
第四节　招标　　　　　　　　　　　　　　　　　　　　　　　/219
第五节　设计、监理、造价咨询管理　　　　　　　　　　　　　/228
第六节　审查项目文档（立项、可研、初设）　　　　　　　　　/234
第七节　合同　　　　　　　　　　　　　　　　　　　　　　　/235

第十六章　"数字法治智慧司法"建设项目管理　　　　　　　　/237
第一节　领导和管理机构职能　　　　　　　　　　　　　　　　/237
第二节　项目实施机构职能　　　　　　　　　　　　　　　　　/241
第三节　运行维护机构职能　　　　　　　　　　　　　　　　　/242
第四节　招标　　　　　　　　　　　　　　　　　　　　　　　/242
第五节　工程风险分析与规避　　　　　　　　　　　　　　　　/246
第六节　建设（实施）管理　　　　　　　　　　　　　　　　　/249
第七节　人员配置与培训　　　　　　　　　　　　　　　　　　/259
第八节　信息化项目建设面临的问题和解决思路　　　　　　　　/263

第十七章　"数字法治智慧司法"标准规范　　　　　　　　　　/266
第一节　信息化标准体系的需求分析　　　　　　　　　　　　　/266
第二节　"数字法治智慧司法"标准体系　　　　　　　　　　　/267

附录A　"数字法治智慧司法"标准名录　　　　　　　　　　　/274

附录B　初步设计参考目录　　　　　　　　　　　　　　　　　/275

参考文献　　　　　　　　　　　　　　　　　　　　　　　　　/286

致谢　　　　　　　　　　　　　　　　　　　　　　　　　　　/288

第一章 "数字法治 智慧司法"体系结构

第一节 "数字法治 智慧司法"含义

"数字法治 智慧司法"是司法部在机构重组后提出的信息化建设总体目标。

数字法治是指让所有司法行政领域工作都以数字化形式呈现,让各类法治工作的业务、流程、统计、分析、存储、传输、展现都以数字化方式进行,以数字化代替业务信息的传统记录、存取、调用、流转形态。

智慧司法是基于各业务的数字化状态,利用云计算、物联网、大数据、人工智能、区块链、机器人技术参与日常工作并辅助决策分析,从而提供司法行政各领域工作效能。

这里所说的智慧是指需要用人工智能来实现的一组软硬件协调工作,可自我学习、自我提升的类人智能化系统或装置所能达到的能力。

目前可用于进行人工智能分析的数据主要有视觉数据、听觉数据、触觉数据。视觉数据主要有文字、数字、符号、图像、视频,比如指纹、人脸、汉字等。听觉数据主要指音频,比如声纹、语言等。触觉数据主要指压力、摩擦力、电磁场力等,比如气压、摩擦阻力等。

智慧司法可简单理解为,利用各种计算机技术,让计算机学习司法行政及相关领域的视觉数据、听觉数据、触觉数据之间的逻辑关系,进而类人一样分析出司法行政工作中的规律性、耦合性、异常性关系,随着时间和数据量的增加,这种分析能力还应该自行提升,为司法行政系统工作人员提供辅助支持,为司法行政工作效能提升提供决策支持。

第二节　司法行政信息化含义

司法行政信息化是指充分应用现代信息技术,开发利用司法行政信息资源,促进司法行政信息共享,推进司法行政法治职能泛在化、监管职能科学化、法律服务职能惠民化、行政管理职能精细化,提升国家司法行政各业务履职水平,实现国家司法行政法治能力、监管体系和法律服务水平现代化。在谋划司法行政服务国家经济社会发展规划的层面,提出信息化支撑司法行政全面改革,既是对当今时代发展主题的深刻把握,也是对信息化驱动现代化战略决策的有力诠释。它是"十四五"期间国民和经济社会发展的必然选择,更是实现全面建成小康社会,实现中华民族伟大复兴战略目标不可或缺的重要支撑。

"数字法治 智慧司法"需要把原来业务相对独立的立法执法、依法治理、监管安全、公共法律服务用网络和数据连接起来,构建出司法行政业务一体化平台,让数据在平台内流动、经验在平台内积累、知识在平台内沉淀,形成智慧司法大脑,携手智慧公安、智慧交通、智慧医疗等智慧平台共筑智慧中国建设。平台对内可实现传统业务网上互通、数据全域共享、用户单点登录、智能辅助决策,对外统一服务标准、统一数据接口、统一反馈需求,形成司法行政系统统一对外形象。司法行政业务一体化平台建设框架如图1-1所示。

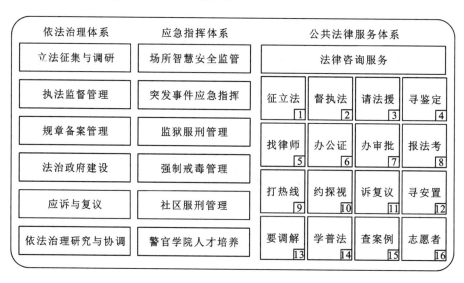

图1-1　司法行政业务一体化平台建设框架

信息化整体架构一般分为系统架构、技术架构、应用架构等。

（1）系统架构。系统架构指完整系统的组成架构。例如，服务平台、管理门户、终端门户、ATM门户、外部系统，以及接口、支撑系统等，将这些系统进行合理的划分。然后再进行功能分类细分，例如服务平台内部划分为系统管理、用户管理、账号管理、支付管理、接口层、统计分析等逻辑功能。

（2）技术架构。技术架构关注的是技术的分层及描述。从技术层面描述，主要是分层模型，例如物理层、数据层、逻辑层、应用层、表现层等，然后每层使用一定的技术框架，例如Spring、Hibernate、IOC、MVC、成熟的类库、中间件、Web Service等。

（3）应用架构。应用架构关注的是应用功能划分、应用功能集成和应用功能部署。主要考虑应用功能部署，例如不同的应用如何分别部署，如何支持灵活扩展、大并发量、安全性等，需要画出物理网络部署图。按照应用进行划分，还需要考虑是否支持分布式SOA。

第三节 "数字法治 智慧司法"系统架构

为落实网络强国战略思想，落实中央政法委全国跨部门大数据办案平台建设要求，加快"数字法治 智慧司法"建设，司法部提出"数字法治 智慧司法"建设要求。"数字法治 智慧司法"系统架构如图1-2所示。

一、理念和原则

1. "数字法治 智慧司法"理念

"数字法治 智慧司法"理念主要以网络强国战略为基础，紧紧围绕全面依法治国和数字中国战略部署，秉持"创新、协调、绿色、开放、共享"的发展理念，聚焦司法行政职能，着力打造"数字法治 智慧司法"，着力推进"数字法治 智慧司法"建设跨越式融合式发展，提高治理能力现代化水平。

2. 基本原则

（1）统筹规划。借鉴国家大力发展政务云和公有云的时机，着眼重新组建后司法行政的职能，全国"一盘棋"，统筹发展规划、完善顶层设计，构建"数字法治 智慧司法"信息化体系。

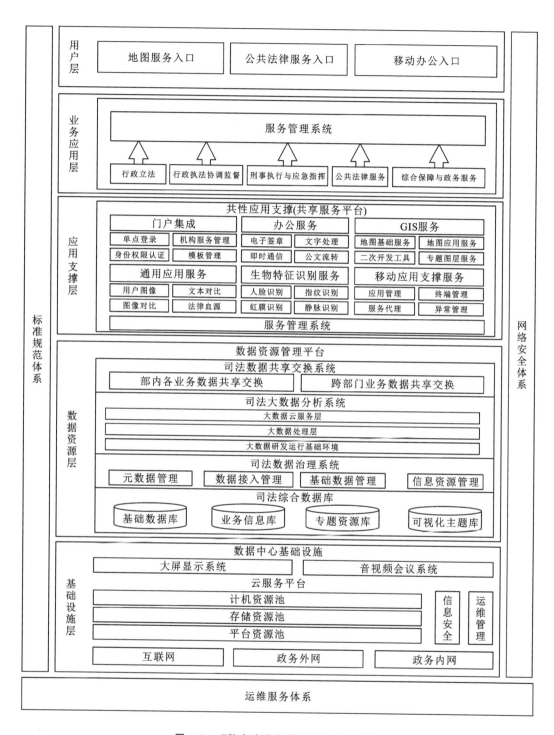

图 1-2 "数字法治 智慧司法"系统架构

（2）服务为本。重视基层感受，强调用户体验。应用移动互联网技术，拓宽在线业务、公共法律服务渠道，寓管理于服务中。使行政立法、行政执法和法律服务工作者充分感受信息化的力量和便利，为广大用户提供高效、便捷、多元化的服务。

（3）资源整合。充分利用已有的信息资源，对现有业务信息系统升级改造。新建系统必须符合新要求，在云平台上建设。将存量整合与增量投入有机结合，充分发挥信息系统最大效益。

（4）安全可控。涉密和非涉密分开。独立建网承载涉密业务和信息。非涉密系统也构建高标准的云上安全防护体系，积极防御、综合防范，确保高水平的网络、数据安全防护能力，保障"数字法治 智慧司法"人员数据、业务数据、案件数据安全、共享、可控。

二、建设目标

以前沿科技泛在融合为驱动，利用大数据、云计算、物联网、移动互联、人工智能、区块链技术全面打造"数字法治 智慧司法"。促进行政立法、行政执法监督、司法监管和法律服务全领域、全过程、全方位智能化向智慧化发展。实现信息流、数据流、业务流实时汇聚。动态感知社情民意，精准把握社会脉搏，提供社会风险热点预警。建立大数据评价体系，客观评估法治国家、法治政府、法治社会一体建设的成效，为实现全面依法治国提供技术支撑。

搭建"司法云""业务汇聚平台""协同共享入口"的信息化系统架构。满足各类云上业务的在线闭环运行与云上资源的共享融合。实现资源集中化、服务在线化、业务移动化、交互智能化的"数字法治 智慧司法"生态。用一切业务数据化、一切数据业务化思维，推动司法行政工作机制的持续演进升级与流程完善。

1. 建设司法云

司法云是结合公有云为民服务便捷性和政务云行政业务私密性的混合云。基于混合云服务分别建设国家级和省级司法云，作为所有司法行政非涉密业务信息化的基础设施，采用政务云和公有云相结合的模式，为"数字法治 智慧司法"提供先进的云环境支撑。面向公众服务的业务和司法行政非敏感业务建设在公有云上，司法行政敏感业务建设在国家电子政务外网的政务云上，涉密业务不在司法云上运行。司法行政现有的涉密业务将通过电子政务内网或专网传输，与司法云物理隔离。

司法云将发挥如下功能。一是实现司法部及全系统公有云上互联互通，解决基层司法所及法律服务机构无法接入国家电子政务外网的难题。二是通过提供高效、可动态伸缩的计算、存储、网络等各类基础云资源与云安全防护服务，支撑全部已有应用和数据的迁云、优化。三是帮助全系统快速搭建各类创新业务应用，实现云上开发、云上发布、云上应用、云上运维、云上演进。四是为司法部及全系统提供

"地理信息、实名认证、全文检索、舆情采集、移动终端、智能语音、智能客服、流媒体、数据可视化分析"等一系列开放式在线云服务。

2. 建设业务汇聚平台

建设司法数据资源平台和司法服务共享平台。借鉴公有云中一切业务数据化、一切数据业务化的实践经验,将数据资源最大化在线汇聚。同时,各类业务能力也将通过统一的司法云环境实现有效汇聚与动态演进,打破原有上下层级和业务部门间的壁垒,提升工作效率。

司法数据资源平台将统一汇聚云上业务应用的数据,通过统一的底层数据加工处理。其具备如下功能。一是构建包括行政立法全生命周期的信息资源等全国性法治政府基础资源。二是打通司法部及全系统内各业务条线与系统外相关部委的数据资源,并依此建立可服务于法治国家、法治政府、法治社会一体建设的数据资源体系与各类主题数据模型,如法治建设评估模型,行政立法主题模型,行政执法监督主题模型,行政复议和行政应诉主题模型,备案审查、法律服务主题模型,普法主题模型,场所监控主题模型等。三是基于统一的数据安全、管理与使用规范,实现数据的互通共享,提供数据地图、数据血缘、数据整合、数据开发、数据管理等一系列服务。四是基于数据唯一性、完整性、可靠性、共享性原则,向全国司法行政各级机构无条件提供所有数据共享。

司法共享服务平台将打造一个可服务于司法部及全系统的"一站式共享服务平台"。其具备如下功能。一是将基于数据资源平台开发的各类可在司法部及全系统共享的数据业务(如法律法规知识图谱、一法一档、一人一档、一所一档、执法足印、信用积分、法律服务机构关系图谱等)与各类云上业务应用的公共模块(如单点登录、公共服务目录查询、案件库、法规规章备案查询接口)汇聚到一起,以公共服务方式发布为可被各类业务调用的接口。二是充分利用司法部及全系统已有的业务能力进行快速搭建,提升应用开发效能、缩短开发周期、加速业务应用动态适应社会态势的能力。三是由司法行政统一开发各类业务系统,如行政复议、备案审查、立法公开征求意见、社区矫正、人民调解、法治宣传、法律援助、律师管理、公证管理、鉴定管理、人民监督员选任、安置帮教、基层法律服务、司法所管理、国家统一法律职业资格考试、中国法律服务网(含各省法律服务网)、法治政府建设、电子监察等,实现PC端和移动端功能一致,线上线下统一办理,全系统业务人员按岗位和权限使用。

3. 建设协同共享入口

(1)统一地图服务入口。建设对外服务公众、对内服务办公的中国"法治地图"。基于统一的在线互联网地图，运用二维、三维地图引擎，汇聚司法行政全部在线服务与资源，统一开发基础公共地图服务平台。其具备如下功能。一是在地图的每个位置上展示并融合所有的服务与资源，公众可通过访问在线地图作为公共服务业务入口，基于地理位置信息实现身边服务一键定位。二是全系统内部可根据地图位置，在线获取系统内各类服务资源的运行状态，通过大数据可视化技术，实现动态监管、动态分析、动态调度、动态跟踪。

（2）统一公共服务入口。借鉴"淘宝"模式，整合中国法律服务网和各省级法律服务网，建立面向公众的统一服务入口。其具备如下功能。一是广泛集成立法意见征集和反馈、法律法规智能化关联查询、执法社会监督、复议结果查询、普法学法、法治地图、法律咨询以及各类专业化法律服务，实现法治舆情的广泛感知、公共法律服务的广泛触达。二是通过建设法律服务类目库与用户多维画像，主动智能匹配法律服务资源，建立服务过程反馈机制、线上线下服务对接机制和法律服务评价机制，创新法律服务方式，创造一个完整的公共法律服务闭环生态。

（3）统一移动办公入口。基于司法云和业务汇聚平台提供的基础设施与资源服务，建设覆盖司法行政的统一移动智能客户端。其具备如下功能。一是接入各项业务，开发各类智能化移动办公应用。二是通过智能客户端后台的应用市场发布、推送，提供语音识别、图像识别、智能客服、文本提取等智能服务。三是通过业务、服务过程数据的自动采集与分析，减少手工录入，提升工作效率，实现工作智能化。

完成上述建设任务，将最大限度地释放互联网新技术新动能，全面推动司法行政工作创新。实现行政立法意见和法治舆情的全面采集和科学分析，凝聚社会共识，增强行政立法科学性、民主性。实现对行政执法行为的监督、规范。提升工作效率，保障公共法律服务供给均衡充分。强化人民依法维权意识，提升社会矛盾纠纷化解效能。使人民获得感、幸福感、安全感更加充实、更有保障、更加可持续。最终形成科学立法、严格执法、公正司法、全民守法的良好态势，推动依法治国战略进程。

第四节　司法行政业务与信息化的层级架构说明

司法部作为立法、执法、司法、普法、公共法律服务等业务的监督管理机构，其主要需求应是对全国各省（区、市）"数字法治 智慧司法"的业务（如立法、执法、司法、普法、公共法律服务）数据进行统计分析，掌控全局。其不是"数字法治 智慧司法"中条目数据的生产者，也不是必要的条目数据存储中心，而是数据统计分析中心。

省（区、市）一级司法厅（局）是本省（区、市）立法、执法、司法、普法、公共法律服务、依法治省（区、市）的具体发布、管控、监督机构，因此要在省（区、市）级建立适用于全省（区、市）的"数字法治 智慧司法"云平台，平台应包含数据生产系统、数据存储系统、数据共享系统、数据交换系统、数据分析预警系统、数据核查系统等。省（区、市）级平台向司法部可提供统计结果，也可按需提供条目数据记录。向市州、区县、所各级提供全省（区、市）统一的数字法治业务系统和业务功能，也可将所有条目数据分享给当地司法行政机关和党委政府，供其对本地智慧政府、智慧城市建设进行大数据分析。

省（区、市）级政府各执法管理机关，按照谁执法谁普法的原则，是本省（区、市）执法、司法、普法的发布、管控、监管机构。应按照自身业务范围和需求建设本系统的执法管理平台，用于将条目数据（统计数据应自动生成）同步到省（区、市）级司法厅（局）执法监督平台。

市州、区县、所级用户是数据生产者，其在日常工作中以案件记录的方式提供每一条记录数据。这些数据都存储在司法云省（区、市）级业务系统和数据中心。

第五节 "数字法治 智慧司法"技术架构

"数字法治 智慧司法"技术架构包含基础网络架构、基础数据库架构、信息流架构和业务应用系统架构，如图1-3所示。

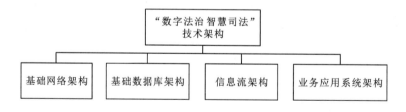

图1-3 "数字法治 智慧司法"技术架构组成图

一、基础网络架构总体要求

基础网络架构要充分考虑司法行政组织管理结构、人财物信息管理关系、司法行政业务职能和管理关系、业务覆盖范围、地区经济发展分布等。

司法行政相较于公安、检察、法院、国安等政法单位有其自身特点。

第一，司法行政各类业务管理属司法部管理和指导，资金和人员属各级政府管理。

第二，业务范围在纵向上要与司法部各业务保持一致，也要与当地政府和党委政法委工作保持一致，还要与所管辖的下级司法行政机构实现业务统一；在横向上要与当地公安、武警、检察、法院、司法（监狱、戒毒、社区矫正）机构实现业务互通、数据共享、信息互核、联合办案，而公安、武警、检察、法院、监狱、戒毒机构都有各自的业务专网。

第三，服务对象范围既有执行刑事执法的服刑人员，也有执行行政执法的强制隔离戒毒人员，还有所辖业务范围内的全体公众。

第四，跨区域业务互联时，异地政法机构的互联互通需要实现异构网络通信。

第五，司法行政监管业务数据属工作敏感信息，不宜在互联网上存储和传输。司法行政公共法律服务数据属一般信息，可在互联网上存储和传输。选择司法行政基础网络架构尤为重要。现有信息化网络有公众广泛应用的互联网，各行业自上而下的专网如检察院专网、法院专网、政法专网，各单位自行组建的内部网如监狱内网、戒毒内网，还有国家电子政务办建设的电子政务外网。

司法行政需要为公众提供各类公共法律服务，需要在互联网上为用户提供各类数据交互。为保障工作敏感数据的存储和传输安全，需要在有安全保障的网络上传输，可以选择电子政务外网或专网。国家电子政务外网属于三级等保网，目前已覆盖全国所有县市区政府机构和大部分乡镇。根据国家相关网络建设要求，已不再审批政府机构的行业专网建设。因此，全国司法行政的基础网络架构应选择以国家电子政务外网为核心网络，互联网为扩展网络，实现司法行政业务互联网受理，电子政务外网办理，互联网反馈的结构。

二、基础数据库架构总体要求

基础数据库架构要充分考虑数据的准确性、完整性、关联性、唯一性、安全性、共享性，基础数据库与主题数据库的关系，数据库的增、删、改、并、查的支撑能力。

司法行政业务涵盖立法、执法、监督、备案、宣传、咨询、援助、律师、鉴定、公证、调解、司考、审批等众多业务，这些业务相对独立又相互关联，为确保数据的高可用性、唯一性、准确性、共享性，需要以人员数据库、机构数据库、地理数据库为基础数据库，在此基础上构建各业务的主题数据库。为保障各业务系统便捷操作，需要在业务主题数据库的基础上构建业务知识库。业务主题数据库根据业务需求，同时形成案例数据库，既可以为司法行政工作人员提供完整案例辅助办案，也可为公众实现典型案例释法。

三、信息流架构总体要求

信息流架构要充分考虑信息在整个"数字法治 智慧司法"系统中的产生、保存、读取、更改、迁移、共享、关联、存档、回收的全生命周期。对信息进行贯穿其整个生命的管理，需要相应的策略和技术实现手段。信息生命周期管理的目的在于帮助司法行政在信息生命周期的各个阶段以最低的成本获得最大的效益。

信息流在现代软件中需要考虑信息的全生命周期记录、信息流的信息记录和信息的价值体现。以律师信息为例，律师在还没有成为律师之前是以法律职业资格考试的考生信息首次进入司法行政人员数据库中。然后随着法律职业资格考试的报名、审核、考试与其考试成绩相关联，考试通过后申请律师资格证。此时行政审批系统提出其报考信息，审核相关材料后通过审核，进入律师管理系统，成为见习律师。见习律师的相关业务信息在律师所管理系统中存在，并最终与律师管理系统对接。进入律师管理系统后，不仅每年需要进行年审，而且要与法律援助系统对接，在法律援助系统中成为可提供法律援助的律师。在与公安、法院、检察院系统对接后，可在公安、法院、检察院系统中实现律师信息同步，律师参与的案子将随判决书、调解书等固化下来。如果律师在执业过程中出现被表扬、奖励或投诉、处罚，则律师信息将同步到公安、检察、法院、援助系统中，其历史信息及信息的修改记录始终留存。

四、业务应用系统架构要求

业务应用系统架构要充分考虑司法行政对公众服务的便捷性、对监管工作的有效性、对立法的科学性、对监督的全面性、对公共法律服务的规范性、对行政管理的精细化、对各类数据分析的精准化，最终实现便捷服务、精细管理、科学决策的智慧司法。

业务应用系统架构属软件工程中的软件架构，基于业务应用需求进行设计，要满足以下特性。

1. 可靠性

司法行政软件系统对于用户的业务管理来说极为重要，因此软件系统必须非常可靠，特别是在业务进行中出现各种不同类型的中断情况时，业务可以追溯到中断前的状态。

2. 安全性

司法行政软件系统所承担的业务数据均涉及法律相关问题，其证据价值极高，系统的安全性非常重要。

3. 可伸缩性

司法行政软件必须能够在用户的使用率、用户的数量快速增加的情况下，保持合理的性能。只有这样，才能适应用户扩展的可能性。

4. 可定制化

司法行政软件要求可以根据客户群的不同和特殊需求的变化进行调整。

5. 可扩展性

因业务系统的相互关联性、协同办公数据的流动性和新技术出现的不确定性，一个软件系统应当允许各过程数据、节点数据与其他软件系统的数据交换、导出导入和新技术的融合应用，从而对现有系统进行功能和性能的扩展。

6. 可维护性

司法行政软件系统的维护包括两个方面：一是排除现有的错误；二是将新的软件需求反映到现有系统中。一个易于维护的系统可以有效地降低技术支持的花费。

7. 可交互性

司法行政软件系统要求操作界面能与用户进行全方位深度交互，可以通过网页、语言、文字、选项、颜色、声音、振动等方式与用户进行互动。

8. 客户体验

司法行政软件系统应了解用户想要什么，用户在思考什么，用户相信什么，用户能记住什么，等等，实现系统易用、好用、用户爱用。

第六节 "数字法治 智慧司法"数据库要求

数据库是"数字法治 智慧司法"应用系统的核心基础,数据库设计建立起数据库应用系统,并使系统能有效地存储数据,满足用户的各种应用需求。从长远来看,系统间信息交互的需求会越来越大,并且将来会与更多的外来系统进行数据交互,数据库设计将充分考虑数据库的规范性、安全性、分布性以及性能优化等因素。

一、基本原则

1. 全面准确

系统数据库内容应该尽可能全面,字段的类型、长度都能准确地反映系统建设的业务需要,所采用的字段类型、长度能够满足当前和未来的业务需要。

2. 关系一致

应准确表述不同数据表的相互关系,如一对一、一对多、多对多等,符合业务数据实际情况。同时应包含是否使用各种强制关系(指定维护关系的各种手段,如强制存在、强制一对一等等)。

3. 松散耦合

各个系统之间应遵循松散耦合的原则,即在各个系统之间不设置强制性的约束关系。一方面避免级联、嵌套的层次太多;另一方面避免不同系统的同步问题。系统之间的联系可以通过重新输入、查询、程序填入等方式建立,系统之间的关联字段是冗余存储的。

二、可靠性要求

1. 快速自动故障恢复

数据库服务器不可避免会遇到系统故障问题,如操作系统崩溃、机器掉电等。数据库在故障恢复时,采用并行处理机制执行 redo 日志,有效减少重做花费的时间。

主备系统是数据库管理系统提高容灾能力的重要手段。系统由一台主机与一台或多台备机构成。主机提供正常的数据处理服务,备机则时刻保持与主机的数据同步。一旦主机发生故障,备机中的一台立刻可以切换成为新的主机,继续提供服务。主备机的切换是通过服务器、观察器与接口自动完成的,对客户端几乎完全透明。

借助改进的字典缓存机制,主备系统可以提供全功能的数据库支持。客户端访问主机系统没有任何功能限制,而备机同样可以作为主机的只读镜像,支持客户端的只读查询请求。

图1-4为数据守护系统框架图。

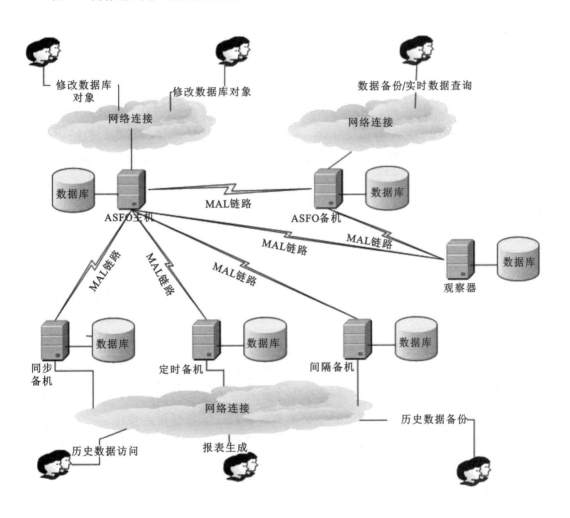

图1-4　数据守护系统框架图

2. 备份与恢复

数据库系统提供数据库或整个服务器的冷/热备份以及对应的还原功能，达到数据库数据的保护和迁移。

在原有数据库级备份/还原功能基础上，新增了表级物理备份功能。

表级备份操作将指定表的所有数据页保存在备份文件中，并在控制页中记录其关联信息。还原时，从目标数据段中逐个分配新页，复制内容，并按照记录中的关联信息重新构造还原出原始数据。

表级物理备份兼具物理备份的快速性和逻辑备份的针对性，具有很强的实用性。表级备份可以作为特定对象数据迁移与快速装载的解决方案。基于表级备份技术进行数据库的备份还原，还可以达到数据库文件的重组与收缩目的。

3. 逻辑日志

数据库管理系统在 redo 日志之外，添加了逻辑日志。逻辑日志记录数据库表上的所有插入、删除、更新等数据变化。可以指定部分表记录逻辑日志，也可以设置所有表记录。借助逻辑日志，系统可以提供操作分析、数据重演以及数据复制等高级功能。

4. 高级复制

数据库管理系统的复制功能基于逻辑日志来实现。主机将逻辑日志发往从机，而从机根据日志模拟事务与语句重复主机的数据操作。相对语句级的复制，逻辑日志可以更准确地反映主机数据的时序变化，从而减少冲突，提高数据复制的一致性。

提供基于事务的同步复制和异步复制功能。同步复制即所有复制节点的数据是同步的，如果复制环境中的主表数据发生了变化，这种改变将以事务为单位同步传播和应用到其他所有复制节点。异步复制是指在多个复制节点之间，主节点的数据更新需要经过一定的时间周期之后才反映到从节点。如果复制环境中主节点要被复制的数据发生了更新操作，这种改变将在不同的事务中被传播和应用到其他所有从节点。这些不同的事务间可以间隔几秒、几分钟、几小时，也可以是几天之后。复制节点之间的数据在一段时间内是不同步的，但传播最终将保证所有复制节点间的数据一致。数据复制功能支持一到多复制、多到一复制、级联复制、多主多从复制、环形复制、对称复制以及大数据对象复制。

5. 基于共享存储的集群技术

数据库管理系统提供基于共享存储的高性能集群。

数据库共享集群，支持共享数据文件访问，多个数据库实例访问相同的数据文件，内部采用缓存交换技术，实现实例间的数据访问与传递。

共享集群不同实例之间使用内部通信系统交互。

集群架构中，对于每一个数据库实例，数据库文件和控制文件都是共享的；日志文件是独立的，即每个实例拥有私有日志文件。

支持故障转移机制。当某个实例发生故障时，系统将其屏蔽，其余实例将自动接管故障节点的连接负载，数据库服务不会中断。

三、存储架构

存储架构（见图 1-5）根据系统特点，逻辑上划分为关系型数据库、NoSQL 数据库、资源存储区（非结构化）。其中关系型数据库又细分为业务数据、信息发布数据、管理数据、基础数据，实现对平台所有数据统一存储和管理，对外提供统一的数据视图和数据访问服务。

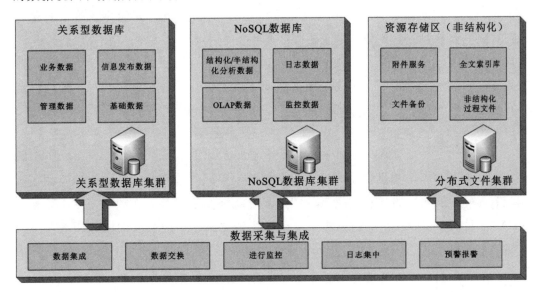

图 1-5 储存架构

关系型数据库支撑核心业务数据，建立业务数据、信息发布数据、管理数据、基础数据。

元数据库中的元数据是关于数据的数据，是对信息资源结构化的描述。元数据管理是数据管理的重要组成部分，能够有效保证平台数据的获取和分析。

数据交换库为了避免基础业务库工作时对业务系统生产库产生影响，建设交换数据库，划分为新建业务应用生产库前置区、外部数据抽取和交换的中转区，作为各阶段数据集成工作的数据处理区域。

采用主流关系型数据库技术，建立核心业务数据，对基础数据产品、固定报表业务以及商务智能应用提供数据支撑。

因分析数据、日志数据、监控数据等海量半结构化、结构化数据，使用 NoSQL 数据库 HBase 对其进行存储。HBase 具有易扩展、性价比高、运维成本低等优点，同时其部署集群机器可以使用普通 SATA 盘来支持海量半结构化、结构化数据。

四、性能要求

1. 查询优化

数据库管理系统采用多趟扫描、代价估算的优化策略。系统基于数据字典信息、数据分布统计值、执行语句涉及的表、索引和分区的存储特点等统计信息，实现了代价估算模型，在多个可行的执行计划中选择代价最小的作为最终执行计划。同时，还支持查询计划的 HINT 功能，可供经验丰富的 DBA 对特定查询进行优化改进，进一步提高查询的效率和灵活性。

数据库管理系统查询优化器利用优化规则，将所有的相关子查询变换为等价的关系连接。相关子查询的平坦化，极大降低了代价优化的算法复杂程度，使得优化器可以更容易地生成较优的查询计划。

2. 查询结果的缓存

数据库管理系统提供查询结果集缓存策略。相同的查询语句，如果涉及的表数据没有变化，则可以直接重用缓存的结果集。查询结果缓存，在数据变化不频繁的 OLAP（联机分析处理）应用模式，或存在大量类似编目函数查询的应用环境下有非常良好的性能提升效果。

在服务器端实现结果集缓存，可以在提升查询速度的同时，保证缓存结果的实时性和正确性。

3. 适度冗余

数据库设计中尽量减少冗余，同时保留适当的冗余。主要基于以下几点考虑。

（1）提高性能。如果数据的记录数较多，执行多表联合查询时会显著降低性能。通过在表中保留多份拷贝，使用单表即可完成相应操作，会显著改善性能。

（2）实现耦合关系的松弛。需要保留冗余信息，否则当数据记录不同步时，会因为其中一个系统无法运行而导致整个系统均无法运行。

（3）为备份而冗余。如果其中某些数据或某些系统不是一直可用，则可以考虑在可用时将其保存到系统的数据库中以提高整个系统的可用性。

4. 高频分离

将高频使用的数据从主表中分离或者冗余存储（如限制信息的检测等），有助于大幅度提高系统运行的性能。

五、安全要求

（一）数据安全性

数据的安全特性主要包括数据独立性、数据安全性、数据完整性、数据备份及故障恢复等。

1. 数据独立性

数据独立性包括物理独立性和逻辑独立性两个方面。物理独立性是指用户的应用程序与存储在磁盘上的数据库中的数据是相互独立的。逻辑独立性是指用户的应用程序与数据库的逻辑结构是相互独立的。

2. 数据安全性

操作系统中的对象一般情况下是文件，而数据库支持的应用要求更为精细。通常比较完整的数据库对数据安全性采取以下措施：

（1）将数据库中需要保护的部分与其他部分相隔；

（2）采用授权规则，如账户、口令和权限控制等访问控制方法；

（3）对数据进行加密后存储于数据库。

3. 数据完整性

数据完整性包括数据的正确性、有效性和一致性。正确性是指数据的输入值与数据表对应域的类型一样；有效性是指数据库中的理论数值满足现实应用中对该数值段的约束；一致性是指不同用户使用的同一数据应该是一样的。保证数据的完整性，需要防止合法用户使用数据库时向数据库中加入不合语义的数据。

4. 数据备份及故障恢复

正常情况下系统的各种应用在计算中心运行，备份数据在数据中心和灾难备份中心两地保存。当灾难发生时，使用备份数据对工作系统进行恢复或者将应用切换到备份中心。灾难备份系统中数据备份技术的选择应符合数据恢复时间或系统切换时间满足业务连续性的要求。

可以根据各业务系统的特性，选用以下不同的方式进行备份。

（1）通过磁带备份（包括虚拟带库和物理带库）。磁带存储系统是所有存储媒体中单位存储信息成本较低、容量较大、标准化程度较高的常用存储介质之一。它互换性好、易于保存，近年来由于采用了具有高纠错能力的编码技术和即写即读的通道技术，大大提高了磁带存储的可靠性和读写速度。

（2）基于应用程序的备份。通过应用程序或者中间件产品，将数据复制到灾难备份中心。在正常情况下，应用程序在将数据写入本地存储系统的同时，也将数据发送到灾难备份中心，灾难备份中心只在后台处理数据，当数据中心瘫痪时，灾难备份中心利用已备份的系统数据，迅速接管业务。

（3）数据库的远程数据复制。基本原理是将数据中心的数据库日志传送到远程灾难备份中心的数据库中，通过日志同步两端的数据库。这种方式需要数据库软件的支持。由于数据库方式只是传送数据库日志，与应用没有直接关系，因此无须对应用程序做大量修改。这种灾难备份方式适用于对数据库有远程灾难备份需求，且传输距离较长、网络传输带宽不大的业务系统环境。

（4）服务器逻辑卷的远程数据复制。这种方式在服务器操作系统逻辑卷管理软件基础上实现，通过 IP 网络将逻辑卷操作传输到异地主机，在异地主机执行同样的逻辑卷操作，保证本地和远端逻辑卷的一致性。这种灾难备份方式适合文件、数据库等多种数据的远程复制要求，并且对应用系统和数据库是透明的。

（5）基于存储备份软件实现的远程数据复制。数据的复制和同步通过存储备份软件实现，系统的灵活性很强，完全不依赖主机系统和存储系统，也不影响本地应用的响应速度，数据可以从任何存储设备上镜像到任何地点的任何存储设备上。

（6）基于服务器虚拟化管理软件的虚拟机快照。虚拟机快照是虚拟机在特定时刻的状态、磁盘数据和配置的基于文件的"拷贝"。当虚拟机发生故障时，可通过将相应快照应用于虚拟机，将虚拟机恢复为任何以前的状态。

（二）安全管理

核心数据库管理采用 RBAC（基于角色的访问控制）的基本思想，把整个访问控制过程分成两步：访问权限与角色相关联，角色再与用户关联。从而实现了用户与访问权限的逻辑分离。由于 RBAC 实现了用户与访问权限的逻辑分离，因此它极大地方便了权限管理。例如，如果一个用户的职位发生变化，只要将用户当前的角色去掉，加入代表新职务或新任务的角色即可，角色/权限之间的变化比角色/用户关系之间的变化相对要慢得多，并且委派用户到角色不需要很多技术，可以由行政管理人员来执行。而配置权限到角色的工作比较复杂，需要一定的技术，可以由专门的技术人员来承担，但是不给他们委派用户的权限，这与现实中的情况正好一致。实现权限控制的基本思想是：根据 RBAC 的基本原理，给用户分配一个角色，每个角色对应不同模块的不同权限，同一个用户可属于不同的角色，对模块的操作权限取用户所属几个角色的最高权限。

数据库安全要求通过权限角色管理的方式来实现，权限管理分为数据权限管理与功能权限管理，对应角色就有数据管理角色与功能管理角色。不同的角色具有不同的权限，不同的用户根据实际应用情况可以隶属于一个或多个角色，以此来实现用户的权限分配。

根据数据库管理的业务需求，数据库的用户层次主要分为决策用户、各部门用户和系统管理维护用户三个大的类型。每个类型下面根据用户的业务性质和应用的需求，可以分为多级用户，每级用户享有不同的对系统数据库访问和操作的权限。

根据系统用户的划分（见表 1-1），基础数据库的用户主要分为三级用户，即超级用户、中级用户和一般用户。其中超级用户仅限于软件设计开发过程中使用，一旦系统进入正式上线运行，则不存在超级用户。

表 1-1 系统用户的划分

用户级别	用户权限	用户对象规划
超级用户	数据查询、浏览	系统管理维护用户
	数据更新权限	
	数据上传、下载权限	
	数据库备份权限	
	数据库中级用户和一般用户管理	
	数据库日志管理	
	数据库安全管理	
	数据库运行管理	

续表

用户级别	用户权限	用户对象规划
中级用户	数据查询、浏览	数据库系统的一般管理人员
	数据更新权限	各部门用户
	数据库一般用户管理	
	数据库日志管理	
	数据库安全管理	
	数据库运行管理	
一般用户	数据查询、浏览	一般部门用户、系统管理维护用户、决策用户

第二章 司法行政网络规划与建设

第一节 网络设计概述

司法行政系统网络建设规划应满足现在和将来一段时间信息化建设总体规划和要求，充分考虑网络种类、云架构、数据共享交换、应用服务和网络安全等多重因素。整体规划中应考虑司法部以电子政务外网为基础的司法行政网络要求，各省（区、市）因政法工作需要建设的政法专网、重要文件传输的专网和公众使用的互联网。在各地新建司法云数据中心的基础上，网络系统设计可以充分利用数据中心资源，通过虚拟化平台和分布式数据中心管理平台，形成逻辑统一的资源池，并通过分布式云数据中心统一管理平台功能对各个业务系统、大数据平台提供统一的基础设施服务。

一、建设目标

司法行政业务、大数据中心、数据交换共享平台、数据灾备中心网络总体建设目标为：借鉴互联网思维及服务理念，建设顺应司法行政发展趋势的动态云网络，实现网络可编程，建立功能模块化、规模可伸缩、资源可调配的网络架构，支持云主机以及对应的网络与安全策略在物理分散的数据中心之间动态迁移。

为保证司法行政业务的正常开展，各级司法行政单位需要接入电子政务外网。

二、建设内容

司法行政系统组网内容如下。

1. 动态可调配的基础网络

采用网络虚拟化等技术,构建司法行政数据中心网络。统一网络资源服务,构筑统一资源服务平台,为各个应用提供统一的基础网络资源服务。使应用在开发过程中,可以不用再考虑网络基础资源的设计,只需专注于业务的设计。统一网络资源服务包括虚拟网络服务、弹性IP服务、弹性负载均衡服务等。

2. 具有适度先进性的 SDN 网络

在数据中心的业务专网服务区利用 SDN 技术构建高速、可靠、敏捷的基础网络,并通过控制器与数据中心云平台互通,向业务系统提供灵活、简便的资源管理,以及业务开通、发放与迁移服务。

三、建设原则

基于数据中心的高安全性、高扩展能力和可管理性的业务需求,司法行政系统网络架构的总体规划遵循结构化、模块化和层次化的设计理念,业务平面、管理平面和存储平面三个平面分离,实现网络层次清楚、功能明确,数据资产安全和管理便捷,提高系统的可扩展性、安全性和可维护性。

根据司法行政不同业务功能区域之间的隔离需求,将数据中心的网络按照功能的不同分成多个业务区域,各业务区域之间实现网络的不同程度隔离。

四、建设要求

1. 结构化

结构化设计便于上层协议的部署和网络的管理,提高网络的收敛速度,实现高可靠性。司法行政系统网络结构化设计体现在适当的冗余性和网络的对称性两个方面,一般采用双节点、双归属的架构实现网络结构的冗余和对称,可以使得网络设备的配置简化、拓扑直观,也有助于协议设计分析。

2. 模块化

模块化的设计方法,将司法行政系统网络划分为不同的功能区域,核心区用于承接各区域之间的数据交换,是整个司法行政系统网络的核心枢纽,各接入区用于不同类应用的分类接入。服务器根据应用功能、用户访问特性、安全等级等要求部署多个区域，使整个司法行政系统网络架构具备伸缩性和灵活性，同时也便于安全域的划分和安全防护的设计实施。

3. 层次化

随着接入交换机性能和密度的提升，以及服务器虚拟化的广泛使用，对于中小规模的云，网络结构设计可采取两层扁平结构，分为核心层和接入层（接入和汇聚交换机合并）。通过分层部署可以使网络具有很好的扩展性，无须干扰其他区域就能根据需要增加接入容量；提升网络的可用性，隔离故障域，降低故障对网络的影响范围；简化网络的管理。

第二节　司法行政网络平台建设需求分析

司法行政网络平台建设需要考虑以下因素。

1. 用户范围

司法行政系统各类软件和应用的用户包括：公共法律服务的公众用户；各级司法行政机构的公务人员；调解委员会的调解员；律师、公证员、鉴定人、志愿者；监狱戒毒场所的人民警察、在押人员及在押人员家属；社区矫正管理人员和社区服刑人员；安置帮教的工作人员和企业联络人员。

2. 业务范围

业务范围包括：司法行政对公众的业务如法律资源、行政审批、行政复议等；司法行政系统内的警衔管理、指挥中心、OA 等；政法业务之间的审前调查、律师阅卷、行政执法督查等；对其他政府机构的协同办公、执法监督、普法宣传等；犯人家属的远程会见、可视亲情电话等；

3. 国家政策与本地规章

按国家相关部门要求，全国性的网络只允许建设互联网、电子政务外网、电子政务内网，以及全国各地根据本地政府或相关机构要求建设的各类内部专用业务网（专网）。

互联网（因特网），又称国际网络。指的是网络与网络之间所串连成的庞大网络，这些网络以一组通用的协议相连，形成逻辑上的单一巨大国际网络。

电子政务外网（政务外网）是政府的业务专网，主要运行政务部门面向社会的专业性业务和不需要在内网上运行的业务。电子政务外网和互联网之间逻辑隔离。根据政务外网所承载的业务和系统服务类型的不同，在逻辑上，将政务外网划分为专用网络区、公用网络区和互联网接入区三个功能域。其中，专用网络区用于实现不同部门或不同业务之间的虚拟专用网（VPN）相互隔离，公用网络区用于实现各部门、各地区互联互通，互联网接入区用于实现各级政务部门面向社会的公共服务需求。

电子政务内网（政务内网）是政府的业务专网，主要用于承载各级政务部门的内部办公、管理、协调、监督和决策等业务信息系统，并实现安全互联互通、资源共享和业务协同。电子政务内网与其他网络物理隔离。

4. 安全要求

司法行政系统的主要职责和数据用于为公众提供服务，但并不代表这些数据不需要在安全网络上传输，因为这些数据涉及个人隐私和未成年人保障。所以，司法行政系统网络建设同样要考虑网络的边界安全、传输安全、应用安全等。

第三节 "数字法治 智慧司法"及网络基础架构

司法行政系统需接入的网络系统一般为4套，分别为政法专网、电子政务内网、电子政务外网和互联网。不同的网络应用于不同业务，司法行政业务主要为基于政法专网的政法业务管理系统、政法办公综合管理系统等面向机关单位人员的各应用，以及基于电子政务外网和互联网的全省司法行政服务为民平台等业务。政法专网、电子政务内网与政务外网及互联网物理隔离，电子政务外网和互联网逻辑隔离。图2-1为网络拓扑图。

为达到可靠性，需考虑以下要求。

核心交换区各部署两台数据中心核心交换机（见图2-2），网络采用接入加核心的扁平化设计，核心交换机采用大容量的框式交换机便于扩展。云防火墙，WEB应用防护网关、数据库审计网关等设备都旁挂在核心交换机上（见图2-3）。

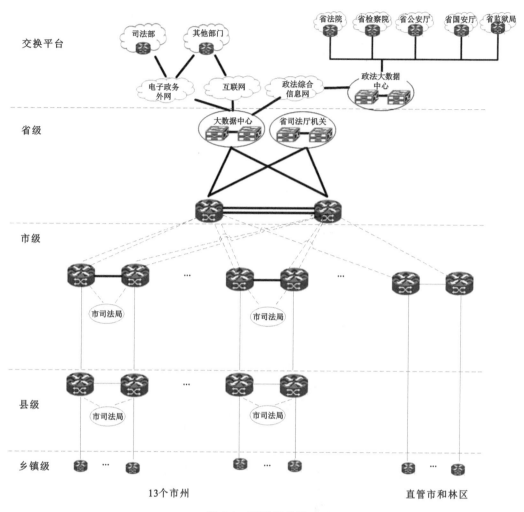

图 2-1 网络拓扑图

核心交换机作为数据中心的核心网元设备，其可靠性直接决定了数据中心的可靠性，它的硬件可靠性依靠各个模块自身可靠性以及冗余来保障。关键部件全部冗余，所有模块支持热插拔：主控板 1∶1 备份、交换网板 N+M 热备份、电源 N+N 和 N+1 备份、风扇框 1+1 备份，保障模块故障切换业务无中断。

核心交换机软件可靠性依靠软件的可靠性设计来实现，需要支持 NSR（不间断路由），它是一种在具有主用主控板和备用主控板的设备上实现协议控制平面不感知系统控制平面故障的可靠性技术，优点在于是一种自包含技术，不需要邻居协助，不存在互通性问题。NSR 的关键技术是实现控制平面倒换而邻居不感知。需要支持双向转发检测（BFD），它是一个通用的、标准化的、介质无关、协议无关的快速故障检测机制，用于快速检测、监控网络中链路或 IP 路由的转发联通状况。

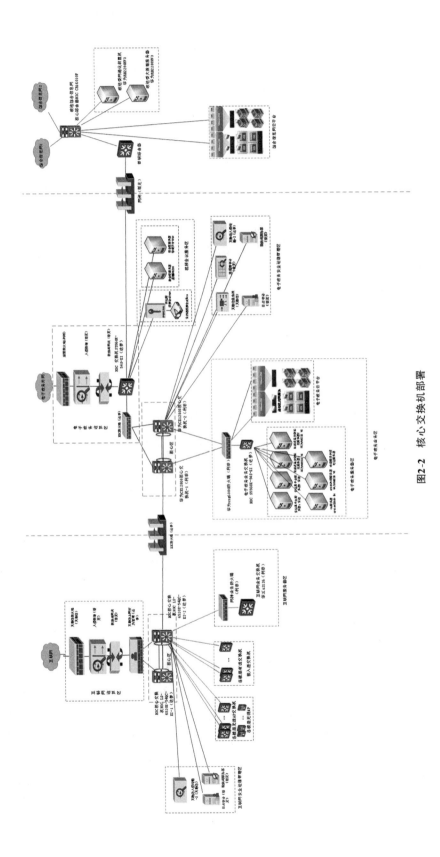

图2-2 核心交换机部署

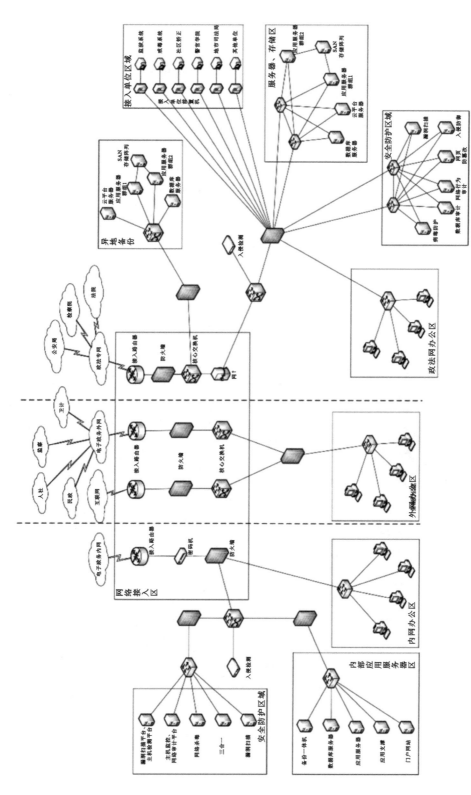

图2-3 核心交换机与设备连接

系统可靠性依靠架构设计来保障，通常包含节点设备冗余与链路可靠性设计。节点设备冗余：两台核心交换机支持横向虚拟化从而使得网元节点变成一个，在有效实现节点设备冗余的同时简化了网络拓扑，消除了环路，而且易管理。链路可靠性：在整网方案中，交换机与交换机互联采用多个物理端口捆绑为一个链路聚合口，在增加链路带宽的同时任意一个端口的震荡均不会影响整网路由的震荡。同时，在单物理端口互联链路中，为了保证链路故障的快速收敛，设备通过端口自适应特性，自动感知链路故障。

司法行政机构在业务上会与其他单位有数据交互，两张网构成一张大网。司法行政总体网络结构图如图2-4所示。

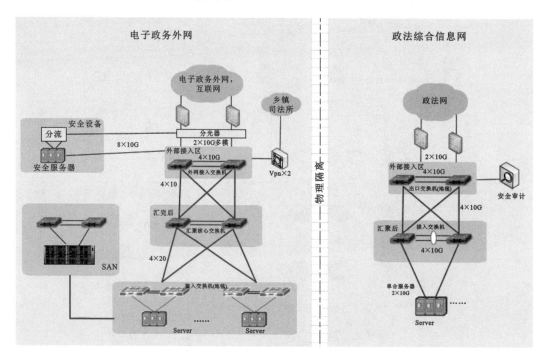

图2-4 司法行政总体网络结构图

司法行政机构的总体网络架构采用扁平化方式组网。扁平化方式降低了网络结构复杂度，简化了网络拓扑，提高了转发效率，并且具备横、纵向的架构弹性。在数据中心发展扩容时，可以根据需要将合并的核心/汇聚层再分解开，演变到核心、汇聚、接入三层结构。具体来说，二层扁平化的网络架构具备以下特点。

（1）简化网络管理，降低投资成本，减少维护管理成本。

（2）简化网络拓扑，降低网络复杂度，提高网络性能，支撑高性能的服务器流量。

（3）提高网络利用率，支撑云计算技术的资源池动态调度。

（4）提高网络可靠性。二层网络结构，可以结合虚拟集群和堆叠技术，解决链路环路问题，减少网络的故障收敛时间，从而提高网络可靠性。

（5）绿色环保。简化二层网络还能降低电力和冷却需求，这对数据中心网络尤为重要。

（6）扁平化组网。将二层边缘延伸至数据中心核心交换机，通过统一部署高性能核心交换机及独立防火墙，提供二层范围内资源互访控制与安全策略控制。从而可将二层网络扩展至多个物理分区范围。大范围的二层网络与服务器虚拟化技术相结合，形成IT资源池，实现服务器资源灵活部署与调度。

第三章 司法云平台建设

司法云是顺应信息技术发展，解决硬件分散投入、管理各自为政、应用相互独立的状况，应用成熟的虚拟化技术和云管理技术实现"数字法治 智慧司法"体系网络资源统一建设、软件资源统一管理、硬件资源按需要使用的平台。建设司法云的主要目标为：

（1）全面实现部、省、市、县、乡五级网络资源互联互通，解决司法行政系统未实现基层网络全覆盖的问题；

（2）为各类业务应用创新提供各类云资源和云服务支撑；

（3）提供地理信息、实人认证、全文检索、舆情采集、移动终端、智能语音、数据可视化分析等一系列开放智能的应用支撑和服务；

（4）建立数据交换与服务调用接口，实现业务应用协同与数据资源共享；

（5）构建整体安全防护体系和运行维护体系，保障系统和数据安全、稳定、可靠运行。

第一节 总体架构

司法云是大数据中心基础设施层，采用标准的 X86 服务器及网络设备，包括数据中心机房运行环境，以及计算、存储、网络、安全等设备。通过部署分布式云操作系统，将各个产品按照集群进行整合，对外提供统一的服务。云操作系统的底层分布式文件系统聚合普通 PC 服务器的磁盘资源，屏蔽硬件故障。

IAAS 层提供云基础设施服务，其中云操作系统应采用基于有向无环图的分布式任务调度系统；虚拟云主机服务主要提供应用运行的环境；负载均衡服务提供 4 层、7 层协议的负载均衡；云安全提供各种安全防护功能。这些服务整合在一起，构建了一个安全且面向海量数据的计算、整合与存储的大数据体系，并高度兼容现有应用的运行环境，如图 3-1 所示。

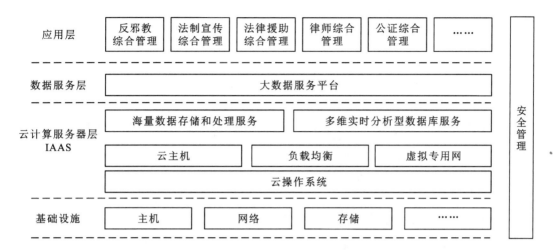

图 3-1 云平台总体架构图

其中，基础设施是指机房、服务器、网络设备、安全设备、存储等硬件设施。云计算平台对底层物理资源进行虚拟化，向上层应用提供各类弹性计算服务。

第二节 云平台软件

一、云操作系统

云操作系统将分布式的软硬件资源逻辑上整合成一台计算机，提供统一、标准的接口，实现云计算单节点和多节点的互联互通，提供远程数据备份、容灾等能力。云操作系统是一种优化的分布式操作系统。

分布式操作系统是实现云计算、形成通用功能的巨型计算机的核心部分，使用虚拟化、分布式计算等技术将资源打散、分割成最小逻辑单元，从而形成网络、计算和存储资源池，为云服务提供可度量的、相对隔离的、安全的、快速可扩展的持续资源池供给。

分布式系统能集群式管理数据中心的物理资源，控制分布式程序运行，隐藏下层故障恢复和数据冗余等细节，有效地提供弹性计算和负载均衡服务。其核心功能主要包括资源管理、安全管理、远程过程调用等构建分布式系统常用的底层服务、分布式文件系统、任务调度、集群部署和监控。

二、虚拟化平台

虚拟化是指通过虚拟化技术将一台计算机虚拟为多台逻辑计算机。在一台计算机上同时运行多个逻辑计算机，每个逻辑计算机可运行不同的操作系统，并且应用程序都可以在相互独立的空间内运行而互不影响，从而显著提高计算机的工作效率。主要优点如下。

1. 降低管理成本

虚拟化可通过以下途径提高工作人员的效率：减少必须进行管理的物理资源的数量；隐藏物理资源的部分复杂性；通过实现自动化、获得更好的信息和实现中央管理来简化公共管理任务；实现负载管理自动化。

2. 提高使用灵活性

通过虚拟可实现动态的资源部署和重配置，满足不断变化的业务需求。

3. 提高安全性

虚拟可实现较简单的共享机制无法实现的隔离和划分，这些特性可实现对数据和服务进行可控和安全的访问。

4. 更高的可用性

虚拟可在不影响用户的情况下对物理资源进行删除、计算机虚拟化技术升级或改变。

5. 更高的可扩展性

根据不同的产品，资源分区和汇聚可支持实现比个体物理资源小得多或大得多的虚拟资源，从而可以在不改变物理资源配置的情况下进行规模调整。

6. 改进资源供应

与个体物理资源单位相比，虚拟能够以更小的单位进行资源分配。与物理资源相比，虚拟资源因其不存在硬件和操作系统方面的问题而能够在出现崩溃后更快地恢复。

三、云平台管理

云平台管理包括计算、存储和网络在内的各种资源，满足以下功能及要求。

1. 云主机管理

支持云主机高可用特性，物理主机故障情况下，云管理平台能监测故障物理机，并将故障物理机所拥有的高可靠云主机迁移到非故障物理机，或者云主机发生意外的崩溃并关机，云管理平台能够探测并重新恢复该云主机。

镜像仓库，支持在线给云主机快速创建镜像，支持 ISO 和 IMAGE 两种镜像模式，并支持批量克隆云主机。

支持云主机增量快照备份、差量备份、全量备份。

支持云主机迁移，支持云主机动态修改密码。

2. 存储管理

支持多种存储对接功能，支持各类存储设备的对接，包括 DAS、NAS、SAN、分布式存储、共享文件系统等。可以根据自己的需求和环境挑选合适的存储方案。

支持多存储池，支持将存储划分为多个存储池，将云主机磁盘使用的主存储和保存镜像的镜像存储划分到不同的存储池中。支持根据使用特点，对不同角色的存储池底层介质和策略进行不同的配置，同时镜像存储池也支持分层增量存储，降低资源的使用率。

3. 网络管理

提供完善的网络功能虚拟化（NFV）。支持 VLAN 和 VXLAN 网络隔离方案，支持分布式 DHCP、云路由等功能，无须购买额外的硬件就可以提供完善的网络服务（如 DHCP、DNS、SNAT、弹性 IP、端口转发、负载均衡、弹性安全组等）。

4. 平台管理设计

通过简单升级方式，可以将云平台升级到最新版本。不仅支持小版本升级，也支持大版本升级。升级过程中不影响所有云主机运行。

提供丰富的 API（应用程序编程接口），用户可以根据 API 获取 IaaS 内各种资源和信息，或利用 API 定制开发个性化应用插件。

软件自主可控，核心代码对用户开源。

支持 KVM、VMWARE 虚拟化对接。

支持嵌入虚拟化。

支持虚拟路由器，支持端口映射。

支持 LDAP 认证接入。

5. 运维管理

支持批量创建云主机、计算资源弹性扩展，用户可以通过终端方式访问云主机，而不依赖云主机远程工具，支持控制台设置密码。云主机支持自定义计算规格，满足各种应用程序资源消耗特性。

支持对云主机 CPU、内存、存储资源设置超分比例。为防止存储使用超出上限，可以设立阈值，当超出时有报警功能。

支持多租户管理，可以将权限分为账户和用户两级，其中账户是资源计量团体，用户可定义操作权限。系统管理员可以自定义账户最大可用资源，包括云主机运行数量、CPU、内存、云盘数量等，账户管理员可以将账户名下资源分配给所属用户。

支持对物理机、云主机的实时监控，监控粒度包括硬盘 IO、网络 IO 及 CPU、内存占用情况等关键指标，并具有监控状态绘图功能。

支持数据库自动备份、容灾。

支持物理分区域、集群管理。

6. 安全管理

支持对云主机进行分组，定义每一个安全组的访问策略，能够将传统网络中的 Zone-base/Group-base 的防火墙功能引入云平台内部，保证网络安全，通过 iptables 实现。

针对云主机提供对端口安全机制的支持，通过云主机 MAC-IP 及其所属端口的绑定，实现防冒用、防嗅探等功能，保证内部安全。

针对云主机的控制台访问，支持增加访问口令，管控云主机的安全访问，防止通过管理网络访问云主机。

第三节　区块链技术

一、区块链

区块链是分布式数据存储、点对点传输、共识机制、加密算法等计算机技术的新型应用模式。可以理解为一个分布式的共享账本和数据库，具有去中心化、不可篡改、全程留痕、可以追溯、集体维护、公开透明等特点。这些特点保证了区块链的"诚实"与"透明"，为区块链创造信任奠定基础。而区块链丰富的应用场景，基本上都基于区块链能够解决信息不对称问题，实现多个主体之间的协作信任与一致行动。

区块链对司法行政领域工作的优势和忧虑。

二、区块链的优势

1. 终端接入区块链的高安全性

区块链系统通过智能合约来维护一张终端身份名单，并审核是否该设备有权接入节点并将数据加密上传，从而避免了恶意终端的接入和数据污染。

2. 异构系统成链的便捷性

区块链将计算存储层做分布式存储改造，在不改变原有存储架构的同时增设区块链分布式节点设备。而网络层将对等网络、专网、公共网络和 VPN 等网络传输技术相融合，采用轻量级区块链架构对整个终端感知层的设备进行管理和维护，提高司法行政系统各类网络连接成链的便捷性。

3. 区块链与边缘计算的融合性

现在几乎所有的电子设备都可以连接到互联网，这些电子设备会产生海量的数据。传统的云计算模型并不能及时有效地处理这些数据，在边缘节点（泛物联网设备）对数据进行收集、处理、分析、结果传输，称为边缘计算。边缘节点处理这些数据将会带来极小的响应时间、减轻网络负载、保证用户数据的私密性。如果把物联网产生的数据传输给云计算中心，将会加大网络负载，可能造成网络拥堵，并且会有一定的数据处理延时。边缘计算随物联网发展已应用到司法行政系统各领域，在司法行政系统声纹识别、人脸识别、视频行为分析、身份识别、自助服务终端、智慧司法所等物联网设备中会产生大量的数据，系统要求极快的响应时间，数据的私密性，等等。

区块链分布式数据存储机制和点对点网络拓扑结构能够与边缘计算较好地融合应用，区块链不可篡改的数据存储特点能够提高边缘节点的数据安全性，身份认证和权限控制能够为暴露在公共区域的设备提供准入机制，数据加密管理能够为边缘设备提供隐私保护功能。将边缘设备作为区块链系统中的轻节点，不参与全网共识，还能够减少外界对区块链系统的攻击。

4. 提升公众对依法治理、执法监督的积极性

公众对传统的中心化公共监管平台或自媒体平台公信力因技术问题而信心不足，平台也无法自证其说。区块链架构中真实的身份与可信的数据，为公众通过各类终端上传各类法律信息提供保障，区块链将违法违规行为真实地记录在系统中，并对公众的有效监督行为给予一定的激励，从而提高公众对社会管理的参与度和积极性。而一旦被认定为违法违规行为，被监管者的行为将关联到个人征信、银行信贷等重要领域，对公众形成一定的约束力。

5. 区块链可实现全电子化业务流程

区块链存储的文件形式包括文档、网页、微信、微博、邮件、合同、证书等，涉及各行各业、各个领域，可以对包括 Word、PPT、TXT、PDF、JPG、PNG 等任何格式类型的文件进行有效存储。司法行政系统业务中的所有数据都可以从区块链中提取、共享、验证。

6. 数据保全优势

区块链可以将任何电子文件生成唯一的数值散列值记录到区块链上，给记录文件打上进入区域链的时间戳。区块一旦生成，记录的文件信息将分散存储到多个节点，永远无法篡改，对于何时、何人、登记的文件内容都具备完全的唯一性和可追溯性。并且因为区块链的广泛分布特性，使得在任何灾难情形下，只要有1个以上节点仍在工作，认证的数据信息即可完整保全。文件的存在性证明和真实性证明可以在分布广泛的众多去中心化节点的反复自认证中得到保障。

三、区块链存在的问题

1. 区块链技术被司法界的认可还没有相关权威文件

目前还没有相关法律、法规、规章对区块链的数据存证有明确的法律效力认可,偶有相关诉讼,以司法鉴定的方式凭专业人士的知识进行论证,法院是否采信还要看法官的认知,没有相关正式文件对区块链技术在司法领域的法律效力提供支撑。

2. 对公证领域的冲击

公证是司法行政领域的一项重要工作,也是法治社会、法治国家的重要支撑。当各种证书、证明、档案、执照、合同、户籍关系运行于区块链中,按照区块链的存在性证明、真实性证明、完整性证明以及所有权证明,无须国家公证机构进行公证,对将来公证机构的业务势必产生重大影响。

3. 链路互通与区块共享技术有待完善

目前司法行政领域的大部分数据存放在电子政务外网或专网中,与现在广泛理解的互联网上区块链技术存在网络隔离问题。虽然区块链技术在异构网络系统成链的便捷性上有优势,但互联网与国家电子政务外网的互通、共享还存在政策上的局限性。一种方案是把司法云上需要放入互联网区块链的电子数据放入互联网区块链中,但这与区块链同步、实时的理念有区别,是一种变异的区域链思维。另一种方案是在全国司法行政系统组建区块链,需要统一区块链算法和软件系统,全国各省(区、市)的司法云接入区块链中,但由谁为全国各省(区、市)统一提供资金对算法和软件进行采购、运维、升级?各省(区、市)所提供的存储空间如何保障持续扩容?这些都是阻碍各节点成链的难点问题。

4. 一次小错误导致终身无法翻身

所有上传的数据将无法修改,万一因为年少无知,或不懂事,或无心之过,犯一个错误,这一举动被记录在案,将无法更改,于是一生将带着这个污点,永无翻身之日。这将导致将来一个社会人要么小心翼翼、胆战心惊过一生,要么破罐子破摔,经常做坏事,甚至导致在区块链上有过污点记录的人成为一种群体或帮派。由于去中心化,网上任何一些负面信息,都无法得到有效控制,从而导致去中心化成为坏人用来制造负面消息所利用的工具。

第四章　机房及配套工程

第一节　机房建设概述

机房工程是指为确保信息集成系统的计算、交换、存储、控制等核心设备能安全、稳定和可靠运行，而设计配置的基础工程。机房基础设施的建设不仅要为机房中的系统设备运营管理和数据信息安全提供保障环境，还要为机房工作人员创造健康适宜的工作环境，必须满足计算机等各种微机电子设备和工作人员对温湿度、洁净度、电磁强度、噪音干扰、电源质量、防雷接地等的要求。

机房的设计需通过建设位置的实地勘察，依据国家有关标准和规范，结合所建各种系统的运行特点进行总体设计，建设一个布局合理、有现代感、功能完备、安全可靠、设施先进、绿色环保、投资合理的现代化计算机中心机房，切实为主机服务器等设备提供一个安全、可靠、温湿度及洁净度均符合要求的运行环境，同时为相关工作人员提供服务于网络系统的管理、软件开发、硬件维修等方便、快捷、舒适的工作环境。各级司法行政机构指挥中心、网络中心和数据中心机房按照《电子信息系统机房设计规范》（GB 50174—2008）中B级机房（冗余型）相关要求进行建设，其余分控中心按C级机房（基本型）相关要求进行建设。

主要包括以下几方面：机房装饰装修系统、机房空调和新风系统、机房供配电和照明系统、UPS不间断电源系统、机房防雷接地系统、机房环境监控系统、机房气体消防系统等。机房设计图如图4-1所示。

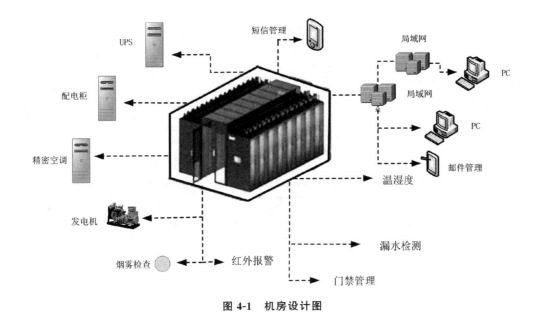

图 4-1 机房设计图

第二节 机房功能分区

机房按照功能主要划分为运维操作台及控制区域、机房区域、值班室区域、备件备品区、备用供电动力区等。图 4-2 为机房分区虚拟图。

一、运维操作台及控制区域

运维操作台可设计多个席位，兼具日常操作管理、值守和应急处置功能。在日常值守场景下，运维操作台部署于机房旁边的独立区域，可以透过玻璃隔断或监控视频观察到机房的基本情况。运维操作台需部署 24 小时监控的显示屏，用于监测机房的物理环境、人员出入、环境和设备参数变化等。可通过音视频与指挥中心联系，也可作为指挥中心的一部分功能融入到指挥中心建设中。

二、机房区域

机房区域应远离水源、尘土、磁场，主要部署网络设备、计算设备、存储设备、安全设备，确保电子设备满足动环技术需求，以便对硬件设备进行统一安全管理。

图 4-2　机房分区虚拟图

三、值班室区域

为实现数据中心（网络中心）机房的 24 小时值守，在机房旁设计独立值班室。值班室主要配备值班电脑、报警设备、备勤装备，用以实现对机房的夜间值守，对机房及各类设备的管理。

四、备品备件区

备品备件区主要是对所有信息化设备和设施的备品备件存放，可以与机房建设同步实施，也可以单独建设。备品备件区要保证备品备件的存放安全，防止盗窃，防止水、电、磁、尘对备品备件的影响，同时也要保障自带电源（电池）的备品备件的安全。要建立台账管理制度，纳入进销存管理系统统一管理。

五、备用供电动力区

柴油发电机系统，按照发电机组要求进行场地设计和施工。

在柴油发电机组功耗计算方面，根据机房终期配置考虑油机需求，考虑机房内设备机柜供电、空调设备供电、开关电源设备供电及辅助用电。

市电、油机电转换方式采用集中人工转换方式。根据实际需求测算，本期工程在油机室内新增 1 台 160kW 柴油发电机组设备。

第三节　装饰装修工程

机房装饰装修包括机房地面、墙面、顶棚处理，地面铺设防静电地胶，安装天花吊顶，封闭墙面处理与装饰，门窗处理等，同时做好保温处理。机房外一般不用标牌特别注明某某机房或某某数据中心，尽量减少对外宣传，确保安全。

在保证机房设备安全运行和满足机房使用功能的前提下，需合理运用装饰材料，对机房空间进行美化，增加机房空间的层次感，体现机房设计的人性化特点。同时，机房装修还应与空调通风系统、消防系统的设计很好地融合，关注空调通风子系统对于装修工程的密闭要求，关注气体灭火子系统对于结构承压能力与装修材料选择的影响。在机房整体工程中，对各子系统综合考虑，密切配合，才能得到一个适合的、完备的整体装修工程。

另外，机房的设备布置应满足机房管理、人员操作、物料运输、设备散热、设备安装和维护的要求。由于数据中心机房内设备摆放密集，如何在有限的机房区域内摆放尽量多的设备是一个难点。在设备摆放时应充分考虑设备间距问题，结合地板，以及空调送风通道原理，机柜摆放时遵循"面对面，背靠背"原则，使安装距离满足规范要求，从而达到设备数量最大化，为设备扩展预留充分空间。

第四节　综合布线工程

主要是在楼宇、建筑物、办公场所、机房提供各个数据信息点、网络设备、动力环境监控系统、安防门禁系统、消防系统等布设和安装。

综合布线可分为互联网、电子政务外网（简称外网）、综合信息网（简称专网）、电子政务内网（简称内网），针对以上类别分别敷设到相应点位。

1. 通用弱电网络综合布线要求

（1）网络信息点位设计根据实际需求，对每处办公用房分别敷设互联网、信息网、内网、外网信息点，内、外网信息点采用双绞网线至少保持 500mm 的距离，达到涉密要求（光纤线路可以不物理隔离）。信息点位采用明装方式，室内线缆敷设采用线槽明敷方式。

材料选用根据建筑物结构特点实际情况，互联网及信息网采用六类双屏蔽网线以颜色区分，从点位至楼层机柜。一般互联网和政务外网线缆采用200mm×100mm桥架，政务内网采用100mm×50mm桥架。结合实际情况，每跨房间敷设外网、信息网、内网光纤，采用PVC线管、线槽的方式，外网、信息网到楼层交换机汇聚，内网直接光纤到楼层终端盒跳接。

（2）楼层无线AP依据楼层结构均匀布置信息点，做到楼层主要区域全覆盖无死角，布线方式是点位汇聚到楼层机房。

（3）信息发布系统（电子显示屏）根据人流量情况分布在主要通道口显眼位置（电梯口、楼梯口），设备通过网络信号转换。

2. 安防网络综合布线要求

因安防网络的大流量、高并发、不间断特点，安防网络应单独设计。

（1）安防监控依据楼层结构均匀布置，布线方式是点位汇聚到楼层机柜，做到主要位置摄像无死角。摄像机采用POE供电方式，距离较远的预留备用电源。

（2）安防监控做到主要区域通道无死角，红外对射围绕周界一圈，根据实际情况需要清理相应遮挡红外对射的树枝或杂物，综合布线采用六类网线穿PVC管。

（3）安防综合布线系统是集视频、语音、数据为一体的信息系统，是实现电子政务、安全防范和应急指挥、监所服刑人员改造等方面管理的信息传输纽带。在土建开始时，首先要进行安防系统结构化综合布线系统的线路、路由设计和管线预埋工作。

第五章 应急指挥中心

第一节 各级指挥中心指挥平台、场所及设备要求

一、整体架构

全国司法行政系统指挥中心整体架构分三层四级,包括指挥平台和场所两大部分。指挥平台部署在部、省、市三层,供部、省、市、县四级使用;场所包括部、省、市、县四级,其中部、省、市建设指挥中心,区县建设指挥室。

指挥中心供司法行政单位使用,包括监狱、戒毒、社区矫正单位。

指挥平台以日常监管为主、应急指挥为辅、信息服务为增值,指挥平台主要服务于本级领导,指挥中心代行领导权限。监狱管理局、戒毒管理局指挥中心参照司法厅(局)指挥中心建设要求,监狱、戒毒所指挥中心参照地市司法局指挥中心建设要求,并符合《全国司法行政系统指挥中心建设技术规范》(SF/T 0009—2017)。全国司法行政系统指挥中心总体架构图如图5-1所示。

二、司法部指挥中心

1. 指挥平台要求

接收所有司法厅(局)要情信息的上传,并进行舆情监控,可对直属单位重点区域进行日常监管。可接收所有司法厅(局)上报的突发事件,通过音视频等方式对突发事件进行应急指挥。通过指挥中心大屏对监狱、戒毒、社区矫正、律师、公证、司法鉴定、法律援助、法律职业资格考试等业务数据统计分析的展示,向领导提供信息服务。

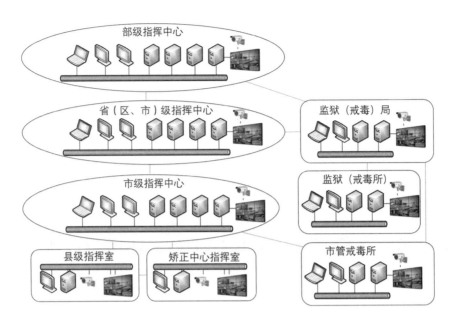

图 5-1　全国司法行政系统指挥中心总体架构图

2. 场所及设备要求

部级指挥中心大厅各物理子系统包括综合布线系统、通信与网络系统、拾音及扩声系统、视频及电话会议系统、视频采集及显示系统、会场照明系统、集中控制系统、信息记录系统、安防及动力环境监控系统、日常办公系统、供配电系统、防雷接地系统、消防系统、空调及新风系统等。

三、司法厅（局）指挥中心

1. 指挥平台要求

接收全省（区、市）司法局要情信息的，并向司法部上传要情信息，对全省（区、市）范围舆情进行监控，可对直属单位重点区域进行日常监管。接收全省（区、市）上报的突发事件，通过音视频等方式对突发事件进行应急指挥。通过指挥中心大屏对监狱、戒毒、人民调解、社区矫正、律师、公证、司法鉴定、法律援助、法律职业资格考试等业务数据统计分析的展示，向领导提供信息服务。

2. 场所及设备要求

省（区、市）级（以下简称"省级"）指挥中心大厅各物理子系统包括综合布线系统、通信与网络系统、拾音及扩声系统、视频及电话会议系统、视频采集及显示系统、会场照明系统、集中控制系统、信息记录系统、安防及动力环境监控系统、日常办公系统、供配电系统、防雷接地系统、消防系统、空调及新风系统等。

四、地市司法局指挥中心

1. 指挥平台要求

接收区县司法局上报的要情信息，并向司法厅（局）上报要情信息，对全市相关舆情进行监控，可对直属单位重点区域、教育矫治场所、人民调解现场、法律服务场所进行日常监管。接收区县局上报的突发事件，通过音视频等方式对突发事件进行应急指挥。通过指挥中心大屏对人民调解、社区矫正、律师、公证、司法鉴定、法律援助、法律职业资格考试等业务数据统计分析的展示，为科学决策提供信息支撑。

2. 场所及设备要求

市级指挥中心大厅各物理子系统包括综合布线系统、通信与网络系统、拾音及扩声系统、视频及电话会议系统、视频采集及显示系统、会场照明系统、集中控制系统、信息记录系统、安防及动力环境监控系统、日常办公系统、供配电系统、防雷接地系统、消防系统、空调及新风系统等。

五、区县司法局指挥中心

1. 指挥平台要求

向市司法局上报要情信息，对全区范围内司法行政相关舆情进行监控，可对直属单位重点区域、教育矫治场所、人民调解现场、法律服务等场所进行日常监管。向市司法局上报突发事件，通过音视频等方式对突发事件进行应急指挥。

2. 场所及设备要求

区县级指挥室，各物理子系统包括综合布线系统、通信与网络系统、拾音及扩声系统、视频及电话会议系统、视频采集及显示系统、会场照明系统、集中控制系统、信息记录系统、安防及动力环境监控系统、日常办公系统、供配电系统、防雷接地系统、消防系统、空调及新风系统等。

第二节　各级指挥中心装饰工程与机房环境要求

一、机房装饰工程

1. 设计原则

在机房基础环境设计中应遵循以下原则。

（1）体现特点：充分体现现代化高科技信息机房的室内装修特点。

（2）风格突出：在确保信息设备拥有一个安全、可靠、稳定的运行场所的前提下，力求达到整体美观大方、经济实用、专业性强的风格。

（3）格调淡雅：设计基本格调淡雅稳定、简洁明快、线条流畅分明、色彩协调。

（4）安全环保：采用防火性能达标、气密性好、不起尘、易清洁、不易变形的材料，并充分考虑环保因素。

2. 机房墙面

机房墙面采用防火保温层、腻子粉、墙面漆、无尘钢板处理。

3. 机房地面

参考相关规范以及多年的设计实施经验，同时参考招标文件相关要求，机房区域地面满铺高强度防静电活动地板，安装高度200mm。工程实施完毕后，机房区域内地面将比内走廊高出200mm，入口处设置二级踏步。

抗静电活动地板安装时，同时要求安装静电泄漏系统，铺设静电泄漏地网，通过静电泄漏干线和机房安全保护地的接地端子封在一起，将静电泄漏掉。

《电子信息系统机房设计规范》（GB 50174—2008）规定，电子信息系统机房内所有设备的金属外壳、各类金属管道、金属线槽、建筑物金属结构等必须进行等电位联结并接地。等电位联结网格应采用截面积不小于25mm^{2}的铜带或裸铜线，并应在防静电活动地板下构成边长为0.6～3m的矩形网络。

表5-1为等电位联结带、接地线和等电位联结导体的材料和最小截面积。

表 5-1 材料和最小截面积

名称	材料	最小截面积
等电位联结带	铜	50mm²
利用建筑物内的钢筋做接地线	铁	50mm²
单独设置的接地线	铜	25mm²
等电位联结导体		
从等电位联结带至接地汇集排或至其他等电位联结带；各接地汇集排之间	铜	16mm²
等电位联结导体		
从机房内各金属装置至等电位联结带或接地汇集排；从机柜至等电位联结网格	铜	6mm²

（1）地板下防尘处理：活动地板下的结构墙面、柱面、地面均需要进行防尘处理，表层涂装防尘地坪漆 2 遍。全部水泥面经刷漆处理后，达到不起尘目的。

（2）地面保温处理：活动地板下结构地面、墙面、柱面均要求铺设保温层来提高楼面的隔热功能。保温层采用厚度≥20mm、燃烧等级不低于 B2 级的福乐斯橡塑保温板配合加厚铝箔施工，施工中做到粘贴牢固、接头、接缝处连接密实，地板支架处做双层保护。

（3）通风及走线地板的处理：机房内合理布置少量标准风口地板，通风率≥25%，以便消防气体渗透至架空地板下实现地板下消防灭火，无须额外设置地板下喷嘴。走线地板需现场切割，切割后处理好毛刺刷厂家胶后套塑料出线口。

（4）活动地板：采用全钢无边防静电活动地板，规格如表 5-2 所示。

表 5-2 规格

项目	参数要求
集中载荷	≥3550N（≥363kg）
均布载荷	≥16500N/m²（≥1687kg/m²）
滚动载荷	≥2950N（≥302kg）
极限载荷	≥10650N（≥1089kg）
地板尺寸	600mm×600mm×35mm
极限尺寸偏差	无边地板：600mm±0.1mm
平面度	普通板≤0.5mm，通风板≤1.0mm
相邻垂直度	≤0.5mm
地板厚度	35mm±0.3mm
地板系统电阻	HPL 贴面：10⁶～10¹⁰Ω，静电耗散型
防火性能	基材：A 级不燃贴面，FV-1 级

4. 机房吊顶

项目设计采用机柜顶部上走线系统,为保证精密空调具备足够的回风空间,机房内装实施完毕后,活动地板面层与吊顶扣板面层间净空高为2.6m。吊顶板面层不平度≤2mm,安装缝隙≤1mm,与墙壁间采用厚度1mm的不锈钢顶角线做密闭处理。

安装吊顶前,需在吊顶上方结构顶面及四围墙面、柱面做好防尘处理,涂刷不易脱落的防水防尘漆3遍。

吊顶板选用规格:600mm×600mm×1mm方形铝合金吊顶板。

5. 机房照明

照明灯具选用三管嵌入式不锈钢格栅灯盘,安装在吊顶顶板下,其底平面与吊顶面共面。配套安装电子镇流器,具有屏蔽效果,可防止产生的谐波干扰计算机的正常运行。

市电照明电源引自市电配电柜,由安装于各区域入口内侧的翘板开关或照明墙箱控制。

应急照明照度按0.75m工作面不低于50Lux设计,应急照明供电引自强电列头柜,机房内部分灯具采用应急照明。

灯盘选用规格:T8系列3×18W,眩光限制Ⅰ级,无频闪。

6. 机房门窗

机房区域入户门扇均按双开可通过尺寸不小于宽1.5m×高2.2m设计,统一采用甲级A类钢质双开防火门,耐火极限不应低于1.50H,随产品出具国家相关部门检测报告。

机房区域内原有窗户及窗户四周需做防水密封处理,窗户活动部位先密封处理,再在窗户边缝涂上防水玻璃胶,保证机房不漏水,玻璃内侧粘贴磨砂太阳膜,再在内侧以石膏板平整封闭,以保证区域内恒温恒湿效果。

7. 其他

区域内现有与其他区域、其他楼层相通的孔洞,在建设施工过程中新开的孔洞等均要求及时进行封堵,并进行防水、防火处理。所有进出机房的管、槽之间的空隙均采取密封防火措施。

装修范围内所有材质均需要满足国家关于消防的要求。

装修范围内所有钢质露明铁件均须做防锈处理。

二、供配电系统

机房内机柜数量应满足现有设备数量需求并备有余量机位空间,单机柜设计功率 2kVA/kW,机房 IT 设备设计总功率按机柜数乘以单机柜功率数。

机房供配电系统采用 UPS 双机方式供电,配置机架式 UPS 电源,并提供 UPS 安装相关输入输出及直流电缆。UPS 电源控制系统及电池箱均放置于安全位置(主要考虑防盗、消防、承重、防水),根据机柜总功率测算,设计 UPS 电池容量。

机房内设计安装配电墙箱,负责精密空调、市电照明、墙面插座、新风的供配电。

机房区域内,精密空调、新风系统、正常照明、墙面插座等均采用市电双回路供电;机房区域信息设备、应急照明、消防安防用电均采用 UPS 供电。

所有设备机柜均配备 1 路 32A 竖装 PDU 供电分配单元,PDU 与配电系统对应支路输出断路器间采用 IEC30932A 单相工业连接器插接。不允许采用插座串接,且不允许断接,以保证供电线路安全。

UPS 要求:

(1) 机房 IT 设备设计总功率按机柜数乘以单机柜功率数配备主机;

(2) 兼容三进单出和三进三出,输出功率因数不低于 0.9;

(3) 市电模式下系统工作效率≥92%,可达 94%,满足绿色电源和节能环保的要求;

(4) 过载 105%～125% 运行 5min,过载≤150% 运行 1min,大于 150% 运行 200ms;

(5) 电池组节数适量,便于电池的利旧处理。

三、空调新风系统

按机房区域空间体积设计新风设备数量,机房区域采用下送风精密空调调控温湿度。

在机房外墙侧安装新风机,新风量应不低于 $300m^3/h$ 的新风机,净化率不低于 90%。

精密空调要求:

(1) 采用风冷地板下送风机型,机组高度不得超过 2.0m;

(2) 系统温度控制精度误差小于 ±1℃,湿度控制精度误差小于 ±5%RH;

(3) 系统要求 3 相供电，提供详细的电气安装参数，按满负荷电流、建议供电空开容量、建议供电线缆规格等；

(4) 系统要求采用高效稳定的谷轮涡旋压缩机系统。

新风系统要求：

(1) 新风量≥300m³/h；

(2) 处理回风量≥300m³/h；

(3) 制冷量≥2.5kW；

(4) 制热量≥2.7kW；

(5) 噪音，外机≤41db（a），内机≤41db（a）；

(6) 净化率≥90%；

四、防雷接地系统

根据《计算机场地通用规范》（GB 2887—2011）要求，机房设计为联合接地方式，接地电阻值≤1 欧姆。

五、机柜配套系统

选用标准服务器机柜产品，采用宽 600mm×长 1100mm×高 2000mm 的标准柜体。要求：

(1) 满足 EIA-310-D 标准；

(2) 提供多种机柜尺寸和部件，根据不同应用需求灵活配置；

(3) 动态负载 1000kg，静态负载 1300kg，通过加强静态负载可达到 1500kg；

(4) 网孔通风板具有 75% 通孔率，满足高密度散热需求；

(5) 带脚轮的整体机柜高度低于 2m，方便机柜整体搬移；

(6) 单开门兼容左右开门，方便现场根据需要调整开门方向；

(7) 兼容上下走线方式，方便现场布线；

(8) 机柜所有部件均可靠接地，确保操作安全，满足 IEC60950-1-2005；

(9) 侧板采用上下板设计，方便安装和拆卸；

(10) 抗震稳定性，可固定在地板或槽钢上；

(11) 满足 IEC 297—2、EIA-310-D、GB/T 3047.2—92、GB 03047.8—96 标准；

(12) 每台设备机柜配装 1 条机柜 PDU，单相 220VAC，最大电流 32A，18 位国标 10A 端口＋6 位国标 16A 端口，竖挂安装。

六、环控系统

1. 配电系统

主要对配电系统的三相电路相电压、相电流、线电压、线电流、有功、无功、频率、功率因数等参数和配电开关的状态进行监视。当一些重要参数超过危险界限后进行报警。

2. UPS 电源（包含直流电源）

通过由 UPS 厂家提供的通信协议及智能通信接口对 UPS 内部整流器、逆变器、电池、旁路、负载等各部件的运行状态进行实时监视，一旦有部件发生故障，机房动力环境监控系统将自动报警。系统中对于 UPS 的监控一律采用只监视、不控制的模式。

3. 空调设备

通过实时监控，能够全面诊断空调运行状况，监控空调各部件（如压缩机、风机、加热器、加湿器、去湿器、滤网等）的运行状态与参数，并能够通过机房动力环境监控系统管理功能远程修改空调设置参数（温度、湿度、温度上下限、湿度上下限等），以及对精密空调的重启。空调机组即便有微小的故障，也可以通过机房动力环境监控系统检测出来，及时采取措施防止空调机组进一步损坏。

4. 机房温湿度

在机房的各个重要位置，需要装设温湿度检测模块，记录温湿度曲线供管理人员查询。一旦温湿度超出范围，即刻启动报警，提醒管理人员及时调整空调的工作设置值或调整机房内的设备分布情况。

5. 漏水检测

漏水检测系统分定位和不定位两种。所谓定位系统，就是指可以准确报告具体漏水地点的测漏系统。不定位系统则相反，只能报告发现漏水，但不能指明位置。系统由传感器和控制器组成。控制器监视传感器的状态，发现水情立即将信息上传给监控 PC。测漏传感器有线检测和面检测两类，机房内主要采用线检测。线检测使用测漏绳，将水患部位围绕起来，漏水发生后，水接触到检测线即发出报警。

6. 防雷系统

通过开关量采集模块来实现对防雷模块工作情况的实时监测，通常只有开和关两种监测状态。

七、气体消防系统

气体消防系统具有自动、手动两种控制方式。设置二路独立探测回路，当报警控制器处于自动状态，控制器自动向电磁阀发出灭火指令，电磁阀打开七氟丙烷储气瓶，储气瓶内的七氟丙烷气体经过管道从喷头喷出向失火区进行灭火作业。同时报警控制器接收压力信号发生器的反馈信号，控制面板喷放指示灯亮。当报警控制器处于手动状态时，报警控制器只发出报警信号，不输出动作信号，由值班人员确认火警后，按下报警控制面板上的应急启动按钮或保护区门口处的紧急启停按钮，即可启动系统喷放七氟丙烷灭火剂。

第六章 公共法律服务中心

第一节 系统理解

公共法律服务中心建设是对"深化政务公开、加强政务服务"政策精神的贯彻和落实,是司法行政信息化建设成果的展现窗口,是司法行政对外服务工作"线上+线下"形态的具体表现,对加强和完善司法行政政务服务体系建设发挥着重要作用。

通过设立公共法律服务中心,为老百姓提供"综合性、窗口化、一站式"的直接服务。根据司法行政工作职能,对外提供行政许可、行政审批、法治宣传、法律援助、人民调解、律师咨询、公证办理、司法鉴定、志愿者等多项服务,更好地满足群众的法律服务需求。项目主要针对内部信息化硬件部分进行规划建设,主要包括楼层综合布线系统建设、安防监控系统建设、政务服务系统及相关的信息化设备采购等。

通过开设行政服务窗口,特别是具有行政审批职能的律师工作管理、公证管理、司法鉴定等部门分别就所涉及的行政审批事项编制审批流程和办事指南,法律咨询、人民调解、法律援助等服务现场受理,对各项审批事项和服务事项承办机构职责、审批(服务)程序、审批时限、服务范围、审批监督、服务评价做出明确规定,让群众办事更明白、更舒心。

一、人员配备

由司法行政干部、法律援助律师、专职人民调解员、公证员、后勤服务人员和保安等组成公共法律服务中心工作人员团队。安排专职后勤服务人员负责相关服务引导,配置保安负责大厅安全保卫。

二、服务事项

1. 法律咨询窗口

由值班律师以现场解答的方式为来访群众提供法律咨询服务。

（1）负责日常法律咨询接待，解答群众、企事业单位及其他各类社会组织的法律疑问，提供专业法律咨询服务。

（2）对属于法律咨询解答范围内的事项，根据案件具体情况采取即问即答、限时回复等方式解决法律咨询相关问题，在解答法律问题时主动宣传相关政策和法律法规。

（3）对不属于法律咨询解答范围内的事项应正确指引，分流办理。

（4）对在法律咨询过程中发现的重大紧急事项，及时报告并协助处理。

2. 法律援助窗口

由值班法律援助律师负责法律援助案件的接待咨询、审查受理、引导办理等事项，并对案件办理情况进行适时跟踪并回复。

（1）负责法律援助案件的接待、咨询、审查，对于符合法律援助条件的案件，告知其相关办理事项，并告知需提供的相关证据材料。

（2）对不符合法律援助条件的案件要说明原因，并解答相关法律问题。

3. 人民调解窗口

由专职人民调解员负责人民调解的咨询、登记、受理和分流等相关事项。

（1）接待、受理、分流、指派、协调、监督矛盾纠纷调解；

（2）根据调解案件的性质和类型，协调组织相关调委会、行业调委会、专业调委会调解疑难复杂矛盾纠纷；

（3）协助调处重特大、跨区域矛盾纠纷。

4. 行政许可窗口

由值班司法行政工作人员根据法律法规规定，负责与行政审批相关的服务事项。

（1）对省（区、市）级司法厅（局）负责行政审批事项告知当事人办理流程并进行登记。

（2）接待、解答司法行政相关业务咨询，引导相关服务；

（3）根据相关办理流程，随时告知当事人办理进度。

5. 公证服务窗口

由值班公证人员负责提供公证服务。

（1）做好公证业务的接待、咨询、资料初审、公证收费和公证书发放等工作。

（2）做好涉台涉外相关公证服务事项。

6. 投诉受理窗口

由值班信访接待人员负责司法行政职能范围内的来电、来信、来访等投诉、举报事项的接待、登记、办理、回复和督办，做好对投诉人的解释引导工作。

（1）按照有关规定，在时限内做好投诉、信访件的办理、督办和回复工作。

（2）对可能造成社会影响的投诉事项及时如实上报。

（3）做好投诉受理基础台账的建设、管理、汇总和归档。

第二节　建设内容和要求

公共法律服务中心选址应在交通便利、方便寻找、标识明显的邻街地段。为保障实体平台与网络平台、热线平台的数据贯通，主要考虑楼层综合布线系统建设、安防监控系统建设、政务服务系统建设及相关的信息化设备采购等。

公共法律服务中心（见图6-1）主体功能为司法行政政务服务大厅，用于接待市民临柜办理各项司法行政公共法律服务、行政审批等相关业务。主要划分为以下几个区域。

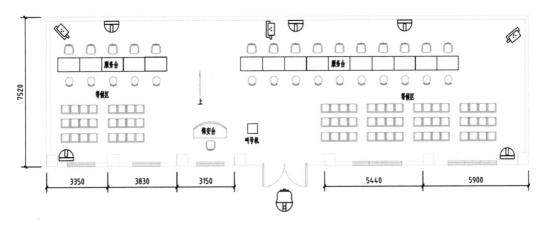

图6-1　公共法律服务中心布局图

（1）业务办理区域：主要由司法行政相关业务部门派驻办事工作人员进行柜台服务，应设立相应数量的业务柜台，并部署电脑、打印机、叫号器、身份证识别仪、高拍仪等相关设备，通过司法行政公共法律服务软件实现各业务应用和行政审批职能，为市民提供各项临柜服务。

（2）临柜等候区域：布置供市民等候叫号期间休息座椅，并在该区域部署大屏幕显示设备、自助查询设备、叫号机、自助服务设备、智能机器人等，为市民查询、办理提供辅助服务。等候区配置一个服务引导专席，配备公共法律服务资料存取架，摆放相关法治宣传和办事流程等资料，并配置书写台、意见箱、座椅、饮水机等设备，为前来办事的群众提供便捷化服务。

除服务大厅处，还应有办公区，其信息化建设具备办公区域的信息点接入，同时在服务大厅与办公区通道部署门禁系统，实现办事服务区域和内部办公区的安全隔离。办公区由相对独立的办公室组成，分别设置为"人民调解室""援助律师值班室""信访接待室""档案资料室"，负责办理相关业务，存放相关业务档案和工作资料。

综合布线是公共法律服务中心基础建设之一，是实现语音、数据、视频通信的传输通道。公共法律服务办事大厅和办公区，均需实现政法专网、电子政务外网、互联网（含 Wi-Fi）的基础网络覆盖。图 6-2 为 12348 公共法律服务热线大厅信息点位图。

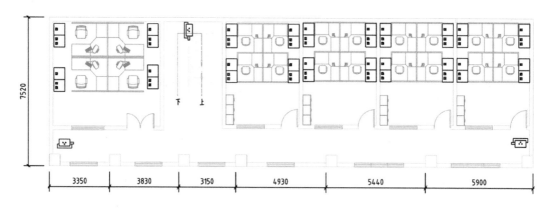

图 6-2　12348 公共法律服务热线大厅信息点位图

一、工作区子系统

工作区子系统由电源接口，工作站连接线及相关的布线部件组成。一个独立的需要设置终端设备的区域可划分为一个工作区。工作区子系统由信息插座延伸到工作站终端的用户连接电缆及电源接口组成。

双绞线信息插座选用模块化六类信息插座,配备标准 86 型英式单口面板。用户端连接软线采用六类快速原装跳线。信息插座应在内部做固定并用六类线连接。

二、水平干线子系统

水平干线子系统由水平线缆组成。水平干线子系统一般按 TIA/EIA568B-规定的六类 4 对双绞线电缆的传输特性要求,并支持 1000Base-T、ATM155Mbps\622Mbps 等数据系统的应用和所有话音通信系统(模拟、数字、多功能和 ISDN 语音系统)的应用。

三、垂直干线子系统

垂直干线子系统主要用于实现楼宇设备间与各管理子系统间的连接。主要包括光纤、大对数线缆、六类双绞线等主干线缆。

垂直线缆直接铺设于弱电竖井内,为减少电磁干扰、防止线缆松散,主干线槽采用带盖板的、有横档可绑缚电缆的金属线槽。线槽的填充率控制在 50% 以内,以便将来少量扩容时使用。牵引线缆依然遵守水平线缆铺设的步骤。

四、设备间子系统

楼层配线间是水平系统电缆端接的场所,也是主干系统电缆端接的场所,由系统层配线架、楼层配线架、跳线、转换插座等组成。在此提供与其他子系统连接方式,使整个布线系统与其连接的设备和器件构成一个有机的整体。调整楼层配线间的交接则可安排或重新安排线路路由,因而传输线路能够延伸到建筑物内部各个工作区,是综合布线系统灵活性的集中体现。用户可以在楼层配线间更改、增加、交接、扩展线缆或改变线缆路由。

第三节　综合布线标准

工作区每个六类屏蔽信息点到配线架的连线均为六类 F/UTP 结构屏蔽线缆,线径为 23AWG 规格,带十字骨架结构,外皮采用 LSOH 低烟无卤等级;水平链路的长度不得超过 90m。

所有语音数据配线架和光缆连接配线架设备全部采用 EIA/TIA 标准的 19 英寸（1 英寸＝0.0254 米）规格产品，并安装于 19 英寸机柜中。配线柜设置 A、B 两个区，其中 A 区端接语音信息点和 Internet 信息点，B 区端接内部网络。所有配线间内线缆的端接全部采用统一的空白屏蔽配线架组合平口六类屏蔽模块方式实现，并在配线间侧进行单端接地。为保证现场使用的整洁，所有端口需配有防尘盖，有彩色应用标识。

机柜需考虑所有配线架及网络设备的容量，机柜应具有可靠的机械结构、供电方式及良好的散热机制，所有配线架、端接箱所需的连接跳箱必须是模块式的，无须专门工具进行修改、管理和系统维护。

信息点位直接确定了各物理区域的设备接入能力，因此信息点位的确定和统计必须由业务部门（用户）参与，由业务部门（用户）告知物理区域划分、功能确认，再由信息化部门考虑完成职能（功能）所需要安装的设备种类和数量并预留一部分可能扩展的信息点，最终确定信息点位数量和种类。

第四节　安防监控系统

公共法律服务中心的安防监控按司法部要求需接入指挥中心，一般视频监控系统采用全数字架构，基于 IP 网络建设，达到"现场信息可视可录音"的管理要求，并实现服务中心视频监控资源的联网查看、调用等功能。通过接入本级司法行政机构安防监控系统，实现安防监控系统的统一管理。

一、前端系统设计

所有监控点均采用网络高清摄像机。根据监控区域的不同，选择不同镜头的红外一体化摄像机、红外半球摄像机对固定区域进行监视，采用智能高速快球对大范围区域进行巡视和重点监控。同时根据环境需要，考虑相应的安装设备和保护设备。根据安装现场情况的不同，利用现场的建筑物进行壁装。

二、网络传输系统设计

随着联网监控需求的兴起，模拟系统联网的局限性凸显出来，基于 IP 网络的联网监控成为主流趋势。与模拟传输系统相比，IP 网络受干扰的可能性较小，组网方式灵活，因此采用 IP 网络方式。

摄像头规模较小，因此采用前端摄像头通过交换机接入 NVR 直接上墙的方式进行组网，并整体接入本级司法行政机构监控安防系统（见图 6-3）。

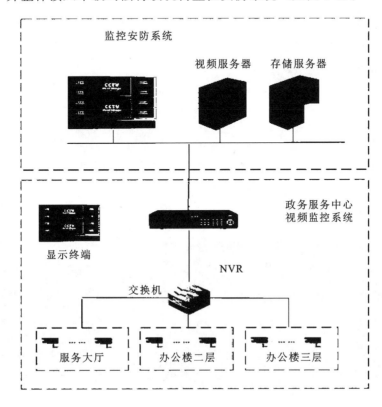

图 6-3 监控安防系统结构图

三、视频存储设计

从前端摄像头数量规模看，采用 NVR 存储具有较高的性价比和可靠性。

NVR（网络硬盘录像机）最主要的功能是通过网络接收 IPC（网络摄像机）设备传输的数字视频码流，并进行存储、管理，从而实现网络化带来的分布式架构优势。通过 NVR，可以同时观看、浏览、回放、管理、存储多个网络摄像机。

公共法律服务中心监控系统共需接入摄像机较多，按照每路摄像头（1080P）采用高清摄像机画质 4M 码流计算，视频画面保存 30 天，存储容量计算如下。

4M 码流 1 天的存储容量为：

$$4Mbps * 3600 * 24 * /1024/8 \approx 42.19GB$$

路数为 N，30 天的存储容量为：

$$42.19GB * N * 30 天/1024 \approx 1.24NT$$

设计时根据市场上提供的硬盘录像机一般接入路数是 8 的倍数，如 8 路、16 路、24 路、32 路，并考虑按实际需求略有冗余地进行选型，以满足即期及后期拓展要求。

四、视频显示系统设计

1. 分屏功能

单屏分屏分组切换功能针对单个屏幕或单个拼接单元进行多组画面分割显示模式循环切换。单个屏可自定义 N 组，每组可定义多种分屏模式。

同时，单屏支持 1、4、9、16 画面分割显示（见图 6-4）。一次分屏切换可进行多组多画面分割视频切换。

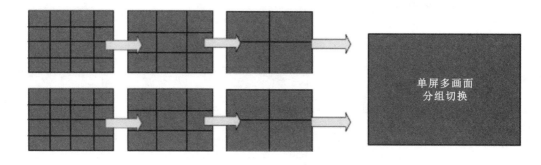

图 6-4　画面分割示例图

2. 视频轮巡功能

可实现前端摄像头的自动切换功能，可根据需要，用户自行设置轮巡方案及画面显示时间，并按照预算方案进行大屏轮巡播放。

3. 键盘控制功能

可统一对摄像机、监视器自动编号排列，监视器画面分割数默认为通道数。键盘操作只需监视器通道号对应摄像机编号，就具备视频任意屏幕通道窗口切换控制，实现视频显示的快捷切换操作。

五、监控管理平台设计

1. 用户管理

用户分为系统管理人员（面向系统、网络、设备等）与应用操作人员（业务流程与操作）两大类，并对应到组织机构；系统管理员分为高级/全局管理员，管理员（普通），操作员分为高级操作员、普通管理员等。系统有上下级等明确的组织架构，有一套比较清晰的优先等级制度，可以精细化权限划分。

2. 权限管理

权限管理可以让系统的维护人员在一个地方批量、方便、集中管理系统内部的所有资源、人员、角色，由于系统中的所有操作都要由权限管理中心许可，因此任何用户的权限改变都能够即时反映到任何一个用户对任何系统的操作。

3. 设备管理

（1）设备统一编码：按照统一的编码规则对不同的前端设备，提供统一信息获取、转化和代理服务。统一编码，便于音视频流媒体信息统一接口管理。

（2）远程设置和批量配置：能够对前端快球摄像机、电子抓拍控制器等前端设备的参数进行远程配置，对同一型号和同样参数的设备进行批量设置，大大提高了系统的维护效率。

（3）远程状态巡检：能够对前端设备的工作状态进行定时自动或手动远程巡检，对设备的工作状态进行统计管理，发现异常及时告警，便于值班人员掌握设备的运行情况，发现问题及时处理，防患于未然，支持断线重新连接。

（4）远程控制：能够对前端设备进行远程重启、校时，既可以手动控制，也可以通过计划任务引擎定时自动执行这些控制。

（5）计划任务的自动执行和控制：通过任务和计划引擎，可以自动执行某些特定的操作指令，如对前端设备的定时巡检，对视频传输限定带宽的定时调整、远程重启、远程校时、定时布防撤防等。

4. 实时监控

通过 C/S 业主端和 WEB 浏览器，能够单画面或多画面显示实时视频图像。

（1）不同画面的显示方式：有单画面、4画面、6画面、9画面、13画面、16画面等方式，实现多画面同屏显示。

实现对前端云台镜头的全功能远程控制，包括云台的旋转和自动扫描、镜头的变倍变焦、快球预置位的设置和启动、快球巡航轨迹的设定和启动。

设定快球预置位启动计划，可以将监视区域中较为重要的点位作为预置位，每个预置位停留一定的时间，最终实现在不同的需要重点监控的部位间循环转动，加强了对多个重点区域的监控功能。

（2）画面切换：可以分为手动切换和自动切换。手动切换指人为地将指定的视频点位切换到相应的监视器输出显示。自动切换指分组轮巡功能，系统按照设定好的规则，在指定的操作终端上进行自动的监控图像显示。根据业务需要，可以分为组内轮巡、分组轮巡以及组合轮巡等。通过这样的轮巡操作实现在少数监视器上多画面循环切换显示，根据需求将某些特殊点位设置成一组进行切换显示。

（3）画面文字显示：包括组织机构、OSD、标识、通道名称、日期与时间、触发类别等，通过以上信息的叠加，便于对图像的具体位置进行识别。

5. 录像存储

通过全方位的存储状态监控功能，存储系统对所有的存储计划进行实时监控，每个监控点的存储状态都可以在业主端进行展现。当发现存储计划的执行出现错误时，会通过平台的报警服务进行报警，以便管理员及时处理，保证存储系统的可靠运行。

可以设置多种录像规则，实现手动录像、计划录像、告警触发录像、移动侦测录像等录像方式，依据实际的存储要求灵活设置。

报警录像支持预录功能，可实现报警前的录像存储。预录时间可根据需求进行设置，避免报警录像文件的不完整。

当出现网络故障导致的前端设备的码流不能传输到中心存储服务器，从而导致录像丢失的严重后果时，利用前端设备的本地录像功能，中心存储服务器记录取流异常的信息。一旦网络恢复正常，则可从前端设备补录缺失的录像数据，极大地提升了存储系统的可靠性。

6. 检索回放

具备多种检索方式，按通道、时间、录像类型、智能信息来检索数据，缩短录像文件的查询时间。

可以将远程存储设备上的录像文件下载到本地浏览或者进行录像文件的备份。支持手动、计划备份策略，通过部署备份服务器，该存储系统还可以根据备份计划对录像数据进行下载存储，不仅可以保证关键录像数据的安全性，还可以对现有存储空间进行扩容。

支持本地录像回放和远程录像回放。

具备多画面同时同步回放；回放支持单帧、慢放、常速、快速、进度条拖放等方式，回放时支持画面放大、缩小、局部放大等操作；具备回放过程中的抓图、片段剪辑功能，对有用途的录像文件进行剪辑合并。

具备书签功能，用户可以对录像数据的某个时间点打上标记，通过标记可以快速检索录像数据，减少录像文件的查询时间。

支持分段回放，可以选择不同时间段内的录像文件进行检索，不按照时间长短或录像文件大小的方式进行数据包的分割处理方式，提高数据的检索速度，快速定位到所需的录像文件。

7. 报警管理

在中心监控管理软件设置下，统一快速接收现场设备和其他系统发送的报警信息并转发给指定的业主端、存储服务器和其他接警中心。为所有系统管理的监控设备提供报警接收转发服务及短消息报警、邮件报警等远程报警服务。通过报警转发服务器实现对视频移动侦测报警、视频丢失报警、设备状态报警等所有报警进行统一的管理。

支持多种报警类型的触发，包括硬盘满报警、硬盘出错报警、视频丢失报警、视频遮挡报警、移动侦测报警、IO 报警、智能分析事件报警、服务器异常状态报警。

支持多种报警联动策略，联动方式有业主端联动（视频图像、声光显示、信息叠加）、云台联动、通道录像、报警输出联动、E-mail 通知、短信发送、电子地图、通道抓图、执行预案等方式。

所有报警信息自动保存到数据库，可以统计、查询和打印，可以通过报警事件来检索录像资料。

系统接收到报警信息后通过报警服务器转发给相应的业主端进行警情处理；在多级系统结构的情况下，可以通过设置将警情信号上传到上级处理中心进行处理。

系统提供报警信息的过滤功能，将大量的重复报警信息进行屏蔽，降低了误报的信息，提高了处理警情的效率。

同时收到多个报警信息时，能够按照警情级别优先显示，同级别报警排队显示，值班人员可以输入处警结果信息并保存。

8. 日志管理

系统平台日志主要包括本地日志、远程设备日志、报警日志。

能够将系统运行情况和用户的主要操作自动生成日记，方便维护管理和用户行为的事后审计。

所有日记能够导出，支持 xls、txt 文件格式，并且可以打印成报表。具有日记数据保护功能，可以设定禁止修改功能，保证这些数据的真实性。

第五节　政务服务排队叫号系统

排队叫号系统由排队取号机、显示设备、叫号器、扩音喇叭等设备组成。各个设备通过内部网络进行有机结合，相互联动，用于对前来办理业务的用户，按照不同业务类型进行取号办理。排队系统可与广播设备联动，通过语音提醒用户到指定工作台办理相关业务。如需要多窗口联动办理业务，可实现顺序叫号功能。

取号机安装于服务大厅大门入口处，通过排队管理服务器及相应应用系统将预先设置好的业务类型在取号机进行显示，用户通过选择需要办理的业务类型进行取号排队。

排队显示终端通过 LED 电子显示屏和数码显示屏来实现显示，主要显示顾客的排队号码，以提醒顾客前来办理业务。按作用不同又分为窗口显示屏和无线集中显示屏两种，根据实现情况选用两者相结合的方式进行显示。

图 6-5 为公共法律服务大厅取号系统结构图。

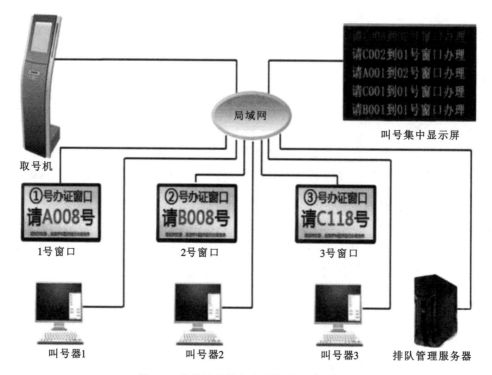

图 6-5　公共法律服务大厅取号系统结构图

第六节 办公区域无线覆盖系统

考虑对设备统一性和简单网络管理协议(SNMP)支持的要求,采用无线吸顶AP作为无线覆盖的网络设备,支持无线长距离连接。同时集成了桥/中继器的功能,功能更加多样化。支持基于SNMP的集中网管、认证技术、特有用户隔离、Nat、内建Firewall技术,使无线网络具有更高的安全性能。对SNMP和带宽分配的支持,为无线网络提供了更好的管理手段。

无线网络室内覆盖的功能就是利用无线网络设备对特定的工作区域实现无线信号的覆盖,确保位于这一区域的无线网络用户能通过无线网络设备实现网络的连接和资源的共享。无线网络的室内覆盖在办公区域和特定功能区特别有效。这些特定区域用户的特点是:广泛使用笔记本电脑、掌上电脑等移动通信设备,工作位置的流动性特别大,用户只有在特定的时间才会在某一固定区域上网。而且,这类用户在上网时大都不固定分组,上网场所的环境布置也会经常改变,所以采用无线覆盖对这类场所尤其合适。覆盖这类场所,一方面能够简化网络设计;另一方面能够为用户提供宽带上网,而且能够非常方便地进行扩充。还可以使用户在整个覆盖范围内作无缝漫游。

一个AP负责相邻的多个无线网卡上网。房内如果有更多用户上网,则不受影响仍然可以共享带宽。在无线上网用户比较集中的会议室、培训室、服务大厅等处,可以考虑采用高密度AP来解决。无线AP发射功率大,穿墙能力好,信号强,覆盖能力广,用户可以在层内与楼层间任何一个地方上网,实现无缝漫游功能。

第七章 系统集成

系统集成（SI），就是通过结构化的综合布线系统和计算机网络技术，采用技术整合、功能整合、数据整合、模式整合、业务整合等技术手段，将各个分离的设备、软件和信息数据等要素集成到相互关联的、统一和协调的系统之中，使系统整体的功能、性能符合使用要求，使资源达到充分共享，实现集中、高效、便利管理。系统集成实现的关键在于解决系统之间的互连和互操作性问题，它是一个多厂商、多协议和面向各种应用的体系结构。需要解决各类设备、子系统间的接口、协议、系统平台、应用软件等，与子系统、建筑环境、施工配合、组织管理和人员配备相关的一切面向集成的问题。

第一节 司法行政业务系统设备通用要求

系统集成要求把各种硬件设备有机融合在一个平台，这就需要所有硬件设备具有通用性、可接入性、标准化等特性。因此，在司法行政业务系统建设中需要提前考虑硬件设备的通用要求，避免出现个性化硬件设备不能接入整个系统平台。对硬件设备的通用性要求如下：

（1）所有硬件采用开放性系统结构，应充分考虑功能单元，所有功能单元应能与软件组成基本平台，完成基本功能；

（2）所有设备应具有保密性、安全性、可靠性、可维护性和低噪声；

（3）硬件应用功能要求实时性保障，如实时输入、实时处理、实时传输、实时输出和实时操作等；

（4）硬件的全生命周期满足国家节能和环保要求；

（5）满足标准的优先级顺序为国际标准、国家标准和行业标准；

（6）满足对电磁发射限值的要求并具有要求的抗扰度能力；

（7）选用的元器件、结构材料、印刷电路板材料、互连材料、工艺材料等应符合国家有关标准；

（8）进行逻辑设计时，对各种时序关系应留有适当的时间余量；

（9）应考虑自检功能和保护功能；

（10）应满足不同应用级别环境的要求，采取必要的设计手段，如抗高温设计、抗振动与冲击设计、电磁兼容设计、抗腐蚀与防护设计等；

（11）各种协议、接口参数满足相应国家标准或行业标准。

第二节　网络集成

网络集成主要包括以下内容。

（1）纵向实现司法部、省（区、市）司法厅（局）、市司法局、县司法局、乡（镇）司法所的互联网、电子政务外网互通并延伸到工作人员移动端。

（2）横向实现各级司法行政机构与当地政府、党委、武警、政府直属单位、政法委、公安、检察院、法院的互联网、电子政务外网、电子政务内网、专网互通，并将非涉密网延伸到工作人员移动端。

（3）内部分支实现监狱、戒毒、矫正、司法局（所）各专网联通，并根据业务需要安全可控地接入电子政务外网。

（4）司法云数据中心与灾备中心、当地电子政务中心、本级司法行政机关实现专线互通。

单位内部实现以下功能：

（1）互联网通达各办公室（点）的操作位；

（2）电子政务外网通达各办公室（点）的操作位，也可在网络机房用安全路由实现互联网与电子政务外网融合，减少前端双网卡 PC 的双网线接入；

（3）安防监控、门禁、灯光、背景音乐、广播系统、IP 话务、显示大屏、楼道展示屏分别单独组网，但要求授权后可以在任意一个办公室（点）接入进行操作、管理、控制；

（4）指挥中心大屏、语音、摄像头、音箱与各会议室屏幕、音箱、话筒、摄像头均可同步实现远程指挥、视频监控、视频会议、视频点名；

（5）指挥中心、会议室的操控间要求可以看到、听到指挥中心大厅、会议大厅的状况和指令并进行相应操作。

第三节 软件集成

一、应用集成

建成司法行政统一门户，实现司法行政系统立法征集、执法监督、规章备案、律师管理、公证管理、鉴定管理等各类业务系统集成到统一门户，实现OA、财务、后勤、工会等行政管理系统集成到统一门户，实现案例库、知识库、全文检索等工具软件集成到统一门户，实现运维管理平台和运维监控平台集成到统一门户。用户一次登录按角色权限使用自己的各类业务软件。

二、数据中心集成

建成司法云大数据中心，集成数据汇聚平台、数据治理平台、数据分析平台、数据挖掘平台、数据共享平台。实现数据价值的最大产出。

三、应用软件与司法云能力平台集成

司法行政各类软件与能力平台之间，单点登录、权限管理、人员机构管理语音指挥调度、语音填单与GIS能力、短信能力、视讯云能力、人脸识别能力、语音识别能力、声纹识别能力相互调用。

第四节 硬件集成

一、公共法律服务中心

公共法律服务大厅硬件包含大厅宣传显示大屏、叫号机、自助查询机、自助服务机、广播系统、评价系统、智能机器人、监控系统，通过总线控制实现所有设备的集中控制和管理。

公共法律服务热线硬件包含话务电脑、话务电话机、录音录像服务器、回访评价服务器、满意度评价语音和短信服务器，要求实现话务电话机与话务电脑的来电弹屏，电话号码的自动录入，跨网电话号码透传，通话录音录像与话务服务一一映射。

公共法律服务网硬件包含自助服务机、自助服务亭、定位、门禁、监控、灯光、空调、报警系统的集成。

二、指挥中心

指挥中心硬件集成包含司法行政、监狱、戒毒、矫正、警官学院各级各类指挥中心的硬件集成。下面以监狱戒毒指挥中心为例进行说明。

监狱视频监控平台可充分实现共享、共用、联动，集成各类计算机、通信、视频、软件应用系统，突出加强应急能力建设，健全应急区域联防体系和应急保障联动机制，提高现场处置和响应突发事件的能力。监狱视频监控平台需集成以下功能。

1. 安防系统集成

支持视频监控、音频管理、联网报警、联网门禁、信息发布、对讲系统、周界防范系统、巡更系统、智能行为分析系统等子系统的统一接入管理，各系统之间实现联动，平台软件具有各子系统管理模块，可实现对各子系统的统一管理。

2. 命令指挥控制中心

采用高级别指挥调度管理策略，集指挥、控制、命令于一体的平台，远程指挥中心实现资源与业务应用。

3. 开放性架构及标准

基于开放性平台及架构环境下开发，支持调用其他业务接口，方便与其他业务系统的融合。系统架构及标准符合国际主流应用，融入技术发展趋势和新技术的利用，支持大型数据库，承担大型数据处理能力。

4. 物联网远程联网集中管理

及时获悉各个防范区域实时状况，汇集系统设备运行状态故障信息，统一平台对报警或事件远程监控，支持网络级联功能，可方便地实现上下级单位的联网管理。

5. 全数字化视频管理

视频图像信息全数字化统一管理，多种格式图像压缩方式和分辨率，不同的码流策略适应带宽和存储，支持大型数据库，保障系统的安全和稳定性。

遵循 GB/T 28181—2011 标准，保障系统平台的开放性和稳定性，支持单画面或多画面轮询显示、多预案全屏轮巡功能。支持轮询方案的预定义，具备显示墙管理功能，能够方便地对显示墙进行控制。支持自定义显示墙预案，方便调用。支持显示墙轮巡，支持外接键盘控制显示墙，具备视频巡查功能，可指定一组监控画面在规定时间由值班人员完成浏览、查看。巡查时间到达时，系统可自动提醒相关人员开始巡查。巡查结果记录到数据库，可供日后查询。

兼容国内或国际主流视频设备，保护已建系统现有设备的投资，提供标准协议接入第三方系统。

6. 音频信息管理

支持背景音乐、日常通知、紧急广播、应急指挥以及消防报警应急事件的播报。支持场所内的分区紧急广播，指挥中心和各级分控室可按权限播放广播。

7. 报警信息管理

汇集应急报警、周界报警等报警信息的融合，通过电子地图精确定位报警信息，方便地进行报警联动设置，可按时间进行布防、撤防。发生报警时可以联动摄像机图像切换上墙、电子预案弹出、电子地图定位、LED 显示屏、声光报警提示等。

支持告警时状态显示、事件栏提示、报警对话框提示等多种方式，提醒值班人员及时发现和处理各类异常。可提供告警日志查询，支持告警抓拍、告警录像。告警日志可自动关联对应的告警录像，方便值班人员检索事发时的告警录像。

8. 周界防范管理

汇聚高压电网、雷达墙、周界语音、图像联动等周界防范信息的管理，支持报警定位功能。前端设备报警发生时，地图定位到设备。支持地图组态和二级、三级电子地图，系统提供地图组态默认图标，用户可进行修改。支持视频轮巡、分组轮巡等多种视频观看方式。支持多事件、多触发的联动设置，对系统进行有效的自动管理。

9. 联网门禁管理

可实现门禁数据实时监测，并对非法出入进行报警显示、通知，包括进出口人员统计、门状态显示、远程门控制。并可与视频系统进行关联，显示当前进出口视频。实现灵活的分类数据查询、检索及相关报表。

10. 对讲管理

支持按区域管理内部对讲系统业务执行情况，支持监室与所属对应分控中心或者总控室间呼叫、对讲、广播等业务信息的实时监测和记录、查询。

11. 巡更管理

支持在线巡更系统，显示巡更点信息及人员巡更数据，对违规巡更的数据自动形成查询报表，根据勤务要求向值班巡视民警自动提示巡更。

12. AB 门管理

支持视频和 AB 门系统的集成联动，实现对 AB 门通行数据记录，显示实时刷卡信息、AB 门信息、实时视频或图像等通行数据信息查询、记录及相关视频的回放。如 AB 门出入数据查询、统计，异常报警视频联动上墙等。

13. 体温监测管理

对进出门禁所有人员通过红外热像仪进行无感知体温监测，发现异常体温立即以警报、灯光、声音等形式进行提示，并将体温异常人员的个人信息发送到指挥中心进行相应处理。

14. 会见管理

实现会见信息查询、会见状态监控、强插强拆、会见人员登记管理、会见录音录像复听复看等。

15. 信息发布管理

支持监狱的信息公告发布及与安防系统联动对接，可以通过网页解析、文本文件、数据库、Web Services、Socket、RSS、FTP 传输或者其他特定格式文件等方式，从数据源取得动态实时数据，并将其发布到不同区域的信息发布终端，便捷、有效地进行监狱的公共信息发布及安防系统联动信息自动发布。

16. 罪犯信息管理

与监狱现有的狱政管理系统对接，实现：查看监舍视频时，不仅可以看到现场视频画面，还可以看到监舍内关押罪犯的姓名及对应的床位号；可为罪犯设置类型，例如三无犯、顽危犯、监舍长等，罪犯类型可自定义；分配罪犯类型后，可按照类型查询罪犯信息；在罪犯信息面板中，可以看到罪犯基本信息及刑期、会见、亲情电话、奖惩等信息。

17. 统一配置管理中心

简洁方便的配置管理中心/信息多重加密，集组织架构/用户角色/设备权限于一体，支持远程登录/异地管理的灵活访问方式。

支持设备状态图形化管理与显示，如门禁在开门、报警时均可显示不同的状态。

18. 矢量电子地图定位

支持标准格式的图片文件直接导入（BMP/JPEG/AutoCAD），配备基于GIS矢量电子地图的综合应用，能够方便地在地图上定义监控点和报警点；支持放大/缩小地图。

根据报警或事件类型精确进行地图定位，并且能够通过点击报警图标调看现场图像，进行PTZ控制。

19. 分布身份认证机制

集散式架构实现区域自治/中心管理，组织架构与用户角色管理紧密结合，支持多级用户权限和密码认证，级别控制及设备权限实现相互关联。

20. 严密权限日志管理

严格的用户权限和设备权限授权机制，完善的日志记录和用户操作管理系统，保障大规模系统多用户操作的安全性。

21. 资源逻辑重组功能

提供不同种类资源的逻辑重组功能，实现设备或系统交叉配置、多重利用，保证共享设备的开放性和专用设备的私密性。

22. 预案管理功能

提供不同类型安防系统预案编程功能,管理不同等级事件或报警的关联信息,面向业务流程的预案编辑及执行方案。

支持视频与对讲业务、视频与门禁业务、视频与巡更业务、视频与报警业务等多种联动预案的配置管理功能。支持联动预案的相关对象、预案执行时间段等参数配置。提供预案使能控制功能,支持灵活的布防、撤防控制。

23. 平台网络性能要求

支持单播流的复制分发,支持组播视频流转单播并复制分发,支持跨不同子网段的视频流转发,支持不同服务器的负载均衡。

三、其他系统的硬件集成

(1) 警务通、政务通与电子地图、门禁系统对接,与指挥中心移动指挥业务对接。

(2) 远程会见终端与亲情可视电话对接,实现特殊场景的移动端会见。通过网络、硬件、软件的集成,实现全国范围的远程会见。

第五节 显 示 集 成

显示集成包括以下内容。

(1) 指挥中心可集成显示监狱、戒毒、矫正、公法中心安防监控画面,司法行政系统业务软件画面,视频会议画面、视频点名画面、大数据分析与监测画面、软件监测与硬件环境监测画面。

(2) 走道、外墙、楼梯口、电梯内部的显示系统集成到同一设备进行联网显示与控制。

(3) 各会议室显示系统可集成指挥中心显示所有功能,实现副指挥中心职能。

(4) 无纸化会议系统与会议室外候会显示屏集成。

第六节 技术集成

技术集成包括以下内容。

一、确定开发框架及要求

从底层技术上编制一个开放框架，并开发公共服务组件，使得各子系统具有统一的集成框架和公共组件，从而提高系统建设的标准化和规范化，提高系统的集成能力。

二、制定编码规范

编码应遵循司法部相关系统规范，要求遵守一致性和规范性原则，从文件结构、编程风格等方面对编码进行规范，保证代码的一致性。

第七节 数据集成

数据集成是信息化建设的核心，包括以下内容。

一、历史数据迁移

清理司法行政机构现有数据，包括现有纸质文档、图片、音像、各系统现有电子资料、数据库等，确定需要纳入司法云大数据中心的各类数据，主要包括以下内容。

1. 互联网数据采集

支持对互联网网站进行相关数据采集，实现实时信息采集，信息的自动分类、去重、标引、入库和发布。

2. 历史纸质文档电子化录入

支持对律师管理、法律援助、公证、人民调解、司法鉴定等部门所有纸质文档数据进行电子化录入，以便后期的数据分析及数据查询。

二、系统公共数据

在标准规范体系的基础上，建立标准的系统公共数据，包括名词术语词典、属性词典以及各类代码表，供各应用系统集成使用。

三、系统内数据互通

通过统一数据格式的定义、规则的描述、数据的整理及再加工，完成相关的司法行政数据路由与数据格式转换，解决异构数据源之间的数据交流、数据共享，实现在异构的数据源之间数据层的直接整合。从而有效利用司法行政数据资源，为决策者提供更全面的信息资源。

四、系统外数据互通

通过与各地政务云对接，实现司法云大数据中心与政务云各政务系统的数据交换共享。

通过与司法部司法公共云对接，实现司法云大数据中心与司法部司法公共云各政务系统的数据交换共享。

第八节 系统总集成

需协调司法云大数据中心与政法云大数据中心、法院云数据中心、检务云数据中心、公安云数据中心等进行系统集成及联合调测，实现数据流转、数据交换和共享及业务协同。

系统集成是确保信息化工程总体目标完成的工作。涉及大量硬件、软件、信息的集成、融合及处理，也涉及大量功能模块与其他单位业务系统的集成和使用，因此需要根据标准化、实用性、开放性、安全性、资源共享等原则，进行系统安装及调试、网络集成、系统联调、技术集成、应用集成和数据集成。

根据司法行政机构要求，在信息化建设中完成各项任务，包括设备到货、用户培训、设备安装调试、软件定制开发等，并完成信息化项目建设验收前期的各项准备工作。与项目的相关支撑单位（其他平台服务方、设计方、建立方、审计方等）进行积极主动的合作，在集成实施各环节相互配合。

其他工作包括：

（1）在项目实施周期内，如因国家机构和职能调整导致建设内容发生变化，则按相应的调整内容进行需求调整；

（2）项目参照计算机信息系统等级保护2.0标准要求组织建设，建设完成之后，组织具有计算机等级保护测评资质的机构进行信息化等保测评；

（3）因上级或相关单位、部门业务需要新增的无标准接口的设备接口开发；

（4）因上级或相关单位、部门业务需要进行的数据共享、流程对接、业务协同的接口开发。

第八章 灾备中心设计

第一节 灾备概述

数据灾备全称为数据灾难备份,是指为防止出现操作失误或系统故障导致数据丢失,而将全系统或部分数据集合,从应用主机的硬盘或阵列复制到其他存储介质的过程。灾备系统建设要求较高、人员值守和专业技能要求较高。司法行政系统的灾备一般采用购买云灾备服务的方式进行。

云灾备将灾备看作是一种服务,采用由业主付费使用灾备服务提供商提供的灾备服务的模式。采用这种模式,业主可以利用服务提供商的优势技术资源、丰富的灾备项目经验和成熟的运维管理流程,快速实现用户的灾备目标,降低业主的运维成本和工作强度,同时也降低灾备系统的总体拥有成本。灾备分为同城灾备和异地灾备。

同城灾备主要用于本地数据生产系统的硬件出现故障时能够迅速迁移到灾备主机上继续提供服务,同城灾备可以是本地高可用一个中心设计或双活架构双中心设计。

异地灾备主要用于本地数据生产系统的设备、场地环境发生人为破坏和自然灾害等重大灾难时防止数据和应用丢失。异地灾备一般要求两地相距 100 千米以上。

灾备除需要进行设备和数据备份外,还涉及网络链路灾备。链路灾备一般选用至少两个不同的链路服务提供商提供链路服务,对核心网络设备采用双机互备方式。

目前云灾备服务主要有数据级灾备和应用级灾备。

数据级灾备的关注点在于数据,即灾难发生后,灾备服务平台依靠基于网络的数据复制工具,实现生产中心和灾备中心之间的异步/同步数据传输,可以确保业主原有的业务数据不遭破坏。

在数据级灾备的基础上构建应用级灾备系统，具备应用系统接管能力，即在异地灾备中心再构建一套支撑系统、备用网络系统等部分。当生产环境发生故障时，灾备中心可以接管应用继续运行，减少系统宕机时间，保证业务连续性。

由于天灾人祸，信息系统安全有可能会遭遇危机或损毁。云灾备服务统筹规划面向司法行政机构提供不同等级的同城或异地服务。

云灾备服务独有的高性能、高可靠性、高扩展性、易维护性、责任风险低以及高性价比的服务特色，为司法行政系统数据信息系统保驾护航。

第二节 总体架构

从网络层、应用层、数据层进行分析，生产中心与灾备中心总体架构图如图8-1所示。

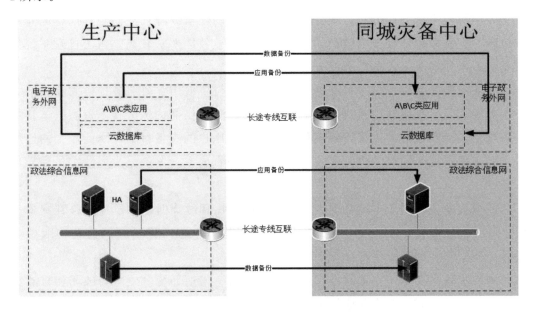

图 8-1 生产中心与灾备中心总体架构图

考虑到云计算平台的特性，生产中心云平台本地物理、应用上采用高可用架构。为保证业务连续性、经济性，建设有效的一体化备份容灾平台，设计采用数据级别的灾备。通过异步或CDP备份，确保 A\B\C 类应用接近于 RPO 的目标。

一、应用层和数据层设计

依照《信息系统灾难恢复规范》(GB/T 20988—2007)中的相关表述,信息系统根据其灾难恢复需求等级,最低应达到的灾难恢复能力等级及其对应的备用数据处理系统表述如表 8-1 所示。

表 8-1 最低应达到的灾难恢复能力等级及其对应的备用数据处理系统表述

灾备模式	恢复优先级	灾难恢复等级	规范中有关备用数据处理系统的表述
同城灾备模式	A 类	5 级	配备灾难恢复所需的全部数据处理设备,并处于就绪或运行状态
	B 类	4 级	配备灾难恢复所需的全部数据处理设备,并处于就绪或运行状态
	C 类	3 级	配备灾难恢复所需的部分数据处理设备

按照恢复优先级,将应用系统划分为 A 类、B 类和 C 类。在生产中心各应用系统架构采用负载均衡方式的本地高可用保护。

对于应用层和数据层,通过云计算的虚拟化备份技术,将数据复制到灾备中心的备份系统。在灾备中心部署相同的物理设备,通过备份系统恢复到物理设备上。

当生产中心灾难重建后,恢复到生产中心。

图 8-2 为生产中心与灾备中心数据流向图。

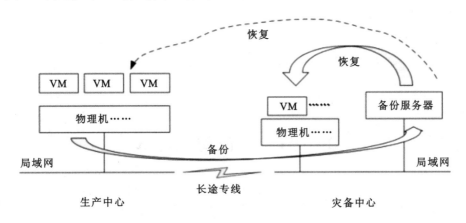

图 8-2 生产中心与灾备中心数据流向图

政法专网由于应用较少,设计政法专网的应用数据都存放在本地服务器上,通过 HA、硬盘 RAID 等架构保障本地高可用。在灾备中心部署相同的应用数据,数据同步通过数据库层同步技术实现各类应用数据实时同步。

二、同城备份中心配置建议

恢复优先级为 A 类的应用系统支持"双中心互备运行"要求，通过数据库层同步技术，采用各类应用数据实时同步备份系统恢复 1∶1 的方式进行部署，不考虑性能缩减。

恢复优先级为 B 类的应用系统不需支持"双中心互备运行"要求。建议数据处理能力采用与生产中心同构降级的模式，即高可用降级，不降低处理能力。具体建议如下：

（1）对于双机集群，建议采用单机方式，不降低主机处理能力；

（2）对于多机集群，建议采用单机方式，不降低主机处理能力。

恢复优先级为 C 类的应用系统支持实现整体切换，建议数据处理能力采用与生产中心降级的模式，即高可用和处理能力同时降级的方式。具体建议如下：

（1）对于双机集群，建议采用单机方式并降低主机处理能力；

（2）对于多机集群，建议采用单机方式并降低主机处理能力。

三、网络层

2 个中心部署相同的云计算网络架构，生产中心与同城备份中心采用 2 根专线，通过 IP 网络进行数据同步复制。

通过上述三个层面部署，可实现生产中心应用级备份和灾备中心全部数据级备份，实现"双中心互备运行"的目标。

第三节　备份架构设计

鉴于生产中心与同城备份中心之间的"双中心互备运行"的方式，在生产中心与同城备份中心之间的数据备份，不仅需设计日常的数据备份功能，还需设计应用系统切换后的数据备份功能。图 8-3 为生产中心与灾备中心数据备份方案示意图。

从图 8-3 可以看出，在生产中心云平台的物理架构上，通过本地高可用可以保障数据可用性，当任意一台设备发生故障时不会影响云平台的虚拟机。

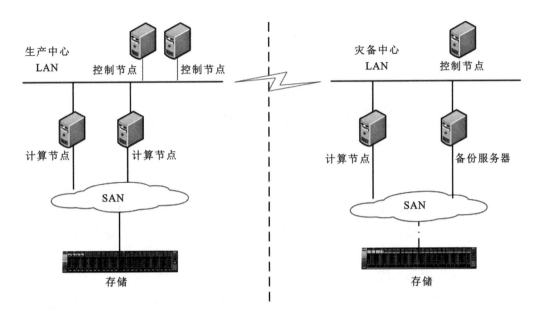

图 8-3　数据中心与灾备中心数据备份方案示意图

在整个备份架构中，数据备份是通过云平台的虚拟机整机备份，通过 LAN 方式或 LAN Free 方式进行数据备份。考虑到大数据量的数据传输，建议在备份软件选择上优先考虑采用重复数据消除技术或增量备份策略。

第九章 安全防护体系

安全防护体系是"数字法治 智慧司法"得以安全、稳定、合规、高效、持续支撑司法行政智能应用、便捷服务的基础保障。要结合安全技术、运维技术、等保知识与司法行政业务需求来进行整体设计和规划。通过对"数字法治 智慧司法"信息化体系的安全加固和运维能力提升，可以实现司法行政线上线下服务保障的透明化，有利于司法行政决策者、管理者、执行者和服务对象在业务往来中对保障环节的无感化，从保障环节支撑司法行政服务满意度的提升。

第一节 总体理解

安全规划需要充分考虑长远发展需求，统一规划、统一布局、统一设计、规范标准，并根据实际需要及投资金额，突出重点、分步实施，保证系统建设的完整性和投资的有效性。在方案设计和项目建设中应当遵循以下原则。

一、统一规划、分步实施

在建设过程中，全方位、多层次地综合考虑司法行政机构服务存在的网络安全问题和各个环节，运用信息系统工程的观点和方法论进行统一的、整体性的设计，为后续的安全实施提供基础保障，通过逐步实施，来达到信息网络系统的安全强化。从解决主要问题入手，伴随信息系统应用的开展，逐步提高和完善信息系统建设，充分利用现有资源进行合理整合。

二、标准化和规范化

司法行政机构信息系统的规划和建设，应严格遵循国家网络安全等级保护（三级）标准及行业有关法律法规和技术规范的要求，同时兼顾参考国际上较为成熟的 ISO27000、CSA 的成熟范例，从技术、运行管理等方面对项目的整体建设和实施进行设计，充分体现标准化和规范化。

三、适度安全

任何信息系统都不能做到绝对安全，在安全规划过程中，要在安全需求、安全风险和安全成本之间进行平衡和折中。过多的安全要求必将造成安全成本的迅速增加和运行的复杂性，适度安全也是等级保护建设的初衷。因此，在安全规划设计过程中，要严格遵循基本要求，从物理、网络、主机、应用、数据、虚拟化、虚拟网络等层面加强防护措施，保障信息系统的机密性、完整性和可用性。另外，也要综合考虑业务和成本的因素，针对信息系统的实际风险，提出对应的保护强度，并按照保护强度进行安全防护系统的设计和建设，从而有效控制成本。

四、技术与管理并重

网络安全问题从来就不是单纯的技术问题，把防范黑客入侵和病毒感染理解为网络安全问题的全部是片面的，仅仅通过部署安全产品很难完全覆盖所有的网络安全问题。因此，必须把技术措施和管理措施结合起来，更有效地保障信息系统的整体安全性。

五、先进性和成熟性

所建设的安全体系应当在设计理念、技术体系、产品选型等方面实现先进性和成熟性的统一。第一，产品必须成熟，遵守标准。第二，供应商必须与用户签署相关合同协议，这有助于业主满足合规性的需求。并且，选择目前和未来一定时期内有代表性和先进性的成熟的安全技术，既保证当前系统的高安全可靠，又满足系统在很长生命周期内有持续的可维护性和可扩展性。

六、动态性

网络安全问题不是静态的。信息系统安全保障体系的设计和建设，必须遵循动态性原则。必须适应不断发展的信息技术，必须能够及时、不断地改进和完善系统的安全保障措施。

七、经济性

规划在满足共性、兼顾安全的基础上，通过安全厂商采购适度的安全服务，集中防护，充分利用现有资源，在可用性的前提条件下充分保证系统建设的经济性，提高投资效率，避免重复建设。通过分层次和专业队伍安全运维，实现统一管理，降低运维成本。

第二节 网络安全域拓扑结构

一、安全域划分

网络安全是数据中心安全最重要的一道防线。为确保服务的安全可靠，"司法云"数据中心设计采用模块式划分区域：

（1）敏感区域如电子政务外网区域、互联网区域，在接入时均以硬件防火墙隔离，并严格实施身份认证、审核及日志记录确保数据安全；

（2）互联网接入端连接 IPS、防火墙、上网行为管理系统进行边缘防护；

（3）核心网络旁挂内部防火墙，确保司法云内部网络安全，同时通过旁挂 IDS 设备确保数据中心各网络区域安全。

二、安全设计

（一）司法行政机构政务外网接入区安全设计

在司法行政机构政务外网接入区边界串联部署防火墙、入侵防御、病毒过滤、等安全产品，提供专业的抗拒绝服务攻击、访问控制、入侵防范、恶意代码防范等网络安全功能。

（二）互联网接入区安全设计

在互联网接入区边界串联部署抗 DDOS、负载均衡、防火墙、入侵防御、病毒过滤、上网行为管理等安全产品，提供专业的抗拒绝服务攻击、访问控制、入侵防范、恶意代码防范等网络安全功能。

（三）安全管理区安全设计

该区域主要部署特定安全产品的管理服务器及通用的安全服务平台，如堡垒机、防病毒服务器、入侵检测、日志审计、数据库审计等。需要在区域边界部署防火墙产品，提供网络访问控制。

（四）数据中心区安全设计

在司法行政机构数据中心串联部署防火墙，提供专业的抗拒绝服务攻击、访问控制、入侵防范、恶意代码防范等网络安全功能。均采用热备部署方式。部署备份一体机，提供各类数据与应用的备份恢复，并且提供业务灾难接管功能。

（五）政务外网与互联网数据交换安全设计

在司法行政机构互联网区与政务外网区之间的数据交换，采用防火墙、入侵防御、病毒过滤、堡垒机等安全产品，提供专业的抗拒绝服务攻击、访问控制、入侵防范、恶意代码防范等网络安全功能。实现数据交换并检测数据的可靠性、完整性、安全性。

第三节 基础安全能力

一、安全边界抗 DDOS 攻击方案设计

在司法云网络边界安全设计上，应严格遵循等级保护的安全规范和标准的要求，需采用一致的边界安全隔离方式。这种边界安全的一致性主要体现在以下五个方面：

（1）各逻辑区域之间采用相同的安全隔离策略；

（2）各逻辑区域之间采用防火墙设备；

（3）各逻辑区域之间的对应防火墙设备采用相同的安全规则配置；

(4) 私有云的各二层透传区域,通过 STP 根节点的调整,避免产生环路的隐患;

(5) 通过数据中心对应逻辑区域防火墙设备的一致性和安全规则配置的一致性,确保司法云数据中心内部各逻辑区域的一致性。

防火墙作为重要的边界防护设备,按照高可用的原则、纵深防御的安全原则:

(1) 所有区域防火墙进行冗余部署;

(2) 在外联区域部署防火墙进行边界防护;

(3) 在核心交换区部署安全模块进行分层防护;

(4) 部署虚拟防火墙进行分域保护。

(一) 系统部署

系统部署如表 9-1 所示。

表 9-1 系统部署 (一)

安全类型	部署方式
抗 DDOS 攻击	部署于网络边界(互联网)

在网络边界部署抗 DDOS 攻击设备,从纷杂的网络背景流量中精准地识别出各种已知和未知的拒绝服务攻击流量,并能够实时过滤和清洗。

(二) 解决等保问题

解决等保问题如表 9-2 所示。

表 9-2 解决等保问题 (一)

解决方案名称	控制类	控制点	指标名称	措施名称
抗 DDOS 方案	网络安全	结构安全	应提供通信线路、关键网络设备的硬件,保证系统的可用性	负载均衡系统采购与部署

(三) 方案效果

司法行政机构信息系统在网络边界部署的抗 DDOS 攻击设备,能够检测与防御流量型 DDOS 攻击(如 UDPFlood、TCPSYNFlood 等)、应用型 DDOS 攻击(如 CC、DNSFlood、慢速连接耗尽等)、DOS 攻击(如 Land、Teardrop、Smurf 等)、非法协议攻击(如 IP 流、TCP 无标记、无确认 FIN、圣诞树等)四大类拒绝服务攻击。DDOS 产品还具有流量牵引和回注、数据包过滤、攻击报文取证等功能,支持热备和集群，提供了详尽的攻击事件记录、各种统计报表，并以可视化方式动态展示，实现实时全网威胁监控。

二、负载均衡方案设计

（一）系统部署

系统部署如表 9-3 所示。

表 9-3　系统部署（二）

安全类型	部署方式
负载均衡	部署于网络边界（互联网）

网络边界部署负载均衡，整合多运营商链路，实现流量智能分配，帮助用户充分利用带宽资源；解决互联网出口链路单点故障，如果链路中断，流量就自动切换至正常链路，保障用户网络访问过程不中断；提供运营商内部快速访问路径，避免跨运营商访问带来的网络延迟，提升用户网络访问速度和访问质量。

（二）解决等保问题

解决等保问题如表 9-4 所示。

表 9-4　解决等保问题（二）

解决方案名称	控制类	控制点	指标名称	措施名称
负载均衡方案	网络安全	结构安全	应提供通信线路、关键网络设备的硬件，保证系统的可用性	负载均衡系统采购与部署

（三）方案效果

内网用户访问互联网资源时，TopAPP 接收到用户的访问流量，通过预先设定的链路负载均衡策略，将用户访问流量分配到不同的互联网链路上，实现链路出站负载均衡，提升互联网链路带宽利用率。

链路出站负载均衡实现了在多条链路上分担内网用户访问外网服务器的流量，一旦其中任何一条链路发生问题，其他健康的链路将承载所有网络访问。当发生问题的链路恢复正常后，网络服务自动恢复。

在 TopAPP 中的每一域名都对应多个 ISP 运营商的 IP 地址，并且都配置了 IP

地址调度算法。TopAPP 收到外网用户的 DNS 请求之后，根据请求的源地址，调用用户配置的调度算法，选择合适的运营商的 IP 提供服务。通过这种调度算法，可以避免单一 ISP 链路流量过载，实现入站方向的负载均衡。

三、VPN 安全接入

（一）系统部署

系统部署如表 9-5 所示。

表 9-5　系统部署（三）

安全类型	部署方式
VPN 安全接入	部署于网络边界（互联网）

司法行政系统工作人员通过互联网接入位于电子政务外网的业务系统，通过虚拟专用网（VPN）保障用户连接的安全性。

（二）解决等保问题

解决等保问题如表 9-6 所示。

表 9-6　解决等保问题（三）

解决方案名称	控制类	控制点	指标名称	措施名称
VPN 安全接入方案	网络安全	结构安全	应提供通信线路、关键网络设备的硬件，保证系统的可用性	VPN 安全接入采购与部署

对于外部进入司法云的管理访问或安全访问，通过安全认证网关设备，启用虚拟专用网（VPN）技术访问司法云上的敏感信息。虚拟专用网（VPN）要求包括：

（1）提供灵活的 VPN 网络组建方式，支持 IPSecVPN 和 SSLVPN，保证系统的兼容性；

（2）支持多种认证方式，支持用户名＋口令＋证书、USB＋证书＋口令三因素等认证方式；

（3）支持隧道传输保障技术，可以穿越网络和防火墙；

（4）支持网络层以上的 B/S 和 C/S 应用；

（5）能够为用户分配专用网络上的地址并确保地址的安全性；

（6）对通过互联网络传递的数据必须经过加密，确保网络其他未授权的用户无法读取该信息；

(7)提供审计功能；

(8)视频会议系统通过 IPSECVPN 设备为远端用户提供 VPN 通道，实现视频业务系统的通信保密；通信完整性和应用系统关系密切，视频会议系统的服务器端和业主间的通信采用 VPN 通信加密和数字证书技术，实现通信保密和抗抵赖能力。

四、入侵检测

入侵检测系统（IDS）是对防火墙有益的补充。入侵检测系统被认为是防火墙之后的第二道安全闸门，对网络进行检测，提供对内部攻击、外部攻击和误操作的实时监控，提供动态保护，大大提高了网络的安全性。

入侵检测系统主要有以下特点。

(1)事前警告：入侵检测系统能够在入侵攻击对网络系统造成危害前，及时检测到入侵攻击的发生，并进行报警。

(2)事中防护：入侵攻击发生时，入侵检测系统可以通过与防火墙联动、TCP-Killer 等方式进行报警及动态防护。

(3)事后取证：被入侵攻击后，入侵检测系统可以提供详细的攻击信息，便于取证分析。

入侵检测的功能和优点主要体现在以下几个方面：

能在网络中实现基于内容的检测，能够在对看似合法访问的信息中发现攻击的信息（比如隐藏在 URL 中的攻击行为），并做出相应的处理；

能够对网络的入侵行为进行详细完整的记录，为以后的调查取证提供有力保障；

对发现的入侵行为有多重灵活的处理方式，比如中断非法连接、发出电子邮件或传呼警告等等；

能够检测来自外部的攻击，还能够检测来自内部的相互攻击。

司法云入侵检测系统同时对互联网和电子政务外网的业务交换机接口流量进行分析。

（一）系统部署

系统部署如表 9-7 所示。

表 9-7　系统部署（四）

安全类型	部署方式
入侵检测	内网旁路部署

网络入侵检测系统位于有敏感数据需要保护的网络上,通过实时侦听网络数据流,寻找网络违规行为和未授权的网络访问尝试。当发现网络违规行为和未授权的网络访问尝试时,网络监控系统能够根据系统安全策略做出反应,包括实时报警、事件登录,或执行用户自定义的安全策略等。

(二)解决等保问题

解决等保问题如表 9-8 所示。

表 9-8 解决等保问题(四)

解决方案名称	控制类	控制点	指标名称	措施名称
入侵检测方案	网络和通信安全	入侵检测	应在关键网络节点处检测、防止或限制从外部发起的网络攻击行为	入侵检测部署

在内网核心交换机旁路部署入侵检测系统监视以下攻击行为:端口扫描、强力攻击、木马后门攻击、拒绝服务攻击、缓冲区溢出攻击、IP 碎片攻击和网络蠕虫攻击等。当检测到攻击行为时,记录攻击源 IP、攻击类型、攻击目的、攻击时间,在发生严重入侵事件时应提供报警。

五、入侵防御

入侵防御系统(IPS),又称入侵防护系统,主要用于检测对司法云应用主机存在的攻击迹象,通过应急响应机制,将攻击影响减少到最低程度。入侵防御系统通过实时侦听网络数据流,寻找网络违规行为和未授权的网络访问尝试。当发现网络违规行为和未授权的网络访问尝试时,网络监控系统能够根据系统安全策略做出反应,包括实时报警、事件登录或执行用户自定义的安全策略(比如与防火墙建立联动)等。

(一)系统部署

系统部署如表 9-9 所示。

表 9-9 系统部署(五)

安全类型	部署方式
入侵防御	部署于网络边界(互联网、政务外网)

入侵防御系统是在线部署在网络中,提供主动、实时的防护,具备对 2 至 7 层网络的线速、深度检测能力,同时配合以精心研究、及时更新的攻击特征库,既可以有效检测并实时阻断隐藏在海量网络中的病毒、攻击与滥用行为,也可以对分布在网络中的各种流量进行有效管理,从而达到网络架构防护、网络性能保护和核心应用防护。

(二)解决等保问题

解决等保问题如表 9-10 所示。

表 9-10 解决等保问题(五)

解决方案名称	控制类	控制点	指标名称	措施名称
入侵防御方案	网络和通信安全	入侵防御	应在关键网络节点处检测、防止或限制从内部发起的网络攻击行为	入侵防御部署

(三)方案效果

通过在网络边界部署入侵防御系统来实现对网络攻击的防范;为安全管理中心提供重要的安全事件数据,为整体的安全态势分析和安全事件的事后取证和定位提供重要依据。

针对业务服务器区域边界,入侵防御系统将执行以下安全策略。

1. 防范网络攻击事件

入侵防御系统采用细粒度检测技术、协议分析技术、误用检测技术、协议异常检测技术,可有效防范各种攻击和欺骗。针对端口扫描类、木马后门、缓冲区溢出、IP 碎片攻击等,入侵防御系统可在网络边界处进行监控和阻断。

2. 防范拒绝服务攻击

入侵防御系统在防火墙进行边界防范的基础上,工作在网络的关键环节,能够应付各种 SNA 类型和应用层的强力攻击行为,包括消耗目的端的各种资源如网络带宽、系统性能等攻击。主要防范的攻击类型有 TCPFlood、UDPFlood、SYN-Flood、PingAbuse 等。

3. 审计、查询策略

入侵防御系统能够完整记录多种应用协议(HTTP、FTP、SMTP、POP3、

TELNET 等）的内容。记录内容包括攻击源 IP、攻击类型、攻击目标、攻击时间等信息，并按照相应的协议格式进行回放，清楚再现入侵者的攻击过程，重现内部网络资源滥用时泄露的保密信息内容。同时，必须对重要安全事件提供多种报警机制。

4. 网络检测策略

在检测过程中，入侵防御系统综合运用多种检测手段，在检测的各个部分使用合适的检测方式，采取基于特征和基于行为的检测，对数据包的特征进行分析，有效发现网络中异常的访问行为和数据包。

5. 监控管理策略

入侵防御系统提供人性化的控制台，提供初次安装探测器向导、探测器高级配置向导、报表定制向导等，易于用户使用。一站式管理结构，简化了配置流程。通过强大的日志报表功能，用户可定制查询和报表。

6. 异常报警策略

入侵防御系统通过报警类型的制定，明确哪类事件，通过什么样的方式，进行报警，可以选择的包括声音、电子邮件、消息。

7. 阻断策略

由于入侵防御系统串联在保护区域的边界上，系统在检测到攻击行为后，能够主动进行阻断，将攻击来源阻断在安全区域之外，有效保障各类业务应用的正常开展。这里包括数据采集业务和信息发布业务。

通过在网站发布服务器区域边界部署防火墙、入侵防御系统、防病毒网关系统来实现对网络攻击的防范，既可以有效检测并实时阻断隐藏在海量网络中的病毒、攻击与滥用行为，也可以对分布在网络中的各种流量进行有效管理，从而达到网络架构防护、网络性能防护和核心应用防护。

六、防火墙方案

（一）系统部署

系统部署如表 9-11 所示。

表 9-11　系统部署（六）

安全类型	部署方式
防火墙	部署于网络边界（互联网、政务外网）、业务服务区边界

在网络边界及业务服务区边界部署下一代防火墙系统，实现逻辑隔离安全防护能力，同时提升网络性和安全性。通过防护区基于数据包的源地址、目的地址、通信协议、端口、流量、用户、通信时间等信息，执行严格的访问控制。

（二）解决等保问题

解决等保问题如表 9-12 所示。

表 9-12　解决等保问题（六）

解决方案名称	控制类	控制点	指标名称	措施名称
防火墙边界防护方案	网络安全	访问控制	应能根据会话状态信息为数据流提供明确的允许/拒绝访问的能力，控制粒度为端口级；应对进出网络的信息内容进行过滤，实现对应用层 HTTP、FTP、TELNET、SMTP、POP3 等协议命令级的控制	防火墙采购与部署

（三）方案效果

通过在网络各个节点执行隔离和访问控制措施，可大大提升计算环境的安全性，有效防范非法访问。采用防火墙实现基于数据包的源地址、目的地址、通信协议、端口、流量、用户、通信时间等信息，执行严格的访问控制。

（四）功能及策略

1. 安全域隔离

防火墙部署接入交换机之后，并提供多个端口，分别连接在 DMZ 区和内部局域网核心交换机上。

2. 访问控制策略

防火墙工作在不同安全区域之间，对各个安全区域之间流转的数据进行深度分析，依据数据包的源地址、目的地址、通信协议、端口，进行判断，确定是否存在非法或违规的操作，并进行阻断，从而有效保障了各个重要的计算环境。

3. 会话监控策略

在防火墙配置会话监控策略，当会话处于非活跃一定时间或会话结束后，防火墙自动将会话丢弃，访问来源必须重新建立会话才能继续访问资源。

4. 网络防攻击控制策略

防范 ARP 欺骗，防御冲击波等。

七、防病毒网关方案设计

（一）系统部署

系统部署如表 9-13 所示。

表 9-13　系统部署（七）

安全类型	部署方式
防病毒网关	部署于网络边界（互联网、电子政务外网）

网络边界串联部署病毒过滤网关产品，将病毒阻断于用户内部网络之外，网关处主动有效拦截病毒、木马、间谍软件等恶意软件，在病毒未进入内部网络造成损失之前进行阻断拦截，有效避免病毒给用户带来的损失和影响。

（二）解决等保问题

解决等保问题如表 9-14 所示。

表 9-14　解决等保问题（七）

解决方案名称	控制类	控制点	指标名称	措施名称
病毒过滤网关	网络安全	恶意代码防范	应在网络边界处对恶意代码进行检测和清除；应维护恶意代码库的升级和检测系统的更新	病毒过滤网关采购与部署

（三）方案效果

与主机、服务器防病毒软件不同，防病毒网关运行在区域边界上，分析进入网络的来自互联网和内部网络的数据包，对其中的恶意代码进行查杀，防止病毒在网络中的传播。

有些病毒在网络中传播（比如蠕虫病毒），在没有感染到主机时，对网络已经造成危害，而病毒过滤模块针对这些病毒产生的扫描数据包，在边界处就过滤了这些无用的数据包，从而为网络创造一个安全的环境。

防病毒网关与部署在网站服务器上的防病毒软件相配合，从而形成覆盖全面，分层防护的多级病毒过滤系统。

（四）功能及策略

防病毒网关执行以下安全策略。

1. 病毒过滤策略

防病毒网关对 SMTP、POP3、IMAP、HTTP 和 FTP 等应用协议进行病毒扫描和过滤，通过恶意代码特征过滤，对病毒、木马、蠕虫以及移动代码进行过滤、清除和隔离，有效防范可能的病毒威胁，将病毒阻断在敏感数据处理区域之外。

2. 恶意代码防护策略

防病毒网关支持对数据内容进行检查，可以采用关键字过滤、URL 过滤等方式来阻止非法数据进入敏感数据处理区域，同时支持对 JAVA 等小程序进行过滤，防止可能的恶意代码进入敏感数据处理区。此外，防火墙也支持对移动代码如 Vb-Script、JAVAScript、ActiveX、Applet 的过滤，能够防范利用上述代码编写的恶意脚本。

3. 蠕虫防范策略

防病毒网关可以实时检测到日益泛滥的蠕虫攻击，并对其进行实时阻断，从而有效防止信息网络因遭受蠕虫攻击而陷于瘫痪。

4. 病毒库升级策略

防病毒网关支持自动和手动两种升级方式。在自动方式下，系统可自动到互联网上的厂家网站搜索最新的病毒库和病毒引擎，进行及时的升级。

5. 日志策略

防病毒网关提供完整的病毒日志、访问日志和系统日志等记录，这些记录能够被部署在三级计算环境中的日志审计系统所收集。

八、网闸方案设计

(一)系统部署

系统部署如表 9-15 所示。

表 9-15 系统部署(八)

安全类型	部署方式
网闸	部署于互联网内部网络与电子政务外网内部网络之间

在互联网内部网络与电子政务外网内部网络之间部署网闸,对信息流进行协议剥离、落地还原、内容过滤、病毒查杀处理并结合访问控制、入侵防御、安全审计等安全防护机制,有效阻挡黑客入侵及恶意代码和病毒渗透,防范内部机密信息泄露,实现网间安全隔离和数据摆渡。

(二)解决等保问题

解决等保问题如表 9-16 所示。

表 9-16 解决等保问题(八)

解决方案名称	控制类	控制点	指标名称	措施名称
负载均衡方案	网络安全	结构安全/边界防护	应避免将重要网络区域部署在网络边界处且没有边界防护措施;应保证跨越边界的访问和数据流通过防护设备提供受控接口进行通信	负载均衡系统采购与部署

(三)方案效果

在本方案中,网闸采用热备的方式部署于互联网内部网络与电子政务外网内部网络的边界连接处,将整个网络有效地进行安全域隔离,具备所需要的安全控制、防病毒、抗拒绝服务攻击。

（四）网闸的主要功能

1. 安全 Web 浏览功能

网闸的 Web 浏览有两种工作状态：业主端保护状态和服务端保护状态。业主端保护状态的主要目的是保护内网用户不受到外网 Web 站点上有害内容的侵扰，本工作状态对应于受控通道的代理工作模式。服务端保护状态的主要目的是保护内网 Web 服务器不受外来访问的恶意攻击，本工作状态对应于受控通道的转发工作模式。除了基本的配置之外，网闸的该业务功能加入了多种安全策略供管理员配置，具体包括：

（1）支持 Http 和 Https 协议；

（2）支持访问控制对象，如源地址、目标地址、源端口、目的端口、域名、URL、访问方式、时间等；

（3）支持脚本过滤，如 JavaScript、Applet、ActiveX 等；

（4）支持基于用户名、口令的认证机制；

（5）支持关键字过滤（采用自主研发的下推自动机的高效过滤算法）；

（6）支持网页获取方式和提交方式控制。

2. 安全邮件收发功能

网闸在处理邮件相关协议时，可将其看作一个安全的邮件信息交换平台，用户可以使用常见的邮件业主端工具（如 Outlook 和 Foxmail）来设置在互联网上的公共邮箱，以便实现邮件信息交换。网闸的业务功能的处理中加入了多种保护邮件的策略设置，具体包括：

（1）支持 POP3、SMTP 协议；

（2）支持邮件的主题及内容过滤，可以有效防范内部机密信息的泄露；

（3）支持邮件大小控制，可限制大附件的邮件；

（4）支持邮件附件类型的控制；

（5）支持邮件中可执行的脚本过滤；

（6）支持发送地址、收件地址过滤；

（7）限制垃圾邮件，保护用户不受垃圾邮件的干扰；

（8）支持 IP、MAC 等地址过滤；

（9）支持邮件病毒查杀功能。

3. FTP 文件交换功能

网闸提供的 FTP 协议通道主要保护内网 FTP 服务器不受攻击。除受控通道的基本安全支持外，FTP 协议还可对使用 FTP 通道传输的内容进行过滤，包括病毒等恶意代码的查杀。

(1) 支持主动模式和被动模式；

(2) 支持 FTP 命令过滤；

(3) 支持文件类型、文件大小的控制；

(4) 支持文件内容过滤；

(5) 支持病毒查杀；

(6) 支持 IP、MAC 等地址过滤。

4. 数据库访问功能

网闸的数据库访问功能提供在内外网隔离的环境下，实现内外网之间的数据库访问。

(1) 支持常见数据库的访问，如 Oracle、SQLServer、DB2、SyBase、MySQL 等；

(2) 支持 SQL 语句控制；

(3) 支持 IP、MAC 等地址过滤；

(4) 支持操作时间限制，设定特定时间访问数据库操作。

5. 文件同步功能

网闸的文件同步功能可实现两个网络间的文件实时交换，可跨平台部署。

基于专用业主端提供安全的文件同步功能，占用系统资源少，文件交换效率高，不会频繁地进行磁盘扫描；

(1) 支持 Windows 平台和 Linux 平台；

(2) 同步传输方向可控，双向或单向；

(3) 支持实时扫描传输；

(4) 支持一对多或多对一传输；

(5) 支持目录内子目录同步，至多支持 32 级目录；

(6) 支持中文文件名或目录同步；

(7) 支持文件类型控制；

(8) 支持文件大小过滤；

(9) 支持文件内容过滤；

(10) 支持病毒查杀。

6. 数据库同步功能

网闸的数据库同步功能，通过灵活的同步机制，保证不同安全等级网络的数据库数据的实时同步更新，具体包括：

（1）支持各种同构或异构的关系数据库之间的数据交换，如 Oracle、Sybase、SQLServer、DB2 等，另外，还支持数据库到文件、文件到数据库、文件到文件的数据交换；

（2）支持异构数据结构以及代码语义的转换规则定义，并实现源数据到目标数据之间的实时数据交换，支持数据整合业务；

（3）支持数据一对一、一对多、多对多的单向或双向交换和同步，支持实时交换或定时同步的策略定义；

（4）支持数据库记录以增量方式、全表复制方式、标识方式同步；

（5）支持二进制普通文件、图片、文本文件等大字段同步；

（6）采用 XML 技术，具有可配置性，可以通过标准定义、规则定义、通道定义和路由定义进行个性化的数据交换策略定义。

九、上网行为及流量控制

（一）系统部署

系统部署如表 9-17 所示。

表 9-17　系统部署（九）

安全类型	部署方式
上网行为管理	部署于网络边界 （互联网）

在网络边界部署上网行为管理，具有防止非法信息传播与敏感信息泄露，以及实时监控、日志追溯、网络资源管理功能，还具有强大的用户管理、报表统计分析功能。

（二）解决等保问题

解决等保问题如表 9-18 所示。

表 9-18 解决等保问题（九）

解决方案名称	控制类	控制点	指标名称	措施名称
上网行为管理方案	网络安全	内容安全防范	应在网络边界处对传输内容进行进行检测和清除；应在网络边界处对流量进行监测，对异常行为进行检测和控制	上网行为控制采购与部署；上网流程控制系统安全配置

通过透明部署后，能够实时显示整网的网络应用情况，并能够根据网络应用做多层次应用的带宽管理，其中包括带宽限制、带宽预留、带宽保证等机制，是新一代上网行为管理系统。集成多链路负载均衡、运营商 ISP 选路、智能 DNS、基于应用/用户的路由技术、智能流控、多种身份认证、上网行为管理、内容审计、IP-SECVPN、防火墙等功能。

产品具有良好的网络适应性并满足公安部令第 82 号、公共场所无线上网审计等相关要求。

十、主机防病毒方案

（一）系统部署

系统部署如表 9-19 所示。

表 9-19 系统部署（十）

安全类型	部署方式
主机防病毒系统	安装在终端、服务器上，为各终端、服务器提供病毒防护服务

主机防病毒系统分管理端和业主端。管理端部署在服务器上，管理端支持全中文界面、纯 B/S 架构，无须安装业主端软件。管理员只需通过浏览器登录控制中心，即可对服务器端进行管理。

业主端采用轻量级业主端安装，同时支持虚拟主机以及终端部署；业主端资源占用应小于 50MB，以有效节省终端资源使用率。

（二）解决等保问题

解决等保问题如表 9-20 所示。

表 9-20 解决等保问题（十）

解决方案名称	控制类	控制点	指标名称	措施名称
防病毒方案	网络安全	恶意代码防范	应在网络边界处对恶意代码进行检测和清除；应维护恶意代码库的升级和检测系统的更新	防病毒系统采购与部署；防病毒系统安全配置

（三）方案效果

部署防病毒系统后，可以给最终用户带来的安全防护效果如表 9-21 所示。

表 9-21 安全防护效果

安全功能	具体防护效果
病毒查杀	支持对终端设备/虚拟主机内部文件进行全盘扫描、快速扫描，自定义扫描，并具备空闲查杀、异步查杀、断点查杀、后台查杀等功能
	支持扫描和清除各种广告软件、恶意插件、隐蔽软件、黑客工具、风险程序等
	支持 Office/IE/LotusNotes 等嵌入杀毒；支持用户添加嵌入杀毒的应用程序；支持 MSNMessenger、AOLMessenger、FlashGet、NetAnts、NetVampire、WinZip、WellGet、WinRAR 等工具的嵌入式杀毒功能
	支持病毒自动隔离功能，对于暂时无法清除的被感染文件或者可疑文件，防病毒软件的业主端能自动将其隔离到本地隔离区
	支持未知病毒、恶意代码的防范能力，支持基于行为的检测和防护技术；针对未知恶意威胁具有行为评分能力，智能识别蠕虫木马，无须提示用户操作判断
	支持注册表病毒、内存或服务类病毒的查杀，提高终端安全防护等级，对已经运行的病毒进程可以执行关闭
	支持病毒查杀时目录排出功能
安全检测	支持 U 盘扫描检查功能，防止病毒通过 U 盘在终端传播，有效保护终端不受病毒侵扰
	支持对网页进行病毒、木马监测及防护，对可能产生威胁的网页进行提示或屏蔽
	支持业主端对外攻击检测，防止用户终端感染病毒后的对外攻击行为，避免用户的利益受到损害
实时监控	能够实时监控和清除来自各种途径的病毒、木马、恶意程序

续表

安全功能	具体防护效果
邮件监控	支持对终端内文件、邮件、网页实时监控,防止病毒运行
	支持基于 SMTP/POP3 协议的邮件监控,包括 Outlook、OutlookExpress、Foxmail、DreamMail 等邮件业主端的防(杀)病毒
威胁情报	支持可疑文件上报功能,如果用户觉得某个文件比较可疑,可将此文件上报给病毒管控中心进行检查分析和处理,并将情报全网共享
防护资产类型	业主端 Agent 支持虚拟主机、终端 PC、物理服务器等多种资产;管理端支持传统服务器以及虚拟部署模式;实现杀毒策略统一下达

第十章 等级保护

等级保护全称为信息安全等级保护,是对信息和信息载体按照重要性等级分级别进行保护的一种工作。

信息安全等级保护包括定级、备案、安全建设与整改、信息安全等级测评、信息安全检查五个阶段。

信息安全等级测评是指验证信息系统是否满足相应安全保护等级的评估过程。信息安全等级保护要求不同安全等级的信息系统应具有不同的安全保护能力,一方面通过在安全技术和安全管理上选用与安全等级相适应的安全控制来实现;另一方面分布在信息系统中的安全技术和安全管理上不同的安全控制,通过连接、交互、依赖、协调、协同等相互关联关系,共同作用于信息系统的安全功能,使信息系统的整体安全功能与信息系统的结构以及安全控制间、层面间和区域间的相互关联关系密切相关。因此,信息系统安全等级测评在安全控制测评的基础上,还要包括系统整体测评。

《信息安全等级保护管理办法》规定,国家信息安全等级保护坚持自主定级、自主保护的原则。信息系统的安全保护等级应当根据信息系统在国家安全、经济建设、社会生活中的重要程度,信息系统遭到破坏后对国家安全、社会秩序、公共利益以及公民、法人和其他组织的合法权益的危害程度等因素确定。

信息系统的安全保护等级分为以下五级。

第一级,信息系统受到破坏后,会对公民、法人和其他组织的合法权益造成损害,但不损害国家安全、社会秩序和公共利益。第一级信息系统运营、使用单位应当依据国家有关管理规范和技术标准进行保护。

第二级,信息系统受到破坏后,会对公民、法人和其他组织的合法权益产生严重损害,或者对社会秩序和公共利益造成损害,但不损害国家安全。国家信息安全监管部门对该级信息系统安全等级保护工作进行指导。

第三级,信息系统受到破坏后,会对社会秩序和公共利益造成严重损害,或者对国家安全造成损害。国家信息安全监管部门对该级信息系统安全等级保护工作进行监督、检查。

第四级，信息系统受到破坏后，会对社会秩序和公共利益造成特别严重损害，或者对国家安全造成严重损害。国家信息安全监管部门对该级信息系统安全等级保护工作进行强制监督、检查。

第五级，信息系统受到破坏后，会对国家安全造成特别严重损害。国家信息安全监管部门对该级信息系统安全等级保护工作进行专门监督、检查。

第一节　信息系统测评内容

依据国家相关标准的要求，逐一对信息系统进行安全保护等级测评和信息安全风险评估。开展信息系统等级保护测评工作，测评目标包含信息安全等级保护测评和风险评估。测评目标是指测评服务内容所涵盖的系统。测评范围为项目目标所涉及的机房基础设施、网络环境、主机层面、应用层、数据库层及相关安全辅助设备与管理制度。服务目标为项目目标最终通过公安部门及相关部门的等级保护检查要求。

第二节　测评实施原则

在项目实施过程中必须满足以下原则。

一、保密原则

对测评的过程数据和结果数据严格保密，未经授权不得泄露给任何单位和个人，不得利用此数据进行任何侵害招标方的行为。

二、标准性原则

测评方案的设计与实施应依据国家信息系统安全等级保护的相关标准进行。

三、规范性原则

投标方的工作中的过程和文档,具有很好的规范性,可以便于项目的跟踪和控制。

四、可控性原则

项目安排工作进度要跟上进度表的安排,保证工作的可控性。

五、最小影响原则

测评工作应尽可能小地影响系统和网络,并在可控范围内;测评工作不能对现有信息系统的正常运行、业务的正常开展产生任何影响。

六、整体性原则

测评的范围和内容应当整体全面,包括国家等级保护相关要求涉及的各个层面。

第三节 安全管理要求

为做好全过程的安全保密工作,在等级保护测评前、中、后三个阶段都要做好安全保密工作。

一、等级保护测评前

(1) 对等级保护测评人员要进行安全保密教育,制定安全保密措施;
(2) 签订安全保密协议。

二、等级保护测评中

（1）对被测单位的性质、机房物理位置、网络与系统、应用与服务、资料与数据、人员与管理等方面的信息进行严格的安全保密管理；

（2）等级保护测评工具应经过严格测试和检验，确保不对被测评系统造成损失，工作结束后不驻留任何程序；

（3）对被测单位信息系统的信息资产、发现的脆弱性和发生过的安全事件等威胁情况要控制知情范围；

（4）对测评设备、介质进行严格的保密管理；

（5）工作过程中对人员要实施封闭式集中管理；

（6）进场人员要遵守被测单位的相关管理规定。

三、等级保护测评后

（1）认真清退各种文档、资料和数据并予以销毁，确保工作过程中敏感数据不被泄露；

（2）现场工作结束后，按被测单位的要求及时还原系统，确保系统中不遗留任何代码或可执行程序；

（3）在其他风险测评任务或宣传材料中不涉及被测单位的秘密、敏感情况。

第四节　测评风险规避要求

项目开展工作涉及单位重要信息系统和数据，在测评过程中必须加强安全保密管理与风险控制。

指定项目经理为专人，负责信息安全测评过程中的安全保密管理工作，对测评活动、测评人员以及相关文档和数据进行安全保密管理，对重点设备的技术检测进行监督，对接入的检测设备进行控制。

安全测评工作中可能出现的安全风险点，按照检测对象周密制定测评方法，根据被测评对象的不同采取相应的风险控制手段。

一、操作的申请和监护

在实施过程中必须遵守相关操作章程,以防止敏感信息泄露和确保及时处理意外事件。

二、操作时间控制

测评直接影响系统工作时,应尽可能避开敏感时期。

三、人员与数据管理

必须高度重视信息保密工作,加强资料管理,确保人员可靠、稳定和可控。测评与被测评单位之间应签署长期保密协议,测评人员与被测评单位之间也要有相应的约束和控制措施,按国家有关要求做好保密工作。

四、制定应急预案

根据测评范围界定的系统情况,在实施前制定应急预案。

五、关键业务系统风险控制

对影响较大的关键业务系统,在无法搭建模拟环境的情况下,原则上不采用测评工具,而采用访谈、测评和简单测试的方式进行。

六、优化扫描策略

1. 分类扫描

对不同的主机和设备类型执行不同的扫描会话,从而减少不必要的脆弱项目测试。

2. 针对扫描对象细化扫描策略

对不同类型的主机或设备,需要根据不同的应用和服务情况,有针对性地定制扫描策略选项。

七、数据备份与恢复

对业务系统和数据库主机,应对数据进行备份,防止测评过程中对设备与主机的损伤影响业务系统的正常运行。

八、厂商协作

厂商需要提供各应用系统的名称、版本、协议、开发语言、进程名和相应的端口号等信息。在测评之前,由三方共同分析测评对业务可能造成的风险,分析可能存在的问题。在测评过程中尽量规避这些风险。

第十一章 运维管理体系

第一节 运维管理总体要求

司法行政机关安全运维体系旨在通过构建统一的司法行政机关安全运维体系，加强信息资源的维护平台建设，提高信息资源的运行管理水平，构建集中式服务热线、运维流程、系统监控和综合展示系统，通过系统联动，及时、准确、全面反映与掌握信息系统的运行状态，保障各系统的正常运行。可通过购买服务的方式，与第三方运维服务机构建立长效运维管理机制，从而有效解决在目前运维过程中存在的人员、技术、资源不足问题。

通过运维管理体系建设，实现司法行政系统信息化建设工程运维"五个一"的总体目标：一幅网络联通图，监测所有节点状态；一张服务明细表，明确运维服务范围；一条运维服务热线，统一受理各类运维投诉；一套运维标准，考核所有运维服务，保障运维质量；一个运维管理中心，受理投诉、任务分派、质量监管、硬件运维、软件升级、信息反馈全生态链管理。

通过安全运维工作，使各类软硬件系统、网络系统能满足 7×24 小时不宕机、不间断的持续服务能力，总体网络可用率 $>99.5\%$，各业务系统能提供 95% 以上的可用度，软件系统平均故障时间 <1 天/年；实现事件的驻场 0.5 小时响应，远程 2 小时响应；实现一般事件的 2 小时恢复，较大事件的 6 小时恢复，重大事件的 24 小时恢复。从而保障司法行政系统各类应用的持续、安全、稳定运行。

第二节 安全运维中心建设

在司法行政机构建立安全运维服务中心,为驻场运维服务人员提供物理场所和软硬件基础设施环境,以实现对司法行政机构日常安全运维工作的统一监控、统一协调、统一调度、统一管理。

安全运维服务中心设立值班室(见图11-1)以提供日常运维人员值守场所。建设内容包括运维室的基础环境装修改造、显示系统建设和运维工作座席建设等。

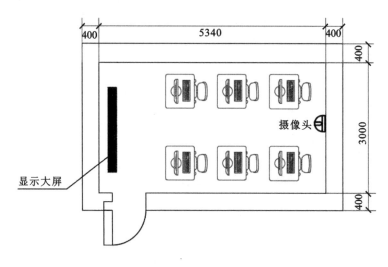

图 11-1　值班室布局图

一、显示单元

在值班室设置一台大屏幕的液晶显示单元,并通过矩阵实现各类音视频切换,用于控制显示安全运维管理平台运维管理可视化界面,便于运维人员日常监控管理,及时发现问题并处理问题。

二、运维工作座席

在安全运维中心设置独立座席,并配备相应电脑终端设备、打印机等操作设备及办公家具。驻场运维人员可根据权限、管理内容进行独立办公和业务处理。

三、安防门禁系统

(一) 门禁系统

在安全运维中心配置门禁管理系统,实现对运维中心的准入管理,只有具有权限的相关工作人员及授权人员才允许进入。

门禁系统采用刷卡加人脸识别方式进行控制,并通过配套的门禁管理,具备对出入的日志记录,对进入人员进行统计管理。

门禁系统功能如下。

1. 单点控制

以每一个单一的控制点(如进出门通道等)作为控制对象,只有在系统中登记确认是合法且持有效卡的人员,方可利用识别卡或密码开启系统控制单点,从而进或出;否则,系统会拒绝动作且报警。每一单一控制点一般由以下设备组成。

(1) 读卡器:用于识别持卡人刷卡信息。

(2) 控制器:用于识别刷卡机密码输入发送来的信息的合法性和有效性,以及控制动作单元的动作或报警。

(3) 电控锁:电控锁是系统的动作控制单元。

(4) 手动按键:用于出门时可以手动按键开门。

(5) 门禁卡:采用 RFID(射频识别)技术,承载持卡人信息。

2. 多点联网

无论是单点或多点,门禁出入控制系统均可以用微机联成一个网络系统。门禁出入控制系统与微机的联网采用符合工业通信标准的 RS-485 网络。

RS-485 网络具有极强的抗干扰能力和长距离的通信能力,其最远通信距离可达 1200 米,且可以挂接多达 128 个控制对象(控制器)。

3. 集中管理

利用系统软件,可以对全系统各控制点或指定控制点进行如下管理。

(1) 门禁卡管理:可实现制卡发卡,并进行持卡人的身份管理。

(2) 权限管理:可对门禁卡进入权限进行管理,授权某人有权进出所有控制点或指定的控制点。

(3) 刷卡记录管理:可对历史刷卡记录、最近刷卡记录等进行分条件检索查询。

（4）实时监控：在刷卡的同时，系统实时显示持卡人登记信息，以便进行本人身份比对核实，防止持卡人和卡片信息不符。

（二）摄像头监控

安全运维中心承载着司法行政业务系统安全运维工作和信息化软硬件运维工作，是信息化建设管理的核心场所。因此，在运维中心出入口的安全运维工作区域设置安防监控系统，以加强对运维中心的安全管理工作。

第三节　运维监测建设

一、动环监控子系统

（一）动力监控

1. UPS 监控

（1）监控内容：对机房内 2 台 UPS 电源的各部件工作状态、运行参数等进行实时监测，一旦发生故障及报警，则通过监控平台发出对外报警。

（2）实现方式：通过 UPS 设备提供的智能接口及通信协议，采用总线的方式将 UPS 的监控信号直接或经通信转换模块转换成接入监控服务器的信号，由监控平台软件进行 UPS 的实时监测。

（3）实现功能：实时监视 UPS 整流器、逆变器、电池（电池健康检测，含电压电流等数值）、旁路、负载等各部分的运行状态与参数（能监测到的具体内容由厂家的协议决定，不同品牌、型号的 UPS 所监控到的内容不同）。

图 11-2 为 UPS 监控系统界面图。

系统监测到的各项参数设定越限阈值（包括上下限、恢复上下限），一旦 UPS 发生越限报警或故障，系统将自动切换到相应的监控界面，且发生报警的该项状态或参数会变红并闪烁显示，同时产生报警事件进行记录存储并有相应的处理提示，第一时间发出多媒体语音、电话语音拨号、手机短信等对外报警。

提供曲线记录，直观显示实时及历史曲线，可查询一段时间内相应参数的历史曲线及具体时间的参数值（包括最大值、最小值），并可将历史曲线导出为 Excel 格式，方便管理员全面了解 UPS 的运行状况。

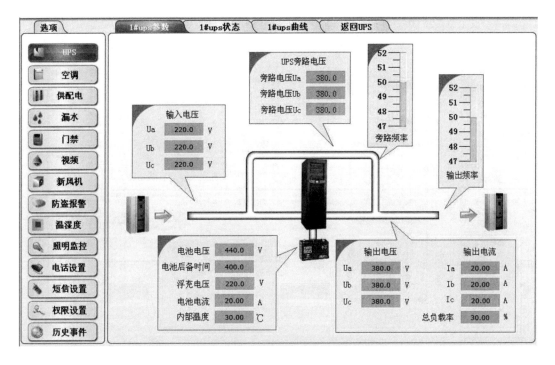

图 11-2 UPS 监控系统界面图

2. 市电监控

（1）监控内容：机房市电的供电质量好坏将直接影响机房内用电设备的安全，在配电柜安装电量仪对市电进线进行各项供电参数监测。

（2）实现方式：通过在配电柜安装带液晶显示的电量仪对进线实现监测，既可在配电柜表面实时看到电量仪采集到的参数，又可通过电量仪的 RS485 智能接口和通信协议采用总线的方式将信号接入监控服务器的串口，由监控平台软件进行市电的实时监测。

（3）实现功能：实时监测市电进线三相电的相电压、线电压、相电流、频率、功率因数、有功功率、无功功率等参数。

图 11-3 为市电监控界面图。

系统可对监测到的各项参数设定越限阈值（包括上下限、恢复上下限），一旦市电发生越限报警，系统将自动切换到相应的监控界面，且发生报警的该项状态或参数会变红并闪烁显示，同时产生报警事件进行记录存储并有相应的处理提示，第一时间发出多媒体语音、电话语音拨号、手机短信等对外报警。

提供曲线记录，直观显示实时及历史曲线，可查询一年内相应参数的历史曲线及具体时间的参数值（包括最大值、最小值），并可将历史曲线导出为 Excel 格式，方便管理员全面了解市电的供电状况。

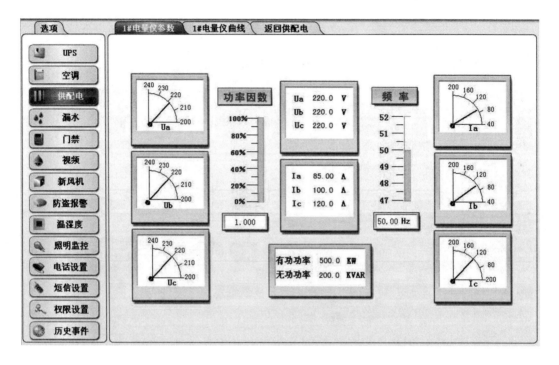

图 11-3　市电监控界面图

（二）环境监控

1. 精密空调监控

（1）监控内容：机房温度出现异常时，将导致机房其他设备运行所需的环境失去保障，因此要对机房内精密空调的运行状态和参数进行实时监测，同时可对精密空调进行远程开关机控制。

（2）实现方式：通过精密空调设备提供的智能接口及通信协议，采用总线的方式将精密空调的监控信号直接接入监控服务器的串口，由监控平台软件进行精密空调的实时监测。

（3）实现功能：实时监视精密空调压缩机、风机、水泵、加热器、加湿器、去湿器、滤网、回风温度和湿度等的运行状态与参数，并可对精密空调实现远程开关机控制（能监测到的具体内容由厂家的协议决定，不同品牌、型号的精密空调所监控到的内容不同）。同时支持与其他子系统的联动控制，如当温度过高时自动联动启动空调进行制冷。

图 11-4 为环境监控界面图。

系统可对监测到的各项参数设定越限阈值（包括上下限、恢复上下限），一旦精密空调发生故障，系统将自动切换到相应的监控界面，且发生报警的该项状态或

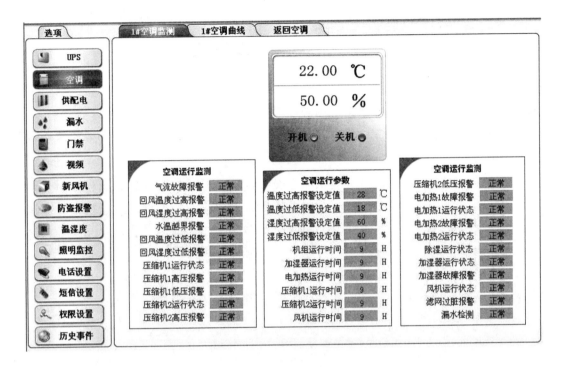

图 11-4 环境监控界面图

参数会变红并闪烁显示,同时产生报警事件进行记录存储并有相应的处理提示,第一时间发出多媒体语音、电话语音拨号、手机短信等对外报警。

提供曲线记录,直观显示实时及历史曲线,可查询一年内相应参数的历史曲线及具体时间的参数值(包括最大值、最小值),并可将历史曲线导出为 Excel 格式,方便管理员全面了解精密空调的运行状况。

2. 新风机监控

(1)监控内容:对机房内新风机的运行状态进行实时监测,同时可对新风机实现远程开关机控制。

(2)实现方式:由于新风机不具有智能接口,通过数字量输入输出模块控制继电器装置来实现新风机的开关机电源控制;通过空调状态开关量变送器检测新风机电源线的电流信号,转换成开关量信号后接入隔离数字量输入模块中实时采集新风机运行状态;另外通过微压差开关检测过滤网两侧的压差信号后再接入8路隔离数字量输入模块进行采集,所有的模块通过智能接口及通信协议采用总线的方式将信号接入监控服务器的串口,由监控平台软件进行新风机开关机控制和运行状态的实时监测。

(3)实现功能:实时监测新风机的开关机运行状态、过滤网堵塞状态,并可通过监控平台软件实现远程开关机控制,同时可对新风机进行定时开关机设置,使新风机自动工作不需人为干预,大大延长设备使用寿命,达到节能降耗、无人值守的目标。

3. 温湿度监控

(1) 监控内容:机房内精密电子设备的正常运行对环境温湿度有较高的要求。因此在机房的各个重要部位安装带液晶显示的温湿度传感器,一旦发现异常,则立即启动报警。

(2) 实现方式:通过在机房重要部位安装带液晶显示的温湿度传感器,对环境温湿度实现监测,既可在温湿度传感器表面实时看到当前的温度和湿度数值,亦可通过温湿度传感器的RS485智能接口和通信协议,采用总线的方式将信号接入监控服务器的串口,由监控平台软件进行温湿度的实时监测。

(3) 实现功能:实时监测机房区域内的温度和湿度值,同时支持与其他子系统的联动控制,如当温度过高时自动联动启动空调进行制冷。

图11-5为温湿度监控界面图。

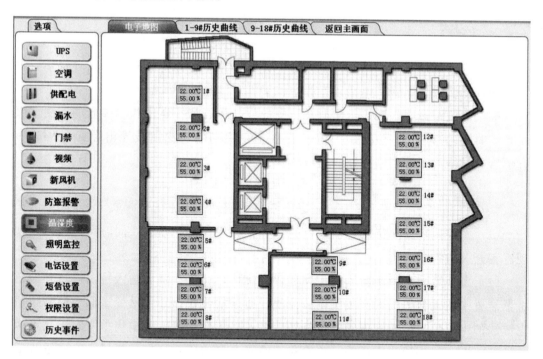

图11-5 温湿度监控界面图

系统可对温度和湿度参数设定越限阈值(包括上下限、恢复上下限),一旦温湿度发生越限报警,系统将自动切换到相应的监控界面,且发生报警的参数会变红并闪烁显示,同时产生报警事件进行记录存储并有相应的处理提示,第一时间发出多媒体语音、电话语音拨号、手机短信等对外报警。

提供曲线记录，直观显示实时及历史曲线，可查询一段时间内相应参数的历史曲线及具体时间的参数值（包括最大值、最小值），并可将历史曲线导出为 Excel 格式，方便管理员全面了解机房内的温湿度状况。

4. 漏水监测

（1）监控内容：由于机房内有空调及进出水管等设备，液体泄漏的情况时有发生，这就要求及早发现、及时处理，因此要在机房有空调的地方安装带漏水感应绳的进口定位式漏水检测设备，保证机房设备的稳定运行。

（2）实现方式：在有水泄漏处的四周敷设漏水感应绳，当发生漏水时，感应绳将报警信号传给定位式测漏控制模块，通过定位式测漏控制模块提供的 RS485 智能接口及通信协议，采用总线的方式将漏水报警信号直接接入监控服务器的串口，由监控平台软件进行漏水实时监测。

（3）实现功能：实时监测机房的漏水情况，发生漏水时系统自动切换到漏水监控界面，并显示具体的漏水位置，同时产生报警事件进行记录存储并有相应的处理提示，第一时间发出多媒体语音、电话语音拨号、手机短信等对外报警。

二、安保监控子系统

1. 视频监控

（1）监控内容：在机房出入口、机柜间的通道、走廊等重要区域安装彩色半球摄像机、硬盘录像机，进行全天候视频图像监视。

（2）实现方式：彩色半球摄像机通过视频线直接接入到监控服务器的视频输入接口硬盘录像机，同时将硬盘录像机接入与监控服务器相同的内部网络中，通过监控平台软件进行图像监控。

（3）实现功能：实时监视各路视频图像，通过在电子地图上点击相应的图标即可查看该摄像机的当前画面。

灵活设置录像方式，包括 24 小时录像、预设时间段录像、报警预录像、移动侦测录像以及联动触发录像等多种方式。

可设置录像分辨率，每路视频图像按 CIF 分辨率录像时存储空间约为 3G/天。系统配置了足够容量的硬盘，可录像 30 天，重点部位 90 天。系统应支持硬盘存满时自动从头覆盖，循环录像。

支持历史视频检索回放功能，可根据录像的类型、通道、时间等条件进行检索，回放速度可调。

支持与其他子系统的联动功能，如门打开或发生防盗报警时联动摄像机进行录像，同时弹出相应的视频画面窗口等。

2. 门禁监控

（1）监控内容：出于对机房安全的考虑，对机房进行门禁管理，采用进门刷卡、出门按按钮的进出验证方式，由监控平台软件进行机房出入的门禁管理。

（2）实现方式：使用总线型门禁控制器，通过总线型门禁控制器提供的智能接口及通信协议，采用总线的方式将门禁信号接入监控服务器的串口，由监控平台软件进行门禁的实时监测。

（3）实现功能：实时监控各道门的人员进出情况，并进行记录；可对人员的进出区域、有效日期、进出时段等进行授权，并可对人员进行权限组划分；可对门控器进行远程操作；支持集中发卡功能；支持与其他子系统的联动功能，如发生火警时联动门禁控制器自动打开各道门的电锁以便逃生等。

3. 消防监测

（1）监控内容：对机房内由消防控制箱提供的干接点信号进行实时火警监测，一旦发生报警，则通过监控平台发出对外报警。

（2）实现方式：采用隔离数字量输入模块采集消防控制箱提供的干接点信号后，再通过隔离数字量输入模块的智能接口及通信协议采用总线的方式将信号接入监控服务器的串口，由监控平台软件进行消防实时监测。

（3）实现功能：实时监测机房内的消防火警信号，一旦发生报警，则系统自动切换到相应的监控界面，且火警状态图标变红闪烁显示，同时产生报警事件进行记录存储并有相应的处理提示，第一时间发出多媒体语音、电话语音拨号、手机短信等对外报警。

第四节　基础环境设施综合运行维护和配套服务

基础环境设施综合运行维护和配套服务包括以下内容。

第一，提供所有设施设备（空调系统、UPS系统、环控系统、新风系统、灯光系统和其他系统）的维护和保修服务。维保期内出现整机或部件损坏时，应及时提供免费的部件更换服务，更新或更换任何部件或耗材时不再收取任何费用。

第二，提供所有设施设备详细的维保服务内容和方案，包括定期巡检、停机检修、电池检查、输入滤波器检查、镇流器/充电器检查、逆变器检查等内容。

第三，提供所有设施设备的例行保养检查。必须派遣具有相应专业技术的工程人员定期对机房所有基础环境设施设备进行例行检查，并分别提交各类设备的检查报告；安排设备原厂工程师周期性进行例行保养，主要内容包括但不限于 UPS 不间断供电系统、精密空调系统（水管道、加湿水槽、室外机组等）、新风系统相关设施设备的清理、清洗保养服务。

第四，提供易损耗部件的更新、更换服务。具体内容包括但不限于：精密空调系统每个季度更换过滤网，每年更换一次加湿罐；新风系统过滤器每年更换一次；消防系统七氟丙烷气体的灌充；灯管照明，墙插地插。

第五，提供所有设施设备的备品配件和相关耗材。必须提供充足的备品配件，并按照要求存放在指定地点。存放的备品配件可不限于同型号设备，但必须满足相同功能，确保不影响系统的正常使用。备品配件的安装和调试不再收取任何费用。

第六，提供综合布线的日常维护工作，主要包括弱电线路（网线、光纤）、信息面板、屏蔽模块、配线架、光纤架以及其他综合布线相关设备。当出现线路不通或其他故障时，需根据服务级别要求开展故障处理工作，确保设备和大楼内相关业务的正常运行。同时，对出现故障的线缆或设备免费进行维修或更换。

第十二章　司法行政科技创新工作

第一节　形势与需求

司法行政科技创新工作近年来虽然取得了突破性进展，但与司法行政工作对科技创新的现实需求相比，仍存在科技基础研究薄弱、科技创新能力不足、支撑条件平台构建和学科建设不完善、科技经费投入不足等问题。

司法行政系统承担的刑罚执行、强制戒毒、社区矫正和安置帮教等职能，是保障公共安全、维护社会稳定的重要力量，需要先进可靠、智能高效的监所安全和矫正戒治科技创新支撑。司法行政的律师、公证、鉴定、调解、法律援助、法律职业资格考试等法律服务工作，在促进解决基本民生问题、改善社会平安大环境方面具有重要作用，需要公开公平、高效普惠的法律服务科技创新支撑。立法、普法、法治宣传是全面推进依法治国的基础性工作，对于平安中国建设具有重要作用，迫切需要增强新媒体精准传播技术支撑。增强司法行政公信力，迫切需要司法行政执法监督、执法质量绩效评估等科技创新技术。

第二节　科技创新基本原则

一、围绕中心，服务大局

紧紧围绕新时期司法行政工作主要工作目标，聚焦司法行政在新常态下发展的重大需求，加快关键技术研发和科技成果转化应用，充分发挥科技创新对司法行政改革发展的支撑、引领和服务作用。

二、统筹规划，整体推进

以"数字法治 智慧司法"为核心，坚持司法系统科技创新工作一盘棋，强化系统思维，统筹司法行政科技工作各方面关系，整合和优化科技资源配置，系统开展司法行政基础理论和关键技术研究，从顶层设计层面推动司法行政科技创新战略新格局。

三、问题导向，突出重点

把有效解决司法行政改革发展过程中的关键环节和重点问题作为科技创新工作的出发点和落脚点，明确主攻方向和突破口，实现司法行政科技创新领域跨越式发展。

四、实际出发，注重实效

紧密结合司法行政工作实际，统筹规划、分步实施、试点先行，全面推进，避免出现脱离工作实际的盲目求新、求高，做到量力而行、适度超前、功能适用。

五、机制创新，与时俱进

探索建立政府投入为主导、社会投入多元化的司法行政科技投入机制。推动建立司法行政机构与科技创新相关的"政、产、学、研、用"合作，鼓励企业为主体的科技创新，实现一批关键性和共性技术成果在司法行政业务工作中的示范应用。

六、创建机构、吸引人才

科技创新要有专门机构，也要有专门人才。专门机构可以信托大专院校、科研院所和司法行政业务开发企业。同时，在司法行政机构内部必须要有自己的专门机构，有了专门机构才可能把科技创新工作作为司法行政体制改革的前哨。专门人才可以依托企业、科研院所或通过购买社会服务方式提供有经验的专业技术人才，但同时司法行政机构也应该有自己的专门人才。信息化发展到大数据时代、人工智能时代，各行各业都会出现数据分析师、数据建模师这样的岗位。司法行政机构必须有一批能在司法行政系统长期工作，既懂技术又懂司法行政业务，既懂理论又会操作的，从事云平台管理、大数据分析、业务建模的专门人才。要有专门人才的进入机制，也要有人才培养、提高、晋升的制度保障。

第三节　科技创新着力点

一、科技创新范围

1. 建设司法行政科技创新基地

建设监管安防工程技术研究中心、戒毒科学研究基地、司法鉴定重点实验室，形成体系化的司法行政科技创新机制。

2. 攻克司法行政基础理论和关键技术

在司法行政领域自然科学基础理论、基于大数据的复杂问题分析研判模型、特殊人群矫治基础理论、司法行政工作效能评估理论等方面展开系统研究；在智能高效监管安防技术、教育矫正和戒毒康复支撑技术、法律服务科技支撑技术、法治宣传科技支撑技术、法律职业资格考试电子支撑技术和司法鉴定技术等关键技术上取得明显突破。

3. 研发司法行政重大技术装备

研发一批技术先进、性能稳定、实用高效、具有自主知识产权的司法行政科技装备，主要包括智能监所装备、社区矫正装备、监所警察执法保障装备、基层工作装备、司法鉴定装备。

4. 开展科技创新应用示范

开展智能监管、矫正与戒治康复、公共法律服务、法治宣传、司法鉴定等科技创新应用示范，推动司法行政科技创新工作取得新进展。

预先研究 5G 技术、穿戴互联技术在司法行政系统中的实用场景和设备设施。

二、智慧监管安防技术

针对防止罪犯暴力袭警、越狱脱逃、强行冲监、服刑人员和戒毒人员非正常伤残死亡等监管安防事件,从"数字化、网络化、平台化、智能化"四方面加强监所安防技术水平,充分运用物联网高度集成的传感技术、数字信息采集与处理技术、数字通信技术、多媒体技术、大数据分析技术、网络安全技术等实现对监所全方位的安全监管,全面提升人防、物防、技防、联防一体化水平,构筑起监所长期高效安全的智能监管安防体系,保证监所的正常运转及秩序稳定。

1. 监所物联网支撑技术

开展视频图像智能分析、生命体征监测、无线信号侦测干扰、射频识别、传感器数据采集、数字集群通信及区域人员定位等技术研究,构建智能监所物联网平台,并通过联动、交互与预警技术为智能指挥调度、应急预案管理、科学决策分析提供技术支撑。

2. 监所大数据支撑技术

以物联网平台为基础,采集服刑和戒毒人员的视频图像信息、生命体征信息及通过电子腕带、脚环追踪技术采集的活动轨迹信息等基础数据资源,运用大数据技术构建"智慧监所"云,通过开展视频图像分析、行为特征分析、身份智能识别和轨迹分析等技术研究,实现智能研判预警,并结合无人机监测防范等前沿技术,全面提升监所安全防控科技水平。

3. 服刑和戒毒人员非正常伤残死亡风险防控

开展服刑和戒毒人员非正常伤残死亡风险评估与预警及与医院协同救援技术的研究,实现服刑和戒毒人员非正常伤残死亡风险防控的一体化保障。

三、智慧矫正和戒治康复支撑技术

加强监狱、戒毒、社区矫正服刑人员心理和行为干预方法、循证矫正和戒治分类方法、矫正戒治质量评估等基础理论研究,重点部署减刑假释公正保障技术、社区矫正电子监管、戒毒康复等任务研究,为服刑人员矫正和戒毒人员戒治方案优化提供科技支撑,形成智能矫正戒治评判体系。

1. 矫正和戒治基础理论

开展服刑和戒毒人员心理、行为演化模式、干预方法、循证矫正和戒治分类方法、矫正戒治质量评估模型研究，为加速矫正和戒治技术研究提供支撑。

2. 矫正戒治与质效评估

加强服刑和戒毒人员行为模式、心理特征分析验证技术、矫正质量评估技术、心理矫治互动技术、基于心理毒瘾互动戒治诱导技术研究，研究吸毒成瘾人员戒治临床实践诊断方法和强制戒毒人员戒护、诊疗、康复技术和药物，全面提高矫正戒治能力。

3. 刑罚执行保障技术

开展减刑假释人员主观认罪悔罪可信表征评估、再犯罪风险评估、认罪悔罪证据多渠道提取等技术研究，提升刑罚执行的效能。

4. 社区矫正帮教技术

开展社区服刑人员电子监管、行为监测、社会及心理状态评估、跨部门信息资源共享、重新犯罪要素关联模型、重新犯罪风险评估模型、循证矫正方案辅助决策和危险因素干预模型等技术研究，全面提升社区矫正监管科技水平。

5. 戒毒康复技术

开展戒毒人员心理与生理特征监测、多部门协同戒治机制等技术研究，突破复吸风险评估与预警技术等关键技术，加强戒毒人员个性化戒治方案辅助决策技术研究，提高戒毒康复能力。

四、发展科学立法与执法监管支撑技术

建立以数据为核心的立法、执法数据平台，发挥数据在科学立法和执法监督中的作用，让立法和执法更科学、更合理。

1. 多源异构数据安全汇聚技术

立法、执法需要汇集公、检、法、司等政法机构的各种数据，同时也要汇集金融、交通、住建、卫生、电商的大量数据，这些数据有的在专网、有的在公网，使用不同的数据库软件和不同的数据结构，采用安全可靠的汇聚技术，有助于对数据进行整理、分析和挖掘。

2. 基于自然语言理解的民意分析技术

民意需求是立法工作的重要依据，但民意的表达方式各不相同，通过对网络上各种民意的理解、分析，提出更适合民意的立法提案才是最有效的科学立法。

3. 基于语义的主动监督决策支持技术

执法监督分为主动式和被动式，主动式体现在监督者按照自己的工作计划去对执法信息进行调阅查看，主动发现执法漏洞、错误逻辑或过期依据等；被动监督是出现投诉时，才会对执法进行查处。一些执法监督可以在出现小问题时及时被发现并介入指导，防止执法违规的进一步发展和扩大。在各大舆情或社交网站上可以对舆情信息进行语义分析，发现执法过程中负面信息较集中的环节，提供决策支撑。

五、发展法律服务科技支撑技术

大力发展以互联网为载体、线上线下相结合的新型法律服务模式，建立符合国情、覆盖城乡、惠及全民的公共法律服务体系。发展创新法律服务科技支撑技术，重点突破法律援助创新、律师执业保障与执业监管、电子公证、社会矛盾纠纷排查等关键技术，有效整合公共法律服务资源，提升公共法律服务能力和水平，满足人民群众多元化法律服务需求。

1. 律师执业保障与执业监管技术

开展多部门协同的律师执业资格与资历电子化鉴证等关键技术研究，加强全社会对律师职业活动的监督和保障，为律师诚信执业创造良好条件。

2. 电子公证关键技术

开展可信电子公证支撑体系及服务模型研究，加速突破基于互联网的公证电子证据提取和固化技术，防伪电子公证数字证书制作技术，电子公证电子证据可信保全、交换和鉴别技术，电子公证电子证据在征信和法务活动中的利用与隐私保护等关键技术，加强电子公证装备研发和服务能力建设，实现对网络社会电子公证的一体化保障。

3. 社会矛盾纠纷排查与预警技术

以化解民间纠纷、降低信访量、维护社会和谐稳定为目标，开展社会矛盾纠纷排查演化分析预测、调解策略链研判与辅助决策技术、区域社会矛盾纠纷态势分析和社会风险预警技术研究，保障社会安定团结。

4. 法律援助智能保障技术

开展基于人工智能的12348语音热线和社交网络法律服务机器人技术研究，构建法律服务知识库，突破法律援助案例语义标记与搜索利用技术，法律援助诉讼案件策略研判技术，法律援助案件质量评估技术，精准高效的法援律师智能推荐技术，全面提升法律援助质量。

六、发展精准普法科技支撑技术

以全面实施普法规划，营造良好社会法治环境为目标，深入开展法治宣传教育和依法治理，发展创新法治宣传科技支撑技术，重点研究互动式精准普法宣传和整合传播关键技术，建设法治宣传教育在线平台，促进互联网与法治宣传教育融合发展。

1. 互动式精准普法宣传和整合传播关键技术

开展线上线下结合的普法目标群体精准识别技术研究，加速突破普法宣传媒体整合传播技术、互动式普法宣传受众心理研判与响应技术、普法宣传传播效用评价技术，全面提高网络社会背景下的普法宣传质效。

2. 法治宣传教育在线平台关键技术

充分利用互联网资源构建法治宣传云平台，做好传统媒体与新媒体的资源整合，开展新媒体普法宣传形式、普法宣传受众心理与传播效用模型研究，形成多维度、立体化的普法格局，提高普法实效。

七、发展法律职业资格考试电子支撑技术

以确保国家法律职业资格考试公平公正为目标，加快推进国家法律职业资格考试科技支撑技术创新，建立健全法律职业资格考试制度，大力开展远程电子监考、网络巡考等关键技术研究，杜绝假证和防范代考；充分运用科技手段加强和完善考试重点环节及考试工作人员、监考人员等关键岗位的技防物防措施，确保不泄密、不失密。

1. 远程电子监考技术

推进远程考场实时监控、人像智能识别、考场异常报警等技术创新，重点开展考生身份识别和摄像拍照比对等关键技术研究，提升国家法律职业资格考试的公平公正。

2. 网络巡考技术

着力发展针对法律职业资格考试网络传输技术和视频监控技术，实现覆盖全国的监控指挥和应急处理，建立健全科学的网络巡考监督机制，重点发展考场全区无线电可疑信号监测压制技术，规范国家法律职业资格考试巡考管理，监督、检查国家法律职业资格考试各环节落实情况。

八、发展先进可靠的司法鉴定技术

针对司法鉴定实践中存在的突出问题和共性关键技术瓶颈问题，重点围绕和突破一批司法鉴定支撑前沿关键技术，应用现代科学技术加强司法鉴定工作，提升科技对司法鉴定的支撑和引领，提高司法鉴定行业整体科学技术水平。

1. 防诈伤诈病法医学鉴定技术

主要针对鉴定实践中常见的诈伤诈病类型，研究建立常见诈伤诈病识别的大数据支撑技术，并开展应用示范。

2. 数字化法医学技术

重点开展虚拟解剖、数字人体仿真、现场数据采集与模拟、模型云计算、形态学数字化档案等方面的研究，形成以实际案例为基础和导向，以法医学先进数字技术为引领和提高的数字化法医学技术示范平台。

3. 复杂亲缘关系鉴定技术

重点依托新型技术和生物信息学，研究建立包括双亲皆无情形下的全同胞关系鉴定、半同胞关系鉴定、祖孙关系鉴定等在内的复杂亲缘关系鉴定技术平台。

4. 未知毒物系统筛选技术

重点研究构建有效的未知毒物系统筛选分析平台，建立完全未知毒物鉴定数据库，确立完全未知毒物的鉴定准则和分析程序等。

5. 文件材料及文件形成时间鉴定技术

研究建立我国常见文件材料的基础数据库和样品库,重点研究常见文件材料的成分解析方法及在文件存放过程中的变化规律和影响因素,建立可靠的分析方法和技术示范平台。

6. 基于视频的移动物体速度测定技术

重点研究视频资料中车辆移动速度检测技术,构建视频资料的慢速、常速、快速播放属性测定,根据视频播放速度、物距、角度和车辆移动速率构建视频移动物体速度测定模型。

第十三章　各级司法行政机构信息化建设内容

在司法行政系统信息化建设规划和立项前,需要分析司法部信息化建设要求、本级政府数字政府建设要求,结合司法行政机构在当地的工作职能,合理规划建设内容、建设规模、建设边界、利旧资源等。下面分别介绍各级司法行政机构信息化建设基本内容。

第一节　司法部信息化建设内容

一、网络

(1) 接入本地互联网 ISP,保障本级互联网和 Wi-Fi 网络通畅。

(2) 接入本地电子政务外网中心节点,保障各类运行于电子政务外网业务及数据正常运转。规划全国司法行政系统电子政务外网 IP 地址,实现基于电子政务外网的部、省、市、县、乡五级网络联通。

(3) 在司法部办公区域实现互联网与电子政务外网的双网融合,实现路由自动选择。

(4) 接入监狱、戒毒、政法(含公、检、法)专网。

(5) 接入电子政务内网部级中心节点。

(6) 专线接入司法云数据中心,形成统一局域网。

二、司法公有云

（1）购买云资源、云服务。

（2）开发智能应用支撑和服务。具体要求：地理信息系统、实人认证、全文检索、舆情采集、移动终端研发、智能语音识别、智能客服、数据可视化能力。

（3）建设数据交换与服务平台。

（4）提供基于云技术的云安全防护和运维。

三、司法数据资源平台

（1）建设基础数据资源库和知识资源体系。

（2）实现数据管理与安全。

（3）提供数据资源服务。

四、司法共享服务平台

（1）实现快速开发与扩展业务。提供模块化软件开发模型，实现业务应用快速开发。

（2）提供应用支撑服务。开发用户画像模型、法律画像、法律血缘关系分析、文本比对、图像比对、搜索引擎、单点登录、身份认证、权限分配、生物特征识别（人脸、虹膜、声纹、语音、指纹、掌纹、步态等）。

五、司法统一地图服务入口（法治地图）

开发身边服务一键定位系统，对信息进行动态监管、动态分析、动态调度、动态跟踪。

六、全国统一公共法律服务入口（PC端、移动端）

开发中国法律服务网，提供法律服务、知识服务、舆情感知、服务反馈、服务评价，将法律服务体系后台打通。

七、司法统一移动办公入口

实现接入各类业务系统,提供智能服务、语音识别、机器翻译、图像识别、智能客服、文本提取等功能,对过程数据进行分析,提高办公效能。

八、全面依法治国业务系统

汇集全国各地各级各类涉法、涉诉、涉访、民意、舆情数据,通过大数据分析、挖掘和人工智能研判,形成周期性辅助决策意见,提供给立法、执法、司法、普法、守法等各环节相关机构、组织和个人,作为依法治理的数据依据。采取同比、环比、满意度、有效性评测等技术,形成全面依法治国业务系统的闭环体系,并不断对外界扰动进行自我校正与修复。

九、行政立法业务系统

依据行政立法程序,对提出法案、审议法案、表决和通过法案、公布法案等环节实现全流程数字化,进而确保立法工作的合法性、有效性和规范性。

十、行政执法协调监督业务系统

行政执法协调监督业务系统用以联通各地各级各类行政执法机构和全面依法治国业务系统,对行政执法主体的合法性、规范性文件的合法性和适当性、行政执法程序的合法性、持证上岗亮证执法情况、执法文书的建立和使用情况、行政执法制度的制定和执行情况、具体行政行为的合法性和适当性、法律法规规章的贯彻执行情况、重大行政处罚案件的处理情况进行监督,实现可预警、可查看、可追溯的全流程数字化。

十一、刑事执行与应急指挥业务系统

建立部、省、市、县+移动指挥的四级应急指挥平台和安防监控平台,对刑事执行、行政执行、公共法律服务、执法监督、法考巡考实行战时指挥、平时监督的平战结合应急指挥体系。

十二、公共法律服务业务系统

分析司法部公共法律服务各相关业务司局业务系统需求，明确是数据采集型系统还是业务办理型系统。如果是数据采集型系统，则要求各地司法行政系统信息化建设要与司法部业务系统进行数据对接，数据以条目方式同步到司法部司法云中，而非统计报表型数据上报。如果是业务办理型系统，则要求公共法律服务业务系统必须满足基层一线用户的功能需求和较好的用户体验，同时确保所有业务系统生产的数据能够同步到下级司法行政单位的数据中心，以满足当地数字政府、智慧城市对条目数据的需求。

十三、综合保障与政务管理业务系统

建设司法部本级综合保障和政务管理系统，满足部本级人员、机构、OA、外联、会议、后勤、装备、财务、资产、政务公开的信息化建设需要。

十四、标准规范支撑体系

制定全国司法行政系统各项信息化系统的技术标准，推进各业务系统在信息化系统应用过程中管理规范、考核规范与业务系统相适应的修订。

十五、网络安全支撑体系

对司法部本级网络、司法云、业务系统等办公软硬件按照等级保护2.0的要求进行规划、建设和管理。

十六、运维服务支撑体系

建设部本级信息系统的运维体系，确保网络、硬件、软件、服务等安全有保障。

第二节　司法厅信息化建设内容

一、网络

（1）接入本地互联网 ISP，保障本级互联网和 Wi-Fi 网络通畅。

（2）接入本地电子政务外网中心节点，保障各类运行于电子政务外网业务及数据正常运转。按照司法部 IP 地址规划协调省级电子政务办落实 IP 地址池资源，给全省司法行政各级各单位划分电子政务外网 IP 地址，实现基于电子政务外网的部、省、市、县、乡五级网络联通。

（3）在司法厅办公区域实现互联网与电子政务外网的双网融合，实现路由自动选择。

（4）联通监狱、戒毒、政法（含公、检、法）专网。

（5）接入电子政务内网省级中心节点。

（6）专线接入省级司法云数据中心，形成统一局域网。

二、司法云

（1）购买专有云资源、云服务，提供计算资源（含虚拟机和裸金属服务器）、存储资源、网络资源、安全资源等。

（2）购买各类基于云计算的能力平台（软硬件资源），GIS（地理信息系统）、数据汇聚软件、离线计算引擎软件、实时流计算引擎软件、社会关系网络分析软件、智能语音交互软件、自然语言处理软件、人脸识别软件、大数据一体化开发软件、数据挖掘软件、大数据平台运行监控软件、全文检索、舆情监控平台、数据可视化能力、异地数据备份能力。

（3）建设数据交换与服务平台。

（4）提供基于云技术的云安全防护和运维。

三、司法数据资源平台

（1）建设基础数据资源库和知识资源体系。

(2) 提供数据标准规范体系建设、数据接入子系统、数据处理子系统、数据计算子系统。

(3) 实现数据治理与安全。

(4) 提供数据资源服务。

四、司法共享服务平台

1. 构建微服务架构

为司法云业务扩展提供平台，实现快速开发与业务扩展，提供模块化软件开发模型，实现业务应用快速开发。

2. 开发大数据应用服务

主要包括司法行政事件分析研判子系统、司法行政知识库子系统、特殊人群智能管控平台、精准普法系统、质量提升系统、法律援助信息可视化、律师大数据分析、法治政府与公平正义提升决策支持系统、司法行政业务智能语音录入系统、业务系统大数据分析等。

3. 提供应用支撑服务

主要包括统一机构用户管理、统一权限分配、统一信息资源管理、司法厅门户网站、CA身份认证管理系统、电子签章管理系统、统一短信服务管理系统、开发用户画像模型、法律画像、法律血缘关系分析、文本比对、图像比对、单点登录、身份认证、权限分配、生物特征识别（人脸、虹膜、声纹、语音、指纹、掌纹、步态等）、印章比对、笔迹比对、银行卡识别、射频识别、二维码识别、Wi-Fi嗅探识别等。

五、司法统一地图服务入口（法治地图）

(1) 开发身边服务一键定位系统，对信息进行动态监管、动态分析、动态调度、动态跟踪。

(2) 构建社区矫正系统、政务公开服务系统、戒毒系统、所务公开服务系统、狱务所务公开外部平台，全省司法行政机关政务公开系统与省级法律服务网贯通。

六、全国统一公共法律服务入口（PC 端、移动端）

开发省级法律服务平台，实现司法行政智慧为民系统接入，提供法律服务、知识服务、舆情感知、服务反馈、服务评价，法律服务体系（实体、热线、网络三大平台）后台打通，建设省级公共法律服务中心（窗口）。

七、司法统一移动办公入口

研究选定一个或多个 App，微信、微博、QQ、钉钉等社交媒体软件（平台）实现统一平台接入各类业务系统，提供智能语音交互、自然语言处理、语音识别、机器翻译、图像识别、智能客服、文本提取、精准定位等功能，对过程数据进行分析，提高办公效能。

八、全面依法治省业务系统

汇集全省各地各级各类立法、规章、规范性文件、执法监督、涉法、涉诉、涉访、民意、舆情数据，通过大数据分析、挖掘和人工智能研判，形成周期性辅助决策意见，提供给立法、执法、司法、普法、守法等各环节相关机构、组织和个人，作为依法治理的依据。采取同比、环比、满意度、有效性评测等技术，形成全面依法治省业务系统的闭环体系，并不断对外界扰动进行自我校正与修复。

购买与第三方测评机构共同研究开发的软件和服务，实现法治政府绩效评价标准和评价体系。

九、行政立法业务系统

依据行政立法的程序，对提出议案、征集意见、审议法案、表决和通过法案、公布法案等环节实现全流程数字化，进而确保立法工作的合法性、有效性和规范性。建设法治政府与公平正义提升决策支持系统。

十、行政执法协调监督业务系统

行政执法协调监督业务系统用以联通各地各级各类行政执法机构和全面依法治

国业务系统，对行政执法主体的合法性、规范性，文件的合法性和适当性，行政执法程序的合法性，持证上岗亮证执法情况，执法文书的建立和使用情况，行政执法制度的制定和执行情况，具体行政行为的合法性和适当性，法律、法规、规章的贯彻执行情况，重大行政处罚案件的处理情况等，进行监督，实现可预警、可查看、可追溯的全流程数字化。

十一、刑事执行与应急指挥业务系统

（1）建设智慧监狱管理平台，归集监狱管理局对全监狱各类业务管理系统的统计数据，如果有大数据分析平台和分析能力，可将全监狱各类业务条目数据采集后纳入特殊人群管控平台进行特殊人群大数据分析，其结果用于辅助立法、执法、普法、绩效提升等方面。

（2）建设智慧戒毒管理平台，归集戒毒管理局对戒毒所各类业务管理系统的统计数据，如果有大数据分析平台和分析能力，可将戒毒所各类业务条目数据采集后纳入特殊人群管控平台进行特殊人群大数据分析，其结果用于辅助立法、执法、普法、绩效提升等方面。

（3）建设智慧社矫管理平台，归集社矫局对全省社矫中心各类业务管理系统的统计数据，如果有大数据分析平台和分析能力，可将全省社矫中心各类业务条目数据采集后纳入特殊人群管控平台进行特殊人群大数据分析，其结果用于辅助立法、执法、普法、绩效提升等方面。

（4）建立省、市、县＋移动指挥的三级应急指挥平台和安防监控平台，对刑事执行、行政执行、公共法律服务、执法监督、法考巡考实现战时指挥、平时监督的平战结合应急指挥体系。向上与司法部、省委政法委应急指挥平台和安防监控平台对接

十二、公共法律服务业务系统

规划司法厅公共法律服务各相关业务处（科）室业务系统需求，明确省一级开发业务是数据采集（归集）型系统还是业务办理型系统（建议省一级全部为业务办理型系统，方便统一数据标准、业务标准、考核标准，也节省各地自己开发业务系统的费用）。如果是数据采集型系统，则要求各地司法行政系统信息化建设要与司法厅业务系统进行数据对接，数据以条目方式同步到司法厅司法云中，而非统计报表型数据上报。如果是业务办理型系统，则要求公共法律服务业务系统必须满足基

层一线用户的功能需求和较好的用户体验，同时确保所有业务系统生产的数据能够反哺到下级司法行政单位的数据中心，以便当地数字政府、智慧城市对条目数据的需求。

公共法律服务业务系统主要包括法律援助管理系统、法治宣传管理系统、人民调解管理系统、社区矫正管理系统、安置帮教管理系统、队伍建设管理系统、律师管理系统、公证管理系统、基层司法所管理系统、基层法律服务管理系统、仲裁管理系统、司法鉴定管理系统、公证管理系统、信访管理系统、行政审批管理系统、全国统一法律职业考试管理系统、行政立法管理系统、执法监督管理系统、法律法规备案管理系统、复议应诉管理系统、志愿者管理系统、公共法律视频咨询系统、公共法律服务派单系统、人民监督员管理系统、人民陪审员管理系统等。

十三、综合保障与政务管理业务系统

建设司法厅本级综合保障和政务管理系统，满足厅本级人员、机构、OA、外联、会议、后勤、装备、财务、资产、政务公开的信息化建设需要。建设视频会议系统、公检法司协同办公（案）系统、系统应用电子监察、文档同步云、人事机构综合管理系统、警务管理及警务督察系统、司法行政在线学习及考试系统、党建（含行业协会党建）综合管理系统、工会工作管理系统、共青团综合管理系统、离退休干部管理系统、纪检监察管理系统、组织宣传管理系统、主体办管理系统等。

十四、标准规范支撑体系

按照全国司法行政系统各项信息化系统的技术标准，推进各业务系统在信息化系统应用过程中管理规范、考核规范与业务系统相适应的修订，为省内各级各单位数据对接共享、业务协同提供统一标准的接口和数据格式。

十五、网络安全支撑体系

对厅本级网络、司法云、业务系统等办公软硬件按照等级保护2.0的要求进行规划、建设和管理。

十六、运维服务支撑体系

建设厅本级信息系统的运维体系,确保网络、硬件、软件、服务等安全有保障。

第三节 市州司法局信息化建设内容

一、网络

(1) 接入本地互联网 ISP,保障本级互联网和 Wi-Fi 网络通畅。

(2) 接入本地电子政务外网中心节点,保障各类运行于电子政务外网业务及数据正常运转。按照司法厅 IP 地址规划落实 IP 地址池资源,给全市(州、盟)司法行政各级各单位划分电子政务外网 IP 地址,实现基于电子政务外网的部、省、市、县、乡五级网络联通。

(3) 在司法局办公区域实现互联网与电子政务外网的双网融合,实现路由自动选择。

(4) 联通所辖监狱、戒毒、政法(含公、检、法)专网。

(5) 接入电子政务内网市级中心节点。

(6) 专线接入市级司法云数据中心。

二、司法云

(1) 按市级政府数据中心要求,申请专有云资源、云服务,提供计算资源(含虚拟机和裸金属服务器)、存储资源、网络资源、安全资源等。

(2) 按市级政府要求选购各类基于云计算的能力平台(软硬件资源),或向省级司法云平台申请各类能力平台提供服务。如社会关系网络分析服务、智能语音交互服务、自然语言处理服务、人脸识别服务、大数据一体化开发软件、数据挖掘软件、大数据平台运行监控软件、全文检索、舆情监控平台服务、数据可视化能力。

(3) 按市级政府数据中心要求,联系省级司法云数据平台提供当地业务数据。

(4) 市级政府数据中心提供基于云技术的云安全防护和运维。

三、司法数据资源平台

（1）由市级政府数据中心提供数据资源的计算、交换和存储平台。如果需要单独建设司法数据资源平台，可参考上一节省级平台建设内容。

（2）按需建设二级数据中心、交换平台、网络机房。

四、司法共享服务平台

1. 构建微服务架构

为司法云业务扩展提供平台，实现本级应用的快速开发与业务扩展。

2. 开发大数据应用服务

一般由省级大数据应用服务为市级大数据应用提供权限直接使用。主要包括司法行政事件分析研判子系统、司法行政知识库子系统、特殊人群智能管控平台、精准普法系统、质量提升系统、法律援助信息可视化、法治政府与公平正义提升决策支持系统、业务系统大数据分析等。

3. 提供应用支撑服务

市级单点登录与省级平台单点登录实行互认机制，确保市级用户不用多业务、多系统、多密码重复登录。

五、司法统一地图服务入口（法治地图）

（1）由省级法治地图统一提供服务，也可结合自身需求采用百度、高德等公共地图资源。

（2）按市级政府要求，提供政务公开用户权限，进行数据接入或数据对接。

六、全国统一公共法律服务入口（PC端、移动端）

可以开发市级政务服务（法律服务）统一入口，但其内容需要跳转到省级平台（如果有）入口。可提供本地特色的案例分析、视频宣传、法律咨询、满意度评价，建设市级公共法律服务中心（窗口）。

七、司法统一移动办公入口

（1）开发本级司法行政移动办公系统，研究选定一个或多个 App、微信、微博、QQ、钉钉等社交媒体软件（平台）实现统一平台接入办公系统，提供智能语音交互服务、自然语言处理、语音识别、机器翻译、图像识别、智能客服、文本提取、精准定位等功能，对过程数据进行分析，提高办公效能。

（2）使用市政府统一办公系统移动入口。

八、全面依法治市业务系统

使用省级系统也可开发本级系统。

汇集市级各类涉法、涉诉、涉访、民意、舆情数据，通过大数据分析、挖掘和人工智能研判，形成周期性辅助决策意见，提供给立法、执法、司法、普法、守法等各环节相关机构、组织和个人，作为依法治理的数据依据。采取同比、环比、满意度、有效性评测等技术，形成全面依法治市业务系统的闭环体系，并不断对外界扰动进行自我校正与修复。

九、行政立法业务系统

使用省级系统。

十、行政执法协调监督业务系统

使用省级系统。

十一、刑事执行与应急指挥业务系统

统一使用司法部或省级司法厅开发的刑事执行与应急指挥业务系统。若部、省两级没有开发，可根据自身需求进行开发。

（1）（若有所辖监狱）建设所辖智慧监狱管理平台，归集监狱各类业务管理系统的统计数据。如果有大数据分析平台和分析能力，可将全监狱各类业务条目数据采集后纳入特殊人群管控平台进行特殊人群大数据分析,其结果用于辅助立法、执法、普法、绩效提升等方面。

(2)(若有所辖戒毒所)建设所辖智慧戒毒管理平台,归集戒毒所各类业务管理系统的统计数据。如果有大数据分析平台和分析能力,可将戒毒所各类业务条目数据采集后纳入特殊人群管控平台进行特殊人群大数据分析,其结果用于辅助立法、执法、普法、绩效提升等方面。

(3)建设市级智慧社矫管理平台,归集各区县社矫中心各类业务管理系统的统计数据。如果有大数据分析平台和分析能力,可将全市社矫中心各类业务条目数据采集后纳入特殊人群管控平台进行特殊人群大数据分析,其结果用于辅助立法、执法、普法、绩效提升等方面。

(4)建立市、县+移动指挥的两级应急指挥平台和安防监控平台,对刑事执行、行政执行、公共法律服务、执法监督、法考巡考、本地安防、视频点名、视频会议具备战时指挥、平时监督的平战结合应急指挥体系。向上与省级司法厅、市委政法委应急指挥平台和安防监控平台对接,向下汇集各区县应急指挥平台和安防监控系统,建设指挥中心、无纸化会议系统、智能楼宇,根据业务需求配备移动执法记录仪和司法应急指挥车。

十二、公共法律服务业务系统

统一使用司法部或省级司法厅开发的业务系统。若部、省两级没有开发,可根据自身需求进行开发。

公共法律服务业务系统主要包括法律援助管理系统、法治宣传管理系统、人民调解管理系统、社区矫正管理系统、安置帮教管理系统、队伍建设管理系统、律师管理系统、公证管理系统、基层司法所管理系统、基层法律服务管理系统、仲裁管理系统、司法鉴定管理系统、公证管理系统、信访管理系统、行政审批管理系统、全国统一法律职业考试管理系统、行政立法管理系统、执法监督管理系统、法律法规备案管理系统、复议应诉管理系统、志愿者管理系统、公共法律视频咨询系统、公共法律服务派单系统、人民监督员管理系统、人民陪审员管理系统、法律服务知识库、法律服务案例库、法治宣传微信、微博等。若为市级开发系统,则对接上级相应业务系统,实现数据实时同步。

十三、综合保障与政务管理业务系统

建设司法局本级综合保障和政务管理系统,满足局本级人员、机构、OA、外联、会议、后勤、装备、财务、资产、政务公开的信息化建设需要。建设视频会议系统、公检法司协同办公（案）系统、文档同步云、人事机构综合管理系统、党建（含行业协会党建）综合管理系统、工会工作管理系统、共青团综合管理系统、离退休干部管理系统、纪检监察管理系统、组织宣传管理系统、主体办管理系统等。

十四、标准规范支撑体系

按照全国司法行政系统各项信息化系统的技术标准，推进各业务系统在信息化系统应用过程中管理规范、考核规范与业务系统相适应的修订，为市内各级各单位数据对接共享、业务协同提供统一标准的接口和数据格式。

十五、网络安全支撑体系

对司法局本级网络、数据中心、业务系统等办公软硬件按照等级保护2.0的要求进行规划、建设和管理。

十六、运维服务支撑体系

建设局本级信息系统的运维体系，确保网络、硬件、软件、服务等安全有保障。

第四节　县区司法局信息化建设内容

一、网络

（1）接入本地互联网ISP，保障本级互联网和Wi-Fi网络通畅。

（2）接入本地电子政务外网中心节点，保障各类运行于电子政务外网业务及数据正常运转。按照司法厅IP地址规划落实IP地址池资源，给县区司法行政各级各单位划分电子政务外网IP地址，实现基于电子政务外网的部、省、市、县、乡五级网络联通。

(3) 在司法局办公区域实现互联网与电子政务外网的双网融合，实现路由自动选择。

二、司法云

(1) 按县区级或上级政府数据中心要求，申请专有云资源、云服务，提供计算资源（含虚拟机和裸金属服务器）、存储资源、网络资源、安全资源等。

(2) 按县区级或上级政府要求选购各类基于云计算的能力平台（软硬件资源），或向省级司法云平台申请各类能力平台提供服务。如社会关系网络分析服务、智能语音交互服务、自然语言处理服务、人脸识别服务、大数据一体化开发软件、数据挖掘软件、大数据平台运行监控软件、全文检索、舆情监控平台服务、数据可视化能力。

(3) 按县区级政府或上级数据中心要求，联系省级司法云平台提供当地业务数据。

(4) 县区级或上级政府数据中心提供基于云技术的云安全防护和运维。

三、司法数据资源平台

由县区级或上级政府数据中心提供数据资源的计算、交换和存储平台。如果需要单独建设司法数据资源平台，可参考省级平台建设内容。

四、司法共享服务平台

(1) 开发大数据应用服务。一般由省级大数据应用服务为县区级大数据应用提供权限直接使用。主要包括司法行政事件分析研判子系统、司法行政知识库子系统、特殊人群智能管控平台、精准普法系统、质量提升系统、法律援助信息可视化、法治政府与公平正义提升决策支持系统、业务系统大数据分析等。

(2) 提供应用支撑服务。县区级单点登录与省级平台单点登录实行互认机制，确保县区级用户不用多业务、多系统、多密码重复登录。

五、司法统一地图服务入口（法治地图）

(1) 由省级法治地图统一提供服务，也可结合自身需求采用百度、高德等公共地图资源。

（2）按县区级政府要求，提供政务公开用户权限，进行数据接入或数据对接。

六、全国统一公共法律服务入口（PC 端、移动端）

可以开发市级政务服务（法律服务）统一入口，但其内容需要跳转到省级平台（如果有）入口，可提供本地特色的案例分析、视频宣传、法律咨询，建设县区级公共法律服务中心（窗口），组建微信群、微博。

七、司法统一移动办公入口

（1）开发本级司法行政移动办公系统，研究选定一个或多个 App、微信、微博、QQ、钉钉等社交媒体软件（平台）实现统一平台接入办公系统，提供智能语音交互服务、自然语言处理、语音识别、机器翻译、图像识别、智能客服、文本提取、精准定位等功能，接入执法记录仪数据，对过程数据进行分析，提高办公效能。

（2）使用县区政府统一办公系统移动入口。

八、全面依法治县业务系统

使用省级系统，也可开发本级系统。

汇集县区级各类涉法、涉诉、涉访、民意、舆情数据，通过大数据分析、挖掘和人工智能研判，形成周期性辅助决策意见，提供给立法、执法、司法、普法、守法等各环节相关机构、组织和个人，作为依法治理的数据依据。采取同比、环比、满意度、有效性评测等技术，形成全面依法治县业务系统的闭环体系，并不断对外界扰动进行自我校正与修复。

九、行政立法业务系统

使用省级系统。

十、行政执法协调监督业务系统

使用省级系统。

十一、刑事执行与应急指挥业务系统

（1）使用省级社区矫正管理系统或建设县区级智慧社矫管理系统。

（2）建立县区＋移动指挥的应急指挥平台和安防监控平台，对刑事执行、行政执行、公共法律服务、执法监督、本地安防监控等实现战时指挥、平时监督的平战结合应急指挥体系。向上与市司法局、县委政法委应急指挥平台和安防监控平台对接。

十二、公共法律服务业务系统

统一使用司法部或省级司法厅开发的业务系统。若部、省两级没有开发，可根据自身需求进行开发。

十三、综合保障与政务管理业务系统

建设县区司法局本级综合保障和政务管理系统，满足局本级人员、机构、OA、外联、会议、后勤、装备、财务、资产、政务公开的信息化建设需要。建设视频会议系统、无纸化会议系统、文档同步云、人事机构综合管理系统、党建（含行业协会党建）综合管理系统、工会工作管理系统、共青团综合管理系统、离退休干部管理系统、纪检监察管理系统、组织宣传管理系统、主体办管理系统等。

十四、标准规范支撑体系

按照全国司法行政系统各项信息化系统的技术标准，推进各业务系统在信息化系统应用过程中管理规范、考核规范与业务系统相适应的修订。

十五、网络安全支撑体系

对县区司法局本级网络、数据中心、业务系统等办公软硬件按照等级保护2.0的要求进行规划、建设和管理。

十六、运维服务支撑体系

建设局本级信息系统的运维体系,确保网络、硬件、软件、服务等安全有保障。

第五节 乡(镇、街道)司法所信息化建设内容

一、网络

(1)接入本地互联网 ISP,保障本级互联网和 Wi-Fi 网络通畅。
(2)接入本地电子政务外网中心节点,或通过 VPN 接入电子政务外网,保障各类运行于电子政务外网业务及数据正常运转。实现基于电子政务外网的部、省、市、县、乡五级网络联通。

二、全国统一公共法律服务入口(PC 端、移动端)

可提供本地特色的案例分析、视频宣传、法律咨询,司法所公共法律服务室(窗口),组建微信群、微博,建设本地安防监控系统上传上级监控平台。

三、司法统一移动办公入口

积极应用各类业务应用系统。

四、全面依法治乡(镇、街道)业务系统

使用省级系统,也可开发本级系统。

五、行政立法业务系统

使用省级系统。

六、行政执法协调监督业务系统

使用省级系统。

七、刑事执行与应急指挥业务系统

(1) 使用上级部门开发的社区矫正管理系统。
(2) 使用执法记录仪记录执法过程。

八、公共法律服务业务系统

统一使用司法部或省级司法厅开发的业务系统。

九、综合保障与政务管理业务系统

使用上级部门开发的政务管理系统。

十、运维服务支撑体系

建设所级信息系统的运维体系，确保网络、硬件、软件、服务等安全有保障。

第六节　监狱系统信息化建设内容

一、基础网络

核心网络设备关键部件（如主控板、交换网板、电源等）采用冗余设计，支持 VPN 功能，满足 MPLSVPN 部署要求。

省监狱管理局到监狱广域网节点互联链路具备冗余能力，网络链路带宽需具备平滑的升级能力。省监狱管理局到监狱广域网链路传输带宽不低于 100Mbps，正常情况带宽峰值利用率不超过 70%。

监狱核心交换机设备支持 SDN、QoS 等特性，支持 IPv4/IPv6 动态路由。

网络架构按功能配置进行区域划分，建设多个相对独立的功能区，包括核心交换区、联网区、数据中心区、安防设施区、安全运维管理区、普通用户区、特别用户区、外网办公区等。

数据中心区服务器采用云计算模式，网络采用虚拟化技术。

机房配备独立双路供电，满足一级负荷供电要求，分区配备 UPS 供电。

中心机房按 C 级以上标准建设。

二、信息安全

非涉密信息系统信息安全符合等保三级规定。

涉密信息系统符合分级保护要求。

建立技术服务管理平台，实现对购买社会化专业技术服务进行全流程监管和服务内容知识库管理。

建立应急响应技术服务保障专家库，并定期进行应急响应演练。

建立全域信息安全动态监测、分析和预警机制。

配备备份系统，通过备份系统对信息系统的重要数据进行数据备份。

建立容灾备份。

三、综合运维

建立监狱综合运维系统，实现对云服务平台、大数据平台、智慧安防、业务软件、基础设施和安全防范设施的全方位监测、运维保障；实现对所有接入设施设备和服务信息系统的运行状态和故障描述、修复日志，并形成运维分析和研判服务应用。

建立运维综合管理交互平台，实现用户在线报修、服务进程跟踪、检修反馈、数据化报表等功能。

四、视频监控

实现各罪犯监管区和监狱周边重点部位覆盖无盲区。

采用网络摄像机，分辨率应不低于 720P，网络高清摄像机覆盖率应不低于 80%。

视频监控系统内的 IP 网络服务器设备应支持 NTP 协议的网络统一校时服务。

实现向司法部、省级司法厅等推送实时视频流。

视频监控存储时间应不少于 30 天；周界、大门、禁闭室、会见室、监区和劳动场所卡口等重点部位监控视频存储时间应不少于 90 天。

对接公安视频专网系统，实现监狱周边干道、重要交通枢纽、医疗机构等的视频监控接入指挥中心。

前端设备与信号直接接入的监控中心相应设备间端到端的信息延迟时间应不大于 2 秒。

前端设备与用户终端设备间端到端的信息延迟时间应不大于 4 秒。

本地录像时可支持的视频帧率应不低于 25 帧/秒。

五、广播

实现全区广播、分区广播、定时广播、喊话广播等功能，实现分区管理、紧急强插、分区寻呼等管理功能。

在周界、大门、禁闭室、监舍、劳动场所等区域安装广播设备。

六、监听对讲

实现分级管理，可分配呼叫优先等级，实现上级权限强插、切断等功能，并提供日志管理、查询、统计等功能。

在监舍小组、大厅、走廊、重点出入口等位置安装监听对讲分机，在指挥中心、分控中心安装监听对讲主机。

采用数字可视对讲系统，并实现监听、对讲、广播、报警、录音等功能，录音保存时间不少于 6 个月。

七、报警

建设应急报警、入侵探测和周界防范高压电网。

实现与视频监控的联动和数据对接，并向安防智能集成平台和武警作战勤务室实时推送信息。

采用视频智能分析、相控阵雷达探测、红外报警和微振动传感器等技术中的一项或多项实现入侵探测，并实现分区段管理；周界防范高压电网实现分区段管理。

在岗楼、禁闭室、监舍、监狱大门、劳动场所等区域设置应急报警设备。

八、出入口控制

实现多级管理权限功能，以及通道门开关状态实时显示、进出记录、数据统计等功能。

实现外来车辆、人员图像比对、自动拍摄、押证换证、应急开启关闭等功能。

实现与视频监控系统联动，通过与视频监控系统联动实现人车跟踪、定位。

实现对接公安车辆管理系统和人口信息系统，获取车辆和驾驶人的准确信息。

实现与武警的互联互通。

九、安检

配备手持式金属探测器、X射线安全检查设备、通过式金属探测门、车底成像设备和生命探测设备。

采用微震、雷达、超声波、红外等技术中的一项或多项实现生命探测。

外接声光报警，以便于识别。

十、移动执法终端

移动执法终端设备应选择安全自主可控的产品，应通过国家相关认证和许可要求，满足工业和信息化部设备入网要求。

移动执法终端设备可通过OTA进行升级，ROM版本应为专用版本，禁止升级或者刷机成普通消费版。

移动执法终端应用应满足但不限于移动安防、移动执法、指挥调度、一键报警等功能。

移动执法终端应具有执法模式和非执法模式，并能按需定制两种模式之间的切换策略。

移动执法终端在执法模式下应具有应用管控、权限管控和语音电话白名单功能。

十一、物联网

物联网采集终端支持 TCP/IP、RS485、ZIGBEE、蓝牙、射频、超宽带、NB-IoT 等技术中的一项或者多项。

物联网设备的数据采集、传输和控制实时交互，所有信息自动归集至对应的系统和信息资源库。

建立以智能设备为核心的物联网感知服务体系，实时采集各终端动态信息并提供交互控制服务。如摄像头、入侵报警、电子手环、生命探测、智能门禁、报警传感、电子巡更和目标跟踪等终端。

十二、电子巡查

实现巡查线路规划、自动提醒、巡查异常提醒、漏巡晚巡报警、巡视记录统计分析等功能。

使用电子地图显示巡视轨迹。

十三、目标跟踪

结合 GIS 服务，实时显示跟踪目标的位置分布关系。

采用 BDS、GPS、无线通信系统、生物识别、射频识别、条码和电子腕带等技术实现对目标的实时定位、跟踪。实现对外出罪犯的定位、追踪和轨迹显示、回放。

实现对监管区上空非授权无人机进行监测、跟踪、干扰和拦截。

十四、智能押解

智能锁具、戒具能主动发送信息至移动、固定式控制终端或智能押解平台。

移动、固定式控制终端具备状态监测以及向指挥中心集成的智能押解平台推送数据的能力。

智能押解平台能对押解全过程进行跟踪、状态显示，可远程集中控制。实现与视频监控的联动和数据对接，对开关锁具、戒具的操作进行实时视频监控。

十五、智能视频分析

在周界、大门、禁闭室等重点部位和监舍、劳动场所等重点区域配备智能视频分析摄像机或智能视频分析设备，实现入侵检测、罪犯行为检测、越界检测等报警联动功能。

在大门、禁闭室、监舍、劳动场所等重点区域通过人脸识别技术实现人员清点和轨迹跟踪等应用，在禁闭室、监舍通过语音识别实现重点罪犯的情绪识别和关键词甄别。

十六、统一管理平台

由省监狱管理局基于信息资源库，统一建设通用、规范、流程性的业务应用，并将所有业务应用集成在统一平台上，实现高度集成的全流程统一管理平台。

实现业务表单可视化配置，可支持平台化二次开发，以提高整体应用的可扩展性。

实现监狱业务管理与数字签名、电子签章、CA认证、电子档案、执法过程证据文件等体系相融合，实现监狱管理业务全过程化应用，实现执法与管理业务全留痕。

实现监狱业务管理数据结构化，融入图像识别、语音识别技术，实现文字自动转化、语音搜索、语音人机交互等，以提高整体应用的实用性。

十七、指挥中心

指挥中心（一级）配备大屏幕显示墙、通信设备、混合扩音、空调新风、声光报警装置、门禁设施、操作台、操作终端等。

分控中心（二级）配备显示墙、通信设备、广播、声光报警装置、门禁设施、操作台、操作终端等。

指挥中心是监狱的核心，须集成安防智能集成平台、通信调度系统和指挥管理系统，通过三大系统的整合联动实现对监狱的指挥协调、通信调度、应急处突和决策支撑。

通过统一的通信平台和管理软件将指挥中心设备与安防智能集成平台的各子系统设备联网，实现由指挥中心对各子系统的自动化管理与监控。

安防智能集成平台、通信调度系统和指挥管理系统当中的任一系统的故障不影响其他系统的正常运行。

指挥中心和分控中心，通过安防智能集成平台、通信调度系统、指挥管理和数据分析研判的整合、联动，发挥相应职能。

实现与司法部、司法厅、武警、公安、综治等单位的指挥中心信息互通。

上联省监狱管理局指挥中心，形成指挥中心、分控中心的分级架构体系。

十八、安防智能集成平台

集成视频监控、广播、监听对讲、报警、出入口控制、安检、电子巡查、目标跟踪、智能押解等子系统。安防智能集成平台和各子系统应具备开放式 SDK（软件开发工具包）和 API（应用程序编程接口），便于第三方系统集成和调用。

安防智能集成平台能对各子系统的信息进行整合，实现数据融合，建立智能联动体系；各子系统联动信息根据管理职能实现分级分层推送。

安防智能集成平台能对各子系统的设施设备和运行状态进行智能监测和控制，对各子系统运行状况和报警信息数据等进行记录和显示。

安防智能集成平台的故障应不影响各子系统的运行，某一子系统的故障应不影响其他子系统的运行。

具备日志查询、统计和图表分析等功能。

十九、通信调度系统

实现监狱全区域的实时音视频通信需求。

通信调度系统的故障应不影响各子系统的运行，某一子系统的故障应不影响其他子系统的运行。

集成监听对讲、数字对讲、广播、集中通信、智能押解、视频点名等子系统。

保持与司法部、省监狱管理局和省内监狱之间的实时通信畅通。

二十、指挥管理系统

建设信息管理、指挥协调、视频督查、安全复核、证据固定和应急处突等功能应用。

实现与预案管理系统、地理信息系统、信息资源库等进行信息交换。

二十一、狱政管理

建立罪犯索情锁证和证据保全系统。
实现对在押重要罪犯的实时管控。
实现罪犯小组管理、点名等业务应用。

二十二、刑罚执行

实现与公安、检察、法院之间关于罪犯收押、减刑假释监外执行的全程无纸化业务协同。
实现面向罪犯、罪犯家属和社会的狱务公开电子化和便民服务。
为来监办理业务的人员提供网上便民服务。

二十三、狱内侦查

实现狱内案件相关业务与检察院、法院的协同。
实现罪犯危险性评估等业务应用。
通过信息技术实现证据留存电子化。

二十四、教育改造

建立教育改造门户，实现综合教育管理。
实现心理危机预警和情绪预测等业务应用。
实现远程视频帮教、智能谈话和智能点评等业务应用。
建立教育改造案例库。

二十五、生活卫生

通过引入公共资源实现疾病防控管理。
通过引入社会资源实现医疗服务的联网应用。

实现狱内在线购物。
实现罪犯账务的实时管控。

二十六、劳动改造

实现劳动工具管理。
实现劳动绩效考核。
实现劳动项目管理。
实现劳动岗位管理和劳动现场管理等业务应用。

二十七、警务管理

建立民警绩效考评系统。
构建人民警察网络学院、知识库、案例库、问卷调查等业务，形成民警教育体系。
构建值班备勤系统，并与门禁、考勤相融合，形成实时人员监控体系。

二十八、行政后勤

建设监狱内网门户、公文管理、档案管理等业务模块。
公文管理应通过公文交换，具备全监狱和监狱管理局之间的交换和协同。
档案管理实现与公文管理的实时对接、归档。
实现固定资产从入账到报废的全流程、无纸化固定资产管理应用。

二十九、信息资源库

省监狱管理局建立包含罪犯信息、警察职工信息和监狱管理信息在内的信息资源库。监狱建设包含监狱范围内的罪犯信息、警察职工信息和监狱管理信息在内的监狱级数据资源库。
采用国产数据库系统或司法公有云及政务云提供的自主、开源的数据库系统。
数据资源库应包含执法管理平台项目数据采集方案（监狱部分）和数据编码说明（监狱部分）的所有数据项。

三十、数据治理

数据治理满足数据正确性、完整性、一致性、完备性、有效性、时效性和可获取性等特性。

建立完整的数据标准体系，包括数据质量度量标准和数据校验体系。

设置数据安全等级，自动发现敏感数据，并为其分级分类；规范数据访问权限，根据用户等级对敏感信息进行动态遮蔽，记录和控制数据的访问；特权用户的特殊操作应有严格的审查流程，记录、审计特权用户的访问记录，保证数据系统的安全。

三十一、数据仓库

省监狱管理局统一建设基于信息资源库的数据仓库，为大数据应用和服务提供数据支撑。监狱建设基于自身数据资源库的数据仓库，为监狱级的数据分析研判提供数据支撑。

三十二、数据共享与交换

省监狱管理局统一建设基于数据仓库的数据共享与交互服务，提供 API，构造统一的数据共享与交互，实现内部、外部数据共享和交互服务。监狱能通过数据共享与交互服务，获得公安、法院、检察院等外部数据。

通过省监狱管理局实现与司法部之间业务数据实时同步。

三十三、数据分析研判

基于对罪犯个体信息全集分析，实现对罪犯个体的精准把握，包括罪犯个体的改造难度评估和教育矫正方案推荐等。

基于对警察个体工作的全流程数据分析，实现对警察执法的精准评估，包括执法公正性评估和执法实效性评估等。

基于对罪犯特定群体或者全体的数据分析，实现趋势性评估分析，包括监管安全趋势分析和特定群体风险预警等。

基于对群体或者整体警务情况的分析判断，实现警察招录计划和警务调度分析等。

基于部分狱情和警情，实现预警服务和预案推送等。（如有其他此类模型也可）。

基于数据仓库的数据集构建的其他数据分析模型，实现可视化分析。例如：① 基于罪犯改造等职能构建主题库，一个主题库可包含多个数据集，可与 BI 进行绑定，实现基于主题的数据智能分析和数据挖掘应用；② 建设监狱工作的知识库。

第七节　戒毒系统信息化建设内容

一、基础设施建设

（一）基础网络

（1）核心网络设备关键部件（如主控板、电源等）采用冗余备份，支持 VPN 功能。

（2）核心节点设备应支持 SDN、QoS、CLOS 多级多平面交换架构等特性，支持 IPv6 技术。

（3）骨干传输线缆应采用光纤铺设，考虑冗余并采取可靠的防护措施。

（4）戒毒所主干网布线标准不应低于超五类。

（5）基于公共移动通信网络或专用无线数字通信网络部署集群通信网，用于警察日常工作和应急调度语音对讲。

（6）配备互联网，为戒毒管理机构警察、职工提供互联网访问。

（7）每栋建筑物应合理设置设备间，中心机房配备精密空调、环境监测、消防及报警、UPS 等设备。

（8）信息系统、安防系统设备应采用独立的集中供电模式。

（二）数据资源

（1）在省级戒毒管理局或戒毒所部署应用中间件，为多层应用架构提供应用逻辑组件容器、数据库连接池管理等多种中间层服务体系。

（2）在省级戒毒管理局、戒毒所部署资源集成管理和物联中间件，实现资源统一管理、功能集成联动和数据统一汇聚。

（3）建立戒毒人员信息、警察职工信息、戒毒机构信息、地理信息基础资源库；建立安防信息、证据信息、监察检察信息、教育资源、戒治案例、戒毒知识等信息资源，收集、存储戒毒全过程产生的数据。

（4）部署数据基础服务系统，基于数据信息，建立统一信息资源目录，整合数据信息建立全文索引，提供关键字内容检索、数据查询、统计分析和电子报表等综合数据应用服务。

（5）部署数据交换平台，提供系统间数据抽取、汇聚、清洗、装载等支撑服务，统一监控和管理数据交换过程。

（6）部署数据转发平台，提供音视频流数据采集、格式转换、结构化、数据转发等服务，对流数据转发进行统一监控和管理。

（7）各类安防、物联和指挥等设施设备系统，应提供系统全部功能调用和数据交换接口。

（8）实现与政法委、公安、检察院、法院等单位之间的横向数据交换和应用协同管理。

（三）指挥中心设施设备

（1）具备指挥区、会议区、控制室、设备间等区域（部分区域可共用）。

（2）配备大屏显示系统，支持多路信息输入，可整屏和多路分屏显示，支持各种制式的视频图像和不同分辨率的信号。

（3）通信功能实现实时可视化调度和多种通联方式，可以单路、多路群组呼叫。

（4）配备视频点名系统、拾音及扩声系统、视频及电话会议系统、照明系统、日常办公设备、供配电系统、防雷接地系统、空调及新风系统。

（四）地理信息

（1）部署二维矢量地图系统，结合所在区域地理数据，建立戒毒场所高精度二维矢量地图。

（2）建立戒毒场所高精度三维仿真模型，通过3D显示、VR/AR、体感控制技术等，可在省级戒毒管理局和戒毒所部署三维场所仿真系统，提供戒毒所周边地形、场院布局、建筑结构、各类资源位置结构、重要信息和情报等信息的虚拟展示，快速进行指挥调度。

（3）部署地理信息服务系统，具备地图基本操作、地图显示查询、空间分析、定位、实时视频、报警定位、模拟巡检等功能。

（4）系统应能独立运行，并能与视频监控系统等联动。

（5）系统应开放协议、接口，支持与安防综合管理平台等系统对接。

二、安全防范体系建设

（一）视频监控系统

（1）视频监控系统的设计应根据现场环境确定摄像机的安装位置、数量和选型，实现多角度多摄像机视频监控，清晰显示人员行为、车辆特征，达到全域覆盖、无监控盲区。

（2）摄像机分辨率应不小于 200 万像素，大场景区域的全景摄像机分辨率应不小于 500 万像素，摄像机宜支持外部音频采集设备接入。

（3）戒毒所戒毒管理区内视频实现应传尽传。

（4）一般部位视频存储时间应为 30 天，重点部位视频存储时间应为 90 天。

（5）视频资源编码和图像命名应符合《司法行政视频监控联网编码规则及视频图像命名规范（试运行）》的规定。

（6）应在戒毒管理区围墙内侧、戒毒人员宿舍等部署视频智能分析系统。

（7）视频智能分析系统具有聚集、攀高、越界报警功能，还应有戒毒人员斗殴、夜间起身、单人独处、长时间静止及值班人员离岗等异常行为识别和报警功能。

（二）报警系统

（1）入侵报警系统应至少采用两种不同探测技术的报警系统，将报警信息传输至安防综合管理平台。入侵报警系统应具备故障自检、报警提示功能及防拆、防破坏功能。

（2）戒毒管理区内大门、警察值班室、分控中心、警察执勤点等戒毒人员聚集区域应安装应急报警触发装置，报警信息存储时间应于 90 天。戒毒管理区执勤警察宜配备无线报警设备。应急报警系统应开放协议、接口，支持与安防综合管理平台等系统对接，将报警信息传输至指挥中心。

（三）出入口管理系统

（1）门禁控制系统应具备多种门禁控制方式。

（2）戒毒管理区人行通道门应具备人工验证后手动控制功能。

（3）门禁控制器断电、断网或者故障时，应支持手动开启。

（4）戒毒所指挥中心应具备远程批量开闭门功能。

（5）门禁控制系统应开放协议、接口，支持与安防综合管理平台对接。

(6) 戒毒管理区大门、习艺车间出入口、探访室来访人员出入口等重要出入口应配备手持式金属探测器或通过式金属探测门，有效探测金属物品。

(7) 戒毒管理区大门宜部署毒品探测仪，用于检测毒品。

(8) 戒毒管理区车行通道应配备车底成像系统，清晰显示车底完整图像并具备关联车牌抓拍功能。

(9) 在戒毒管理区大门应部署外来人员管理系统。

(10) 外来人员管理系统应具备外来人员身份证识别、人像抓拍与对比、出门注销、人员权限授权和黑名单等功能；具备外来人员的出入时间、事件、对象等数据统计功能；可设定各种查询条件进行查询；可与门禁控制系统等联动。

(11) 外来人员管理系统应开放协议、接口，支持与安防综合管理平台等系统对接。

（四）巡查系统

(1) 戒毒管理区围墙周界、戒毒人员宿舍等区域应支持刷卡、生物识别、视频巡查等。

(2) 电子巡查系统宜采用电子地图显示巡视轨迹。

(3) 电子巡查系统应开放协议、接口，支持与安防综合管理平台等系统对接。

（五）管控系统

(1) 宜在戒毒管理区出入口等区域部署人脸识别系统。

(2) 应在戒毒管理区车行通道等区域部署车辆管理系统。

(3) 车辆管理系统宜具备在视频监控区域内对过往车辆进行检测、抓拍过往车辆、多样化的检索等功能。

(4) 车辆管理系统应开放协议、接口，支持与安防综合管理平台等系统对接。

(5) 外出管控系统应在戒毒所配备，实现戒毒人员离所就医等外出离所事项过程中的远程管控和指挥。

(6) 外出管控系统包括单警执法音视频记录仪、车载监控、移动视频监控、戒毒人员穿戴式电子定位设备等。

(7) 执行监管任务的民警应配备单警执法音视频记录仪（或实现相应功能的警务通），执行车辆应配置广角摄像机。

(8) 移动执法终端所采用的移动网络与戒毒所内部网络之间应采取符合国家相关安全规范的安全隔离设备或技术防护。

(9) 外出管控系统应支持多路视频同时接入，实时将现场视频传输到指挥中心，并进行本地存储。

（10）外出管控系统应整合地理信息系统，提供任务管理、定位管理等功能。

（六）通信系统

（1）指挥调度系统应提供多种调度应用，将各戒毒管理局（所）的音视频数据进行统一集成和调度管理。

（2）指挥调度系统应在 GIS 等地图上展示视频监控、广播、对讲等设备的点位信息，支持地图上点击呼叫与视频监控查看等联动功能，支持地图上显示告警功能。

（3）指挥调度系统宜支持多场景智能呈现，调度界面多场景同步显示到大屏。宜支持图像分割显示和多种自定义布局模式功能。

（4）指挥调度系统应开放协议、接口，支持与安防综合管理平台对接。

（5）建设移动指挥调度系统。

（6）移动执法终端宜支持多模式切换、一键报警、移动执法取证、短消息等功能。

（7）移动执法后台支持单点登录、消息推送、白名单管理、用户管理、设备管理、应用程序管理、安全管理等功能。

（8）应在戒毒所配备宿舍对讲系统。

（9）宿舍对讲系统支持可视化、监听、报警、广播、多级组网等功能。

（10）宿舍对讲系统应开放协议、接口，支持与安防综合管理平台等系统对接。

（11）戒毒所指挥中心应配置广播主机，戒毒管理区周界围墙和戒毒管理区操场、生产习艺区车间等区域应安装广播终端。

（12）支持全区广播、分区广播、定时广播、消防广播、喊话广播和室外防水功能，紧急广播应具备最高优先权限功能。

（13）系统应开放协议、接口，支持与安防综合管理平台等系统对接。

（14）部署即时通信系统，提供即时沟通、语音通信、视频通信和在线交流等功能。

三、物联感知平台建设

（一）信息采集系统

（1）位置信息采集系统应在戒毒所部署，人员区域管理应可靠区分楼层及建筑，并进行戒毒人员实时点名。

（2）生命体征信息采集系统应在戒毒所部署（可与位置信息采集为同一设备），运用生命体征监测设备，对包括心率、血压、体温在内的戒毒人员生命体征进行实时采集，可监测戒毒人员睡眠行为，为安防和戒治业务提供实时体征数据服务。

（3）戒毒所应部署运动康复信息采集系统，实现戒毒康复训练全过程的科学化、信息化和智能化。

（4）戒毒所可部署场所环境信息采集系统，实现场所内环境信息的自动化采集。

（5）设备状态传感采集系统可在戒毒所部署，将重要设施及报警开关量、电平量等状态信息进行采集。

（二）智能交互终端

智能交互终端集成身份识别、信息显示、触控交互、监听对讲、设备控制等功能。

（三）物联管控平台

（1）物联管控平台应集成信息采集系统、能耗管理监测系统和智能交互终端等。

（2）应能对各物联感知设备或系统集中控制，且统一接入指挥中心；提供资产信息采集、设备状态信息查询、设备消息上报、设备操作和对外服务等功能。

（3）应具有开放协议、接口，适应系统规模扩展、功能扩充、配套软件升级，并支持与安防综合管理平台、执法管理平台和大数据平台对接。

（4）物联管控平台可分类查询所接入的设备资产信息、当前运行状态信息，可查询设备种类列表和相应设备的操作列表，配置操作权限。

（5）物联管控平台宜采用可视化图表显示当前各类设备的运行概况。

（6）物联设备应按各自使用特点上报消息，消息应包括发生时间、上报时间、上报位置描述、上报事件类型，并可订阅设备实时信息。

（7）按照各种设备的操作能力，平台需要根据设备底层操作协议，定义各类动作。在平台中根据权限，可通过接口调用指定设备进行指定操作，操作结果应有日志记录。

四、综合应用及智慧应用建设

（一）统一门户

（1）统一门户应在省级戒毒管理局和戒毒所部署。

（2）基于浏览器为戒毒管理机构警察提供一站式信息和应用服务接入，实现用户一站式登录、工作桌面个性化定制、戒毒所业务一站式办理、数据信息一站式利用、任务协同和信息通信等功能。

（二）智能工作协同平台

（1）智能工作协同平台应在省级戒毒管理局和戒毒所部署。

（2）用于管理戒毒管理机构各级单位业务流程，建立标准化、精细化工作流程体系，实现戒毒警察、终端与软硬件系统智能联动。

（三）电子签名系统

（1）电子签名系统应在省级戒毒管理局部署。

（2）提供电子签章、数字签名，实现执法业务网络化、无纸化审批。

（四）执法管理平台

（1）所政管理系统应在省级戒毒管理局和戒毒所部署。用于对戒毒人员基本信息、法律文书档案进行管理维护，实现纸质档案数字化，汇聚戒治过程档案，形成全面综合的戒毒人员档案信息库。应按照分类、分级、分期管理的原则，实现收治、戒毒人员物品管理、调动、调遣、重点人员管控、通信、保护性约束措施、单独管理、探访、探视、亲情电话、脱逃、死亡和刑拘、逮捕、执行刑罚、提审问询、行为表现考核、单项奖惩、变更戒毒措施、所外就医、离所就医、人员外出、提前解除、延长强制隔离戒毒期限、到期解除强制隔离戒毒等所政管理业务的网络化、无纸化审批。

（2）教育矫正系统应在省级戒毒管理局和戒毒所部署。按照生理脱毒、教育适应、康复巩固、回归指导四期教育矫正工作要求，与戒治物联设施对接，实现入所教育、常规教育、个别教育、辅助教育、劳动教育和职业技能培训、社会帮教、回归社会教育、个性化矫正、文化建设等教育矫正业务的网络化、数字化管理，对教育设施设备、师资课程进行统一管理，对教研活动进行统一计划和执行管控。

（3）生活卫生系统应在省级戒毒管理局和戒毒所部署。实现戒毒人员大账收支、购物消费、伙食、被服、环境卫生等生活卫生事务的数字化、规范化管理，提供仓库、食堂、设施设备等辅助管理功能。

（4）生产劳动系统应在省级戒毒管理局和戒毒所部署。实现戒毒人员劳动岗位和技能、生产项目和计划、生产过程、劳动防护、劳动报酬、安全生产等生产劳动事务的数字化、规范化管理，提供生产仓库、设备和工具等辅助管理功能。

(5) 戒毒医疗系统应在省级戒毒管理局和戒毒所部署。实现戒毒医疗机构和医务人员、戒毒人员健康体检和健康档案及门（急）诊、巡诊等戒毒医疗业务的数字化、规范化管理，提供药房药库等辅助管理功能，建立远程医疗与会诊系统。

(6) 康复训练系统应在省级戒毒管理局和戒毒所部署。按照生理脱毒、教育适应、康复巩固、回归指导四期康复训练工作要求，实现戒毒人员肢体关节训练、身体恢复性训练、体能提升训练和测试、体能巩固训练等康复训练业务的数字化、规范化管理，对康复训练组织、计划、实施、考核和评估进行统一管理。

(7) 心理矫治系统应在省级戒毒管理局和戒毒所部署。建立戒毒人员心理健康档案，对戒毒人员从入所到出所各个阶段的心理教育，个案化心理矫治，团体心理辅导，心理（诊断）评估等心理矫治业务的数字化、规范化管理。

(8) 诊断评估系统应在省级戒毒管理局和戒毒所部署。从戒毒人员生理脱毒、身心康复、行为表现和社会环境与适应能力四个方面，建立诊断评估指标体系，汇聚计算各类业务和监测数据，对戒毒人员进行阶段性诊断评估和综合诊断评估。

(9) 警务人事系统应在省级戒毒管理局和戒毒所部署。戒毒警察的信息档案、职务级别变动、警衔变动、岗位流动、奖励表彰和惩戒、教育培训进修、专业技术、绩效考核、薪酬福利、伤残死亡、出国、离退休等业务统一管理。对从事戒毒工作人员的信息档案、劳动合同、岗位变动、专业技术、培训进修、奖惩、人事调动、薪酬福利、退休（离职）等业务进行统一管理。对戒毒机构（单位）的信息档案、编制、职能、群团组织、领导班子、奖惩等业务进行统一管理。

（五）安防平台和指挥平台建设

(1) 安防综合管理平台应部署在省级戒毒管理局指挥中心、戒毒所指挥中心和分控室。

(2) 应集成视频监控系统、报警系统、出入口管理系统、巡查系统、管控系统、通信系统等各安防子系统，应能对各安防子系统集中控制，且统一接入指挥中心。

(3) 应集成各类监控设备、指挥中心显示设备、存储设备，具有实时视频预览、录像回放、显示墙管理、报警上屏、录像下载等功能。

(4) 应集成智能分析设备和各类报警系统，自动接收探测器报警信号，自动弹出报警区域监控画面和进行语音提示，且应具备转发报警信息、手动复位报警等功能。

(5) 应具有与上级机关平台互联互通功能，实现视频、报警、门禁、对讲等各类信息的上传和上级机关命令的接收执行。

(6) 应具有设置各类安防子系统联动功能，联动信息根据管理职能应能分层分级推送。

（7）应具备数据可视化展示、日志查询、统计和图表分析、查询管理、数据导出备份、报表打印等功能。

（8）应具有开放协议、接口，支持与物联管控平台、执法管理平台、大数据平台对接。

（9）多级警戒联动管控平台宜在省级戒毒管理局和戒毒所部署，融合安防系统和业务系统等功能，实现指挥中心、分控中心、管控点联动管控和全程监督、统一调度，实现戒毒所日常工作流程化管理。

（10）应部署在省级戒毒管理局和戒毒所指挥中心。

（11）宜集成宿舍对讲系统、数字广播系统等通信调度系统，实现音频调度、视频调度、关联资源调度。

（12）应具有突发情况下事件信息的收集、显示、上报、应急预案、预案演练、应急资源、知识库、值班管理、数据可视化、决策分析、视频执法督察等功能。

（13）应基于GIS等地图，支持关联信息联动显示，能够实时查看警力等应急资源部署。

（14）具有应急指挥、执法巡查、分析研判和执勤值守等功能。

（15）部署安防综合管理平台和应急指挥平台。

（六）大数据平台建设

（1）智能分析研判系统宜在省级戒毒管理局和戒毒所部署。汇集安防监测和执法管理数据，结合人员动态分布，对戒毒所内报警信号进行智能分级和分析研判。

（2）戒毒人员危险性分析系统宜在省级戒毒管理局和戒毒所部署。汇集戒毒人员档案信息、行为表现、康复训练、生命体征、心理情绪等数据，形成戒毒人员画像指标体系，建立戒毒人员危险性分析模型，结合警察判断，对戒毒人员突发危疾重症及实施自杀、自伤、自残、脱逃等行为的可能性进行分析。

（3）戒治效能分析评估系统可在省级戒毒管理局和戒毒所部署。结合戒毒人员画像、心理评测和诊断评估等数据，建立戒治效能评估模型，结合警察判断，对戒毒人员戒治状态进行综合评估，对戒治措施的针对性、有效性进行评价。

（4）所情安全态势研判系统宜在省级戒毒管理局和戒毒所部署。汇聚戒毒执法管理和安防应急业务执行状态监控、设施设备运行状态监测数据，建立安全态势评估模型，评估戒毒所管理状态、预测发展趋势，对异常态势进行预警。

（5）安全风险动态预警系统可在省级戒毒管理局和戒毒所部署。汇聚安防监测和执法管理动态数据，结合戒毒人员危险性分析、所情态势研判、人员动态分布，对戒毒所各区域发生安全事故的风险概率进行分类评估，及时预警并推荐干预措施。

（七）社会延伸平台建设

社会延伸平台应在省级戒毒管理局部署。实现戒毒人员后续照管、戒毒指导、回归回访、健康跟踪、心理辅导等功能。

（八）其他系统

（1）应在戒毒所部署探访系统，实现对探访对话进行同步监控、音频流实时存储和（或）转发功能。

（2）应在戒毒所部署远程视频探访系统。实现家属异地与戒毒人员探访、探访音视频同步监控、音视频流实时存储和转发功能。

（3）应在戒毒所部署亲情电话系统。实现实时监听戒毒人员亲情电话录音、中断/恢复电话、电话音频流实时存储和（或）转发功能。

（4）应在戒毒所部署一卡通系统。实现执法、戒治活动中数据自动采集服务功能。

（5）应在戒毒所部署所务公开系统。提供通知信息、所务公开信息、戒治信息自助查询和网上超市等自助服务功能。

（6）应在戒毒所部署多媒体教育系统。实现教学课件和节目资源共享利用，开展戒毒人员教育、测评和考试。

（7）宜在戒毒所部署 VR/AR 教育系统。实现对戒毒人员进行思想、文化教育、技能培训、社会适应力训练和戒治等功能。

（8）可在戒毒所部署谈话室系统。实现实时采集戒毒人员谈话录音、录像数据功能。并可基于语音识别、语音分析、微表情分析等智能系统提取戒毒人员谈话过程中的敏感词、情绪变化，对谈话内容进行转录。

（9）可在戒毒所部署智能语音分析系统。将戒毒所探访、亲情电话、个别谈话等录音进行文字转录，为警察提供语音系统控制和语音数据录入功能。分析甄别戒毒所探访、亲情电话、个别谈话、监听录音的对话结构、敏感词和对话者情绪，识别对话者身份，提取声场中发生的异常事件内容。

（10）其他能展现智慧戒毒建设的特色应用。

第八节　社区矫正信息化建设内容

一、规划制度建设及落实

（1）贯彻司法部《社区矫正信息化建设实施意见》，省级社区矫正管理局按实际情况确立明确的智慧社矫建设目标，制定体系完整的智慧社矫建设规划。

（2）制定智慧社矫建设项目设计、施工、验收制度。

（3）建立项目建设、管理及应用情况督导检查，建立评价考核结果和预算安排机制。

（4）建立健全安全保密管理制度和运维制度，加强网络和信息安全，建立重要数据和系统异地灾备。

（5）按照规定与智慧社矫承建单位全部签订保密协议。

（6）智慧社矫的数据收集、存储和传输全过程安全保密、自主可控，不存在受制于承建单位的情况。

（7）社矫局确立专门的智慧社矫建设领导小组。

（8）社矫局设有专门的信息化工作机构。

（9）信息化工作机构应明确专门编制，配齐专门和专业人才，明确岗位职责，专职服务并统筹协调实施智慧社矫建设工作。

（10）建立信息化工作人员分级分类培训工作机制。

（11）建立局、所两级信息化人才库。

（12）建立智慧司法科研基地，在社矫执法、执勤、管理等方面开展科技装备、业务软件、管控方式方法的科学研究。

（13）开展管控技术研究中心建设，着重于智能管控装备、执法保障装备等重点设备的研发。

（14）开展社矫系统大数据重点实验室建设，对智慧社矫全过程数据进行分析，构建数字画像、执法、执勤、管控等业务分析模型。

（15）开展智慧社矫研究中心建设，在实践中检验各项科研成果、装备、业务模型实用性。

（16）建立智能执法执勤、管控技术方法、公益劳动与教育等智慧社矫建设成果的应用示范机制。

二、基础设施建设

（1）核心网络设备关键部件（如主控板、电源等）采用冗余备份，支持 VPN 功能。

（2）核心节点设备应支持 SDN、QoS、CLOS 多级多平面交换架构等特性，支持 IPv6 技术。

（3）骨干传输线缆应采用光纤铺设，考虑冗余并采取可靠的防护措施。

（4）社矫中心、司法所主干网布线标准不应低于超五类。

（5）基于公共移动通信网络或专用无线数字通信网络部署集群通信网，用于对社区服刑人员活动范围和轨迹进行管控。

（6）配备互联网，为社区矫正管理机构干部职工提供互联网访问。

（7）司法局（所）设置社区矫正宣告室（含录播设备）、心理咨询室（含心理咨询软件、设备）、教室（含媒体教学、监控、远程教学、视频会议设备设施）、签到区（含指纹、人脸、刷卡、声纹识别等）。

（8）网络中心或数据中心有可支撑 30 分钟以上续航能力的 UPS 后备电源。

（9）在省级社区矫正管理局部署应用中间件，为多层应用架构提供应用逻辑组件容器、数据库连接池管理等多种中间层服务体系。

（10）在省级社区矫正管理局部署资源集成管理和物联中间件，实现资源统一管理、功能集成联动和数据统一汇聚。

（11）建立社区服刑人员信息、职工信息、社矫中心（司法所）机构信息、地理信息基础资源库；建立管控信息、证据信息、监察检察信息、教育资源、社矫案例、知识库等信息资源，收集、存储社区矫正全过程产生的数据。

（12）部署数据基础服务系统，基于数据信息，建立统一信息资源目录，整合数据信息建立全文索引，提供关键字内容检索、数据查询、统计分析和电子报表等综合数据应用服务。

（13）部署数据交换平台，提供系统间数据抽取、汇聚、清洗、装载等支撑服务，统一监控和管理数据交换过程。

（14）部署数据转发平台，提供音视频流数据采集、格式转换、结构化、数据转发等服务，对流数据转发进行统一监控和管理。

（15）各类管控、物联和指挥等设施设备系统，应提供系统全部功能调用和数据交换接口。

（16）实现与政法委、公安、检察院、法院等单位之间的横向数据交换和应用协同管理。

（17）具备指挥区、会议区、控制室、设备间等区域（部分区域可共用）。

（18）配备大屏显示系统，支持多路信息输入，可整屏和多路分屏显示，支持各种制式的视频图像和不同分辨率的信号。

（19）通信功能实现实时可视化调度和多种通联方式，可以单路、多路群组呼叫。

（20）配备视频点名系统、拾音及扩声系统、视频及电话会议系统、照明系统、日常办公设备、供配电系统、防雷接地系统、消防装备、空调及新风系统。

（21）部署二维矢量地图系统，结合所在区域地理数据，建立本级社区矫正辖区高精度二维矢量地图。

（22）建立本级社区矫正辖区高精度三维仿真模型，通过3D显示或VR/AR或体感控制技术等，可在社矫局部署三维场所仿真系统，提供社区矫正中心或劳动区域周边地形地貌、交通道路、各类资源位置结构、重要信息和情报等信息的虚拟展示，可快速设防半径1千米、5千米、10千米虚拟电子围栏周界，快速进行人员管控监测和指挥调度。

（23）宜部署地理信息服务系统，支持地图基本操作、地图显示查询、空间分析、定位、实时视频、点名定位、远程视频巡检等功能。

（24）系统应能独立运行，并能与视频监控系统或城市监控系统等联动。

（25）系统应开放协议、接口，支持与公安监管平台等系统对接。

三、安全防范体系建设

（1）视频监控系统的设计应根据司法局、社区矫正中心、劳动区域现场环境确定摄像机的安装位置、数量和选型，实现多角度、多摄像机视频监控，清晰显示人员行为、车辆特征，达到全域覆盖、无监控盲区或与当地城市监控对接，可在交通路口和重点场所看到社区服刑人员活动轨迹。

（2）摄像机分辨率应不小于200万像素，大场景区域的全景摄像机分辨率应不小于500万像素，摄像机宜支持外部音频采集设备接入。

（3）社区矫正中心、宣告室、劳动区域内视频实现应传尽传。

（4）一般部位视频存储时间应为30天，重要节点（入矫宣告、重大活动、重要教学、解矫宣告）视频随社区服刑人员档案一并长期存储保留。

（5）视频资源编码和图像命名应符合《司法行政视频监控联网编码规则及视频图像命名规范（试运行）》的规定。

（6）执行监管任务的社区矫正工作人员应配备单兵执法音视频记录仪（或实现相应功能的执法通、警务通），执行车辆应配置广角摄像机。

（7）移动执法终端所采用的移动网络应采取符合国家相关安全规范的安全设备或技术防护。

（8）社区矫正工作人员外勤管控系统应支持多路视频同时接入，实时将现场视频传输到指挥中心，并进行本地存储。

（9）社区矫正工作人员外勤管控系统应整合地理信息系统，提供任务管理、定位管理等功能。

（10）指挥调度系统应提供多种调度应用，将各社矫局（中心）的音视频数据进行统一集成和调度管理。

（11）指挥调度系统应在GIS等地图上展示视频监控、广播、对讲等设备的点位信息，支持地图上点击呼叫与视频监控查看等联动功能，支持地图上显示告警功能。

（12）指挥调度系统宜支持多场景智能呈现，调度界面多场景同步显示到大屏。宜支持图像分割显示和多种自定义布局模式功能。

（13）指挥调度系统应开放协议、接口，支持与社区矫正综合管理平台对接。

（14）建设移动指挥调度系统。

（15）移动执法终端宜支持一键报警、普法宣传推送、移动执法取证、对讲、短消息等功能。

（16）移动执法后台具有单点登录、消息推送、白名单管理、用户管理、设备管理、应用程序管理、安全管理等功能。

（17）部署即时通信系统，提供即时沟通、语音通信、视频通信和在线交流等功能。

四、物联感知平台建设

（1）精准定位，可采用GIS、移动蜂窝基站、北斗、Wi-Fi、RFID、ZigBee等一种或多种方式实现水平位置不大于15米的定位。

（2）防止定位装置人机分离，可通过定位装置的视频、图片、生命特征（脉搏、心率、血压、体温、血流信号、运动状态参数等）、自动语音呼叫等功能相互印证，确保定位装置人机关联。

（3）定位设备可以是专用定位仪、手机、手环、脚环或其他可携带或佩戴装置。定位装置要求防止人机分离，定位精度达到15米以内。

（4）人体植入式定位装置需符合法律法规规定并争得被植入人同意后方可进行。

（5）司法局、社区矫正中心可部署场所环境信息采集系统，实现场所内环境信息的自动化采集。

（6）设备状态传感采集系统可在司法局、社区矫正中心部署，将重要设施及报警开关量、电平量等状态信息进行采集。

（7）自助智能交互终端集成身份识别、信息显示、触控交互、设备控制、视频、语音、指纹、身份证识别、人脸识别、打印、扫描、定位等功能。

（8）应能对各物联感知设备或系统集中控制，且统一接入指挥中心；提供资产信息采集、设备状态信息查询、设备消息上报、设备操作和对外服务等功能。

（9）应具有开放协议、接口，适应系统规模扩展、功能扩充、配套软件升级，并支持与社区矫正综合管理平台、执法管理平台和大数据平台对接。

（10）物联管控平台可分类查询所接入的设备资产信息、当前运行状态信息，可查询设备种类列表和相应设备的操作列表，配置操作权限。

（11）物联管控平台宜采用可视化图表显示当前各类设备的运行概况。

（12）物联设备应按各自使用特点上报消息。消息应包括发生时间、上报时间、上报位置描述、上报事件类型，并可订阅设备实时信息。

（13）按照各种设备的操作能力，平台需要根据设备底层操作协议定义各类动作，在平台中根据权限，可通过接口调用指定设备进行指定操作。操作结果应有日志记录。

（14）执法记录仪可佩戴在社区矫正工作人员服装上，支持录音、录像、4G/5G回传、一键报警、长时间续航。

（15）专用执法终端设备或基于智能手机开发的移动执法终端，支持扫描、定位、语音识别、人脸识别、指纹识别、录音、录像、联网上传、视频回传、鉴权使用等功能。

（16）移动指挥车具有无线通信能力、电源续航能力，可与指挥中心对接，实现高清视频、音频实时回传，可进行社区矫正全业务办理。

五、社矫管理及智慧应用建设

（1）统一门户层应在省级社区矫正管理局部署。

（2）基于浏览器为社区矫正管理机构人员提供一站式信息和应用服务接入，实现用户一站式登录、工作桌面个性化定制、社区矫正中心业务一站式办理、数据信息一站式利用、任务协同和信息通信等功能。

（3）智能工作协同平台应在省、市、县三级社矫局部署。

（4）用于管理社区矫正机构各级单位业务流程，建立标准化、精细化工作流程体系，实现社区矫正工作人员、终端与软硬件系统智能联动。

（5）电子签名系统应在省级社区矫正管理局部署。

（6）提供电子签章、数字签名，实现执法业务网络化、无纸化审批。

（7）通过电子公文交换接收来自委托单位的调查评估文书。

（8）在本软件系统内或转入 OA 系统，分配任务到人，开展调查。

（9）任务接收人上传调查资料、证明等佐证材料，做出评估意见，报主管领导审批。

（10）通过电子公文交换移送调查评估结论文书给委托机关。

（11）通过电子公文交换接收来自法院的入矫文书及案卷。

（12）通过电子公文交换接收来自监狱的入矫人员案卷。

（13）通过电子公文交换接收来自公安的入矫人员案卷。

（14）服刑人员报到，进行人员身份确认和信息录入，如果法院、监狱、公安有相关电子档案，可直接导入进行现场核对，联网核对身份证及人脸识别。

（15）与公安的出入境系统对接，报送出境限制信息。

（16）登记建档，对服刑人员进行人证合一验证后，采集入矫档案中要求的各项数据，需要核对验证的要进行核对验证。

（17）入矫宣告在专有宣告室进行，宣告室的录播系统可录制、点播、回放、实时上传，并归档到服刑人员个人电子档案中。

（18）对社区服刑人员进行应知应会教育，包括法律规定、活动范围、禁止出境、社矫纪律、教育要求、劳动要求、报告制度，可同步录音录像保存，也可以签字扫描、手写电子签名、指纹验证等方式记录服刑人员签收凭证，列入个人电子档案。

（19）针对每个社区服刑人员制订社区矫正计划，可同步录音录像保存，也可以签字扫描、手写电子签名、指纹验证等方式记录服刑人员签收凭证，列入个人电子档案。

（20）采用成熟的风险评估系统对社区服刑人员进行风险评估，确定对应管理级别。在矫正期进行多次评估，多次评估可周期性提醒或由奖惩系统触发进行，评估样表和结论列入个人电子档案。

（21）采用电子定位装置进行精准定位，定位装置可以是手机、手环、脚环或其他可携带或佩戴装置，定位装置要求防止人机分离，定位精度达到 15 米以内。

（22）采用虚拟电子围栏，划定社区服刑人员活动范围，越界报警，可根据外出申请审批情况自动调整围栏范围和围栏有效性。

（23）社区服刑人员按社区矫正规定和要求进行签到、报告，签到、报告与定位装置联动印证，按实际情况进行现场、远程、自助、无感知签到、报告。可采取以下一种或几种，现场指纹、刷脸，纸质报告并扫描，远程视频，在就近的自助服务机指纹、刷脸、签到和提交心得报告，在就近或固定的视频监控区域活动进行人脸识别与定位装置相互印证。

（24）信息化签到、报告后，要求有信息反馈给签到人。可以是短信、微信或自助查询结果。

（25）对没按要求进行签到、报告的社区服刑人员，进行统计、预警，先预警给社区服刑人员。在规定时间内仍没有签到、报告的，提醒给社区矫正对应工作人员。

（26）对社区矫正工作人员和社区服刑人员同步提醒走访活动准备，走访系统可在移动端实现同步录音上传、语音转写、定位信息、拍照上传等功能。

（27）对社区矫正工作人员有周期性信息核查提醒，可记录核查和变更信息。

（28）会客审批可通过远程、自助、现场提交等方式提交申请，审批结果通过纸质、微信、短信反馈，列入个人电子档案存储。

（29）居住变更审批可通过远程、自助、现场提交等方式提交申请，审批结果通过纸质、电子文档、微信、短信反馈，列入个人电子档案存储。

（30）对于转出现社区矫正辖区的，按转出要求进行档案和电子档案转移，系统自动生成转出报告进行OA审批，提醒转入辖区进行OA审批。同步定位系统的电子围栏进入双辖区互通模式。

（31）特定场所进入申请可通过远程、自助、现场提交等方式，审批结果通过纸质、电子文档、微信、短信反馈，列入个人电子档案存储。同步定位系统的电子围栏进入双辖区互通模式。

（32）社区矫正工作人员对保外就医对象进行病情复核，采用人工复核并在系统中记录，也可与医疗卫生机构对接，调用存储病历进行复核。

（33）离开居住地审批可通过远程、自助、现场提交等方式提交申请，审批结果通过纸质、电子文档、微信、短信反馈，列入个人电子档案存储。同步定位系统的电子围栏进入双辖区互通模式。

（34）与公安的住宿管理系统对接，核对离开居住地后的居住信息。

（35）与火车、飞机购票系统对接，核对离开居住地后的购票信息。

（36）与公共出入境系统对接。

（37）禁止令执行。

（38）考核奖励，奖励包括表扬和立功，将轨迹资料电子化，呈报法院减刑。

（39）考核惩罚，惩罚包括警告、治安管理处罚、强制隔离戒毒，提请撤销缓刑、假释、暂予监外执行、收监执行。

（40）应急处理，死亡、重新犯罪、漏罪、余罪，按批准（决定）机关，通报检察机关，矫正终（中）止。

（41）集中教育管理，可实现教育计划、组织、实施、记录、录音、录像、拍照、通知、考核。集中教育的轨迹资料归入个人档案。

（42）个别教育管理，可实现教育计划、组织、实施、记录、录音、录像、拍照、评估。个别教育的轨迹资料归入个人档案。

（43）心理矫正管理，可实现心理矫正预约、案例记录、量表测评、记录、录音、录像、拍照。心理矫正的轨迹资料归入个人档案。

（44）社区服务管理，公益劳动计划、组织、实施、记录、录音、录像、拍照、签到，服务对象可评价。社区服务轨迹资料归入个人档案。

（45）社会保障管理。

（46）技能培训管理，对社区服刑人员和安置帮教人员进行回归社会的技能培训，对培训项目、内容、考核进行记录。技能培训记录归入个人电子档案。

（47）就业创业指导管理，对社区服刑人员和安置帮教人员进行回归社会的就业创业指导帮扶，对就业创业指导活动有计划、有组织、有实施、有效果，指导记录归入个人电子档案。

（48）矫正期满提前预警，组织宣告，录音录像，归入个人电子档案，生成完整档案。档案刻盘或导出至备份存储中心，电子公文交换到相关单位。

（49）暂予监外执行且刑满提前预警，组织宣告，录音录像，归入个人电子档案，生成完整档案，档案刻盘或导出至备份存储中心，电子公文交换到相关单位。

（50）信息采集接收监狱通过电子公文交换来的刑满释放人员信息。

（51）安置帮教衔接管理对刑满释放人员委派专人从监狱接回进行派单、管理、记录、上传佐证。

（52）按各地日常工作管理要求，进行培训、就业指导、签到，对接培训管理和就业创业指导模块。

（53）对社区矫正杂志征稿、投稿、出版、发行实施管理。

（54）对安置帮教对象信息实施管理，对接公安、民政、卫生、人社、就业等部门，形成安置帮教对象基本情况的电子画像。

（55）对所有安置帮教对象、工作人员、培训、就业创业典型案例情况进行报表统计。

（56）重大活动、敏感期、重点人的专项治理有计划、有实施、有管控、有记录。

（57）对社区服刑人员基本信息、法律文书档案进行管理维护，实现纸质档案数字化，汇聚社矫过程档案，形成全面综合的社区服刑人员档案信息库。

（58）应按照分类、分级、分期管理的原则，实现入矫、管控、调动、调遣、重点人员管控、通信、保护性约束措施、单独管理、探访、探视、脱逃、死亡和刑拘、逮捕、执行刑罚、问询、行为表现考核、单项奖惩、变更管控措施、就医、人员外出、提前解矫、到期解矫等管理业务的网络化、无纸化审批。

（59）教育矫正系统应在省级社区矫正管理局部署。

（60）心理矫正系统应在社矫局和社矫中心部署。

（61）建立社区服刑人员心理健康档案，对服刑人员从入矫到解矫各个阶段的心理教育、个案化心理矫治、团体心理辅导、心理（诊断）评估等心理矫治业务进行数字化、规范化管理。

（62）社矫工作人员人事系统应在社矫局和社矫中心部署。

（63）对社矫工作人员的信息档案、职务级别变动、岗位流动、奖励表彰和惩戒、教育培训进修、专业技术、绩效考核、薪酬福利、伤残死亡、出国、离退休等业务进行统一管理。

（64）对社矫工作志愿者和购买服务人员的信息档案、劳动合同、岗位变动、专业技术、培训进修、奖惩、人员调动、薪酬福利、退休（离职）等业务进行统一管理。

（65）对社矫机构（单位）的信息档案、编制、职能、群团组织、领导班子、奖惩等业务进行统一管理。

（66）管控综合管理平台应部署在社矫局指挥中心、社矫中心指挥中心。

（67）应集成视频监控系统、报警系统、公安联动管理系统、巡查系统、管控系统、通信系统等子系统，应能对各子系统集中控制，且统一接入指挥中心。

（68）应集成各类监控设备、指挥中心显示设备、存储设备，具有实时视频预览、录像回放、显示墙管理、报警上屏、录像下载等功能。

（69）应集成智能分析设备和各类报警系统，自动接收探测器报警信号、越界信号、异常出行信号，自动弹出报警区域监控画面和进行语音提示，且应具备转发报警信息、手动复位报警等功能。

（70）应具有与上级机关平台互联互通功能，实现视频、报警、对讲等各类信息的上传和上级机关命令的接收、执行。

（71）应具有设置各类管控子系统联动功能，联动信息根据管理职能应能分层分级推送。

（72）应具备数据可视化展示、日志查询、统计和图表分析、查询管理、数据导出备份、报表打印等功能。

（73）应具有开放协议、接口，支持与物联管控平台、执法管理平台、大数据平台对接。

（74）应具有突发情况下事件信息的收集、显示、上报、应急预案、预案演练、应急资源、知识库、值班管理、数据可视化、决策分析、视频执法督察等功能。

（75）应基于GIS等地图，支持关联信息联动显示，能够实时查看管控区域社矫工作人员、社矫中心、公安等应急资源部署。

（76）具有应急指挥、执法巡查、分析研判和执勤值守等功能。

（77）部署管控综合管理平台和应急指挥平台。

（78）智能分析研判系统宜在各级社矫局和社矫中心部署。汇集管控监测和执法管理数据，结合人员动态分布，对社矫局或社矫中心辖区内报警信号进行智能分级和分析研判。

（79）社区服刑人员数字画像分析系统宜在社矫局和社矫中心部署。汇集社区服刑人员档案信息、行为表现、劳动、教育、活动轨迹、心理情绪等数据，形成社区服刑人员画像指标体系，建立社区服刑人员危险性分析模型，结合公安、社区相关信息判断，对社区服刑人员可能的突发事件的行为进行预判分析。

（80）社区矫正效能分析评估系统可在社矫局和社矫中心部署。结合社区服刑人员画像、心理评测和诊断评估等数据，建立社矫改造效能评估模型，结合社矫业务实际数据判断，对社区服刑人员矫治效果进行综合评估，对矫治措施的针对性、有效性进行评价。

（81）安全风险动态预警系统可在社矫局和社矫中心部署。汇聚管控监测和执法管理动态数据，结合社区服刑人员危险性分析、态势研判、人员动态分布，对社矫局所辖各区域发生安全事故的风险概率进行分类评估，及时预警并推荐干预措施。

（82）应在社矫中心部署教育谈话系统，实现对社区服刑人员谈话对话进行同步监控、录音、录像数据功能，并可基于语音识别、语音分析、微表情分析等智能系统，提取戒毒人员谈话过程中的敏感词、情绪变化，对谈话内容进行转录，提供数据流实时存储和（或）转发功能。

（83）应在社矫中心部署远程视频谈话系统。实现社矫工作人员与服刑人员远程视频探访、探访音视频同步监控、音视频流实时存储和转发功能。

（84）应在社矫中心（或社矫工作人员手机端）部署探访（可视）电话系统，提供（可视）电话音（视）频同步监控、音视频流实时存储和转发功能。

（85）应在社矫局部署政务公开系统。提供通知信息、政务公开信息、社矫信息自助查询等自助服务功能。

（86）应在社矫局或社矫中心部署多媒体教育系统。实现教学课件和节目资源共享利用，开展社区服刑人员教育、测评和考试。

（87）宜在社矫局或社矫中心部署 VR/AR 教育系统。实现对社区服刑人员进行思想教育、文化教育、法制教育、技能培训、社会适应力训练和矫治等功能。

（88）其他能展现智慧社矫建设的特色应用。

（89）选用 App、微信、钉钉等方式在移动执法终端实现社矫管理及智慧应用中各项功能。

（90）选用 App、微信、钉钉等方式为社区服刑人员开发、实现定位、视频通话、声纹识别、人脸识别、指纹识别、各类申请、心得、思想汇报、报告上传、消息接收等功能。

六、安全与运维保障

（1）建立社矫局综合运维系统，实现对云服务平台、大数据平台、智慧管控、业务软件、基础设施和安全防范设施的全方位监测、运维保障；实现对所有接入设施设备和服务信息系统的运行状态和故障描述、修复日志，并形成运维分析和研判服务应用。

（2）建立网络安全监控系统，实现对攻击入侵、病毒、木马的实时监测，并以可视化方式展现。

（3）建立运维管理制度并按管理制度开发适合 PC 和移动运维的软件和 App，进行日常巡检和巡检记录（含二维码识别和拍照上传）。

（4）建立应急预案和演练。

（5）建立运维综合管理交互平台，实现用户在线报修、服务进程跟踪、检修反馈、数据化报表等功能。

（6）建立运维中心和全省统一运维热线。

（7）对各级各类用户和信息化专业人员进行培训。

第十四章　司法数据资源开发

司法行政系统信息化以司法云为基础，承载司法行政业务所有软件应用和业务数据，在云化环境下提供所有应用软件所需的操作系统、数据库系统等软件环境，计算资源、存储资源等硬件环境，交换机、路由器等网络环境，行为审计、防火墙、访问控制等安全环境，设备监控、软件监测等运维环境。通过统一汇聚、融合、加工、分析云上业务应用的数据，形成数据资源平台，构建大数据中心。

第一节　大数据服务支撑平台

一、总体架构

在司法行政各类日常工作中，会产生海量的结构化及非结构化数据，基于这些海量数据的融合与存储、大规模计算及大数据计算模型，打破部门壁垒，整合司法行政内部数据、其他政府机构数据、互联网数据等，构建满足大数据信息资源服务体系，面向司法行政业务应用，信息深度共享、业务高效协同的大数据服务支撑平台，融合数据资源价值，为分析、研判、决策等司法行政业务应用开展提供统一的数据共享及协同能力。

大数据服务支撑平台由司法云大数据中心提供高性能分布式计算资源池，可适应不断增长的大数据环境下的应用要求，为司法云大数据中心提供海量大数据存储管理服务和大数据综合分析服务。这些服务通过云数据服务引擎封装整合在一起，并向上提供开发接口，为"司法云"体系构建一个安全的海量计算与存储资源的大数据服务支撑平台，方便前端应用。大数据服务支撑平台总体架构图如图 14-1 所示。

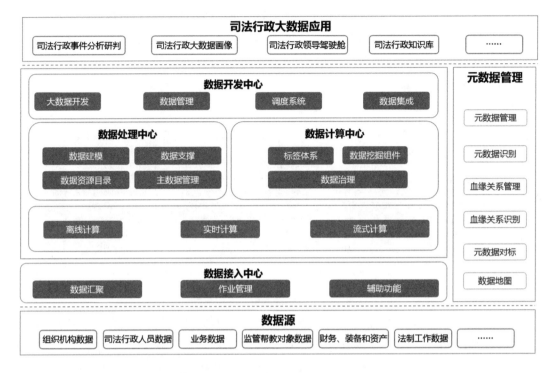

图 14-1 大数据服务支撑平台总体架构图

利用大数据和云存储技术，实现各类结构化、非结构化数据的集中存储和管理，具备完备的大数据计算模型，构建信息深度共享、业务高效协同的大数据信息资源服务体系，满足信息共享的需要；同时，满足数据的高可靠性、高可用性、高并发性和按需扩展能力的需求，实现信息资源的池化以及统一管理，打造安全可靠的云平台环境，确保数据、应用安全。

在数据处理层面，支持离线计算引擎、实时 OLAP（联机分析处理）计算引擎与流式计算引擎；在数据中心层面，支持多租户数据管理与数据安全交换体系，对外开放完整的 SDK（软件开发工具包）及 API（应用程序编程接口），满足定制化需求；在数据应用层面，支持数据开发工具、基础数据应用及业务数据应用，涵盖从数据采集、数据开发、数据挖掘、数据可视化到业务数据应用的全闭环数据处理流程。

二、数据接入服务

（一）总体架构

由于涉及部门及业务系统众多，司法行政数据呈现多源、异构的特点。司法云大数据中心需要将司法行政各部门和来自互联网和电子政务外网的结构化和非结构化数据进行统一的汇聚接入，从而为大数据中心提供原始数据支撑。

数据接入中心（图14-2）需要具备数据接入类型多样、数据接入方式灵活、数据接入性能强劲的特点。可针对不同的接入需求提供相应的接入方式；可接入结构化、半结构化、非结构化数据，可提供全量或增量的数据接入方式，并对影响数据质量的异常数据进行集中管理。

图14-2 数据接入中心架构图

数据接入中心本身作为数据同步接入工具，将不同数据源同步抽象为从源头数据源读取数据的读插件，以及向目标端写入数据的写插件，读和写分布在不同的服务节点上，将读操作和写操作分离，通过MQ（消息队列）进行读插件和写插件之间的数据传输，从而保证数据的吞吐量。

（二）业务需求

司法云大数据中心需要接入司法行政所有业务系统数据和从互联网采集的相关数据。具体接入内容如下。

对司法行政业务系统的所有数据进行采集、融合，它相当于在关系数据库和司法云大数据中心之间实现数据交换和同步。

司法行政业务系统如表14-1所示。

表14-1 司法行政业务系统

序号	类别	系统
1	依法治国（省）管理平台	立法管理系统
2		备案审查管理系统
3		执法监督系统
4		行政应诉、复议系统
5		法制研究中心管理系统
6		法治督查管理系统
7		法治调研管理系统

续表

序号	类别	系统
8	司法行政业务管理体系	法制教育综合管理体系
9		法治宣传综合管理系统
10		律师综合管理系统
11		公证综合管理系统
12		法律援助管理系统
13		基层法律服务管理系统
14		人民调解综合管理系统
15		司法所综合管理系统
16		国家统一法律职业资格制度综合管理系统
17		司法鉴定综合管理系统
18		政务服务与行政审批综合管理系统
19		队伍建设管理系统
20		人民监督员选任信息管理系统
21		司法行政信息分析平台
22		远程可视通信系统
23	司法行政管理体系	OA系统
24		协同办公系统
25		系统应用电子监察
26		文件同步私有云
27	司法行政服务为民平台	司法行政机关门户网站
28		司法行政机关政务公开系统
29		司法行政智慧为民系统
30		个人法律助理（智慧型）平台
31		公共法律服务热线系统

（三）互联网数据采集

随着互联网的飞速发展，网络媒体已被公认为继报纸、广播、电视之后的"第四媒体"。由于网络媒体与传统媒体在传播载体和传播方式上的不同，媒体信息的正确性及传播范围都无法得到有效的控制，将导致网络舆论、热点、焦点层出不穷，迅速形成网络舆情，对社会产生巨大影响。在网络媒体中，任何人都可以在论坛、留言板、自媒体或者自建站点等各种各样的信息载体上发布言论和观点，而且发布者往往不考虑发布言论的真实性以及带来的社会影响。尤其是我国互联网发展迅速，网民尚未完全成熟，网络监管不够全面，相关法律不够健全，因此在网络上容易出现庸俗、灰色、暴力、虚假言论。网络舆论已经成为社会舆论的一种重要表现形式。

司法云大数据中心需要结合司法行政需求，可根据关键字段，在互联网端进行有针对性的采集及分析，从而为司法云大数据中心奠定数据基础，作为司法行政业务数据的有效补充。

在互联网数据采集过程中，各个数据处理模块相互独立，模块之间自由组合。用户可以根据数据处理的需要，设计个性化的数据处理流程。采集网站包括新闻、论坛、微博、微信等站点，采集模块允许用户任意定义目标收集网站，实现实时信息采集，以及信息的自动分类、去重、标引、入库和发布。

（四）功能设计

1. 任务调度

支持设置数据汇聚任务，配置相应的调度策略。司法云大数据中心数据量庞大、数据类型多样、数据业务复杂，数据处理任务也非常多，数据处理环节和流程周期长，需要支持高并发、多周期、多种数据处理环节的统一数据任务调度机制，按照策略进行数据任务调度。

司法云大数据中心支持统一的生产作业调度系统，用户可自主管理作业部署、作业优先级以及生产监控运维。如果用户间有数据交换，那么彼此的作业可形成依赖。平台提供数据监控运维和统计功能，主要包括：任务运行情况监控和告警，异常告警，分布式平台存储，计算资源统计，运行任务统计，大数据业务使用量统计，可查看表级、字段级的血缘依赖关系，追溯数据的加工链路源以及下游应用情况。

2. 数据采集

互联网数据采集需要采集与司法行政系统相关的数据，可结合司法行政业务需求，通过关键字设置或者其他方式，有针对性地进行数据采集，然后进行分拣和二次加工，实现互联网数据价值与利益更大化、更专业化的目的。

需要支持网络信息的自动采集、自动过滤、自动分类、自动排重、自动入库、发布管理、信息检索的完整功能，可以按照用户需求设置采集网站，定制分类模板，建立本地数据库。将信息采集与内容自动过滤、HTML格式转换、内码自动转换、自动分类等功能有机集成在一起，实现信息采集和加工的一体化过程，并且整个过程对用户透明。

数据采集工具需要支持配置多线程实时监测和采集目标的内容，对采集到的信息进行过滤和自动分类处理，最终将最新内容及时发布出来，实现统一的信息导航功能，或者将采集过来的信息送入平台系统。

1) 采集范围

数据采集工具需要内置大量影响程度大、传播面广、人群参与度高的网站，广泛、深入、全面地采集本地区司法行政系统矛盾纠纷事件相关信息。主要包括：

(1) 本地各类网站；

(2) 全国各个热门重点网站中的重点板块；

(3) 各类各级行政单位责任网站；

(4) 博客、微博等各类社交工具；

(5) 适当拓展与本地司法行政系统矛盾纠纷相关事件的广度；

(6) 不同来源采用不同采集方式，保障采集的实时高效性；

(7) 各类名人（"网红"）的自媒体网站。

2) 采集速度

采集系统主要基于多线程、集群式采集模式。满足项目采集深度和广度要求，同时满足采集时效性要求。

采集性能可通过灵活配置调度模式来保障，调度策略分为指定调度和随机调度两种模式。采集时效性可以定制，管理人员可根据不同网站的重要程度按需设置对应的调度任务。调度分为按天调度和按周调度，这两种调度模式可满足不同的应用需求。

3. 数据同步

支持设置数据同步任务，不同业务特点可设定特定同步策略，将源端数据增量或全量抽取进入云平台。根据源端业务系统数据量大小，支持采取不同的数据同步策略：一次性全量抽取，按时间戳分批并行抽取，按分区分批次并行抽取，增量抽取等。一般在业务流程系统中，不同业务之间需要进行数据同步的，采取业务与业务接口方式进行数据同步，以保障同步的时效性。用于大数据汇聚、整理、分析的数据，一般采取固定时间、周期性增量数据同步方式，以保障数据同步的稳定性。对于备份数据一般采取固定时间、周期性全量数据同步方式，以保障数据的安全性。

4. 数据抽取

支持设置数据抽取任务，依据业务数据抽取规则编写相应抽取脚本，配置相应任务调度策略。将源区数据抽取后存入目标区数据库，如按身份证号、电话号抽取12348法网平台、12348热线平台、公共法律服务中心中同一用户咨询内容。

5. 数据清洗

支持设置数据清洗任务，依据业务数据清洗规则编写相应的清洗脚本，配置相应的任务调度策略，将源区数据清洗后，存入目标区数据库，如将重复数据剔除或合并。

6. 数据转换

支持将数据从一种表示形式转变为另一种表现形式，支持设置数据转化任务，依据业务数据转换规则编写相应的转换脚本，配置相应的任务调度策略。将源区数据转换后，存入目标区数据库，如将日期型数据转换成字符型数据。

7. 数据分发

采集到的数据通过MQ分发到不同的目的源中，支持一对一，一对多操作。

8. 接入质量管理

接入质量管理能够根据预设的规则来检测数据中的质量问题，检测规则可自主配置，系统提供默认的规则模板，用户也可以自主编写规则表达式。数据质量监控与调度系统强耦合，发现脏数据可实现事中拦截，避免错误数据流入下游应用。数据发生变化的时候，则会触发数据质量的校验逻辑，对数据进行校验，帮助用户避免脏数据的产生和质量不高的数据对整体数据的污染。同时需要保留所有规则的历史检验结果，以方便用户对数据的质量进行分析和定级。数据质量需要提供了配置规则，按照各种力度查看历史校验结果，订阅表的数据质量报警等能力。图14-3为大数据质量管理平台结构图。

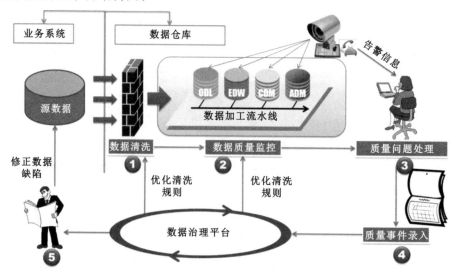

图14-3 大数据质量管理平台结构图

覆盖数据采集清洗监测、数据加工处理监测、数据质量规则优化全过程，形成线上质量监控闭环。

支持标准 SQL 形式的自定义规则，任意复杂度，可任意扩展；智能阈值算法，给用户合理的建议阈值。

支持预置多种模板规则，覆盖波动率、一致性、离散值、业务逻辑、缺失值、约束检查等。

支持零延时的统计数据采集模块（数据落地，校验即完成）、多级容错、缓存，保证系统更加稳健。

9. 作业管理

支持作业发布、修改、启动、删除、停止等管理功能。设置数据同步任务，针对不同业务特点设置特定同步策略，将源端数据增量或全量抽取进入云平台。根据源端业务系统数据量大小，可以采取不同的数据同步策略：一次性全量抽取，按时间戳分批并行抽取，按分区分批次并行抽取、增量抽取等。

1）作业处理引擎

数据采集的工作以作业的方式在系统中运行，支持系统将用户在界面配置的信息转换成作业模型，作业处理引擎对作业模型进行校验，深度加工后提供给作业调度引擎使用。作业中包含读和写的数据源信息、运行周期、服务节点数量等信息。

2）作业调度引擎

支持根据作业模型，定时完成作业执行和数据同步工作。

3）任务拆分

根据作业模型，支持将任务拆分成若干个子任务。假如一个任务中要处理 10 张表，那么会将这个任务拆分为 10 个子任务，每一个子任务处理一张表。

4）任务分配

根据服务节点数量，支持将子任务合理分配到各服务节点上执行，缩短任务运行周期，提高任务处理效率。假如一个任务被拆成 10 个子任务，3 台服务节点分别拿到 4、3、3 个任务项进行执行。

5）分布式协调

支持通过 Zookeeper（一种开放源码的分布式应用程序协调服务）进行任务及服务节点的协调工作，避免因单点故障导致，作业任务无法执行。

6）分布式处理

支持任务被拆分成多个子任务，同时分布到不同的服务节点上。服务节点接收任务并行执行，服务节点之间相互隔离、互不打扰，从而提高数据处理效率。

7)任务路由

当服务节点出现故障无法正常工作时,该服务节点上的所有任务将被路由到其他正常服务节点上执行,从而避免单点故障。

10. 辅助功能

1)数据源适配

支持根据不同的数据源类型(如 Oracle、MySQL、Excel 等)智能适配成不同的数据源插件(Reader 或 Writer),以便后续进行数据的装载及入库操作。数据源插件可增加扩展,支持适配任何数据源插件。

2)数据源管理

支持对结构化或非结构化数据源配置进行管理,在作业发布时,不用频繁输入数据源配置项,简化操作流程。

3)插件管理

支持对插件的加载、卸载、停用进行管理。

4)插件驱动

支持内核驱动或装载(Reader 或 Writer)数据源插件进行工作,支持插件热加载,增加新插件时不需启停服务。

5)规则引擎

执行规则进行数据清洗或转换工作。根据不同的业务场景可配置相应的规则进行数据的采集或清洗工作。规则绑定在数据字段或数据项上,规则包含空值补填、字符串替换、身份证校验等。

三、数据处理服务

(一)总体架构

图 14-4 为数据处理中心架构图。

各类司法行政数据接入大数据中心之后,需要在大数据处理中心对其进行筛选、清洗、处理、挖掘,不断提升数据质量,才能更有效地将之应用于司法行政业务,从而真正发挥司法行政大数据的价值。

司法云大数据中心数据处理中心主要由数据资源目录、元数据管理、主数据管理、主题建模等功能模块组成,实现对应用层各项业务的全面支撑。

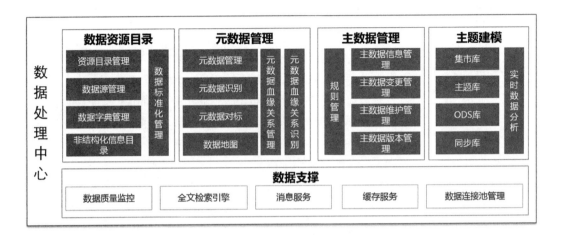

图 14-4 数据处理中心架构图

（二）业务需求

根据司法部相关要求，司法行政数据分类及编码需要参考表 14-2 所示标准。

表 14-2 司法行政数据分类及编码

序号	名称	数据内容	相关部门
1	组织机构信息	记录司法行政机关和所属各类单位、法律服务机构等各类机构的信息	司法行政机关和所属各类单位、法律服务机构
2	司法行政人员信息	记录司法行政机关工作人员、司法行政干警、律师、公证员、司法鉴定人、基层法律服务工作者、法律援助工作人员、人民调解员、社区矫正工作人员、安置帮教工作人员、志愿者、社会购买服务工作人员等各类人员的信息	司法行政机关和所属各类单位、法律服务机构
3	业务数据信息	记录监狱、戒毒、社区矫正、立法、执法监督、法治宣传、律师、公证、法律援助、基层法律服务、安置帮教、人民调解、法律职业资格考试、司法鉴定、司法协助与外事等各项业务信息	司法行政机关和所属各类单位、法律服务机构

续表

序号	名称	数据内容	相关部门
4	服务对象、监管帮教对象信息	记录公证对象及申请人、调解对象、鉴定申请人、法律咨询人员、法律援助对象、法律考试考生、行政复议申请人、犯罪人员、戒毒人员、社区服刑人员、刑满释放人员、解除强制戒毒人员、家属等各类监管帮教对象的信息	司法行政机关和所属各类单位、法律服务机构
5	财务、装备和资产信息	记录司法行政机关和各类单位的财务、警用车辆、人民警察服装、警用装备、枪支弹药、资产及业务用房等信息	司法行政机关和所属各类单位
6	法制工作信息	地方规章规范性文件制定时间、名称、内容等信息；行政复议等三类案件的办理时间、基本情况、审理结果、法律文书等信息；已登记的仲裁机构名称、地址、登记时间、仲裁员情况、变更登记情况等信息；执法监督工作相关数据信息等	司法行政机关
7	资料档案信息	记录司法行政重要档案资料，实现电子卷宗归档，对各类档案进行集中统一管理	司法行政机关和所属各类单位
8	电子证照信息	记录律师事务所、律师、公证处、公证员、司法鉴定机构、司法鉴定人员、仲裁机构、执法人员执法证等数字化的资格证照信息	司法行政机关和所属各类单位
9	其他信息	在信息化建设过程中，对实际业务有用的其他信息。	司法行政机关和所属各类单位、法律服务机构

由表14-2可知，司法行政信息包括组织机构信息，司法行政人员信息，业务数据信息，服务对象、监管帮教对象信息，财务、装备和资产信息，法制工作信息，资料档案信息，电子证照信息，其他信息。

第二节　司法行政信息分析平台

一、系统理解

司法行政信息分析平台是为全系统工作人员提供工作支撑的综合平台，是"数字法治 智慧司法"工作总体数据展现分析的最主要载体。

实现各业务系统信息资源整合优化。

（1）按照工作主体进行整合。对工作主体进行规范化分类，建立人员管理标准化体系，将分散在不同业务系统中的工作主体，建成如机关公务员、专职人民调解员，专职社工等管理模块，实现在全系统范围内的统一权限管理，统一身份认证和角色分配。

（2）按照工作对象进行整合。对管理对象和服务对象按照精细化管理的要求，分别建立法律服务人员、重点人员、矛盾纠纷当事人、法律援助受援人等管理模块，实现资源的合理调配、风险的有效管控，构建"以人管事"的信息化工作机制。

（3）按照业务流程进行整合。对在不同业务当中具有相似性的工作流程，建立统一的规范化操作模块，如登记、审查、审批、发证、注册等，实现一个窗口进入、多项事务办理，提升综合服务能力。同时，按照高效便捷、操作友好的要求，对业务系统和管理系统进行优化，着力避免重复录入，大幅减少人工输入，切实增强数据生成的自动化、流程转换的便捷化、操作应用的人性化。针对目前全系统一体化协同办公需求，可将办公系统延伸至县级，实现上下文件流转、公务办理贯通便捷。

二、系统功能

（一）按照不同层级提升横向的综合服务能力

按照部级、省级、市级、县级、乡级的不同应用需求，明确各自定位。其中，部级和省级注重对工作的整体研判分析、宏观业务指导，为跨部门的信息流转、共享、协同提供支持等；市级注重对辖区内的业务开展情况进行专业分析，提供专业支持，着力打造特色工作，对上下级之间的信息数据流转协同提供服务管理；县级注重工作实战，强化业务执行，提供公共服务，参与社会管理，以及监督乡级司法行政工作的开展质效；乡级注重各项业务的流程办理，完成基础数据采集。

（二）建立有效的信息筛选机制

按照各层级应用需求，定制数据上报、信息传输的规范要求，对于基层产生的大量信息数据，如公证办证、法律援助办案、调解过程形成的大量业务信息，进行科学有效的筛选，实现信息数据的分级呈现和分级应用。

（三）提高实时的多角度、多维度决策分析能力

在各层级建立不同的决策分析模块，并建立相互之间的决策分析支持，县、乡及时向省、市提供基础信息数据，省、市通过系统，强化决策研判，同时将信息数据的决策分析结果反哺基层，进一步指明工作方向和发展趋势，并对县、乡所需的信息数据提供最为快捷的执行响应，最大限度保证基层的应用需求。

（四）实现基于人工智能的信息解构与重建

通过爬虫采集和接口数据汇集方式收集司法行政系统所需的行业内容信息；利用机器学习算法，自动进行知识加工，去重、去噪、自动摘要、智能归类生成知识库；根据用户画像进行个性化信息推荐，通过网站、微信、邮箱、短信、App 等渠道进行信息分发；此外，还利用大数据分析能力，挖掘信息热点、情感偏好等有趣有料的结果。利用知识图谱让 AI 去理解知识的逻辑与关系，根据问题理解后给出或寻找、组合、计算出答案。实现单一问答和递进问答场景的智能化。

第三节 社会关系网络分析

一、系统理解

司法云大数据中心包含大量的人员数据和业务数据，这些人员数据中隐藏了十分丰富的人员-事件关系，需要从中关联分析出有关联关系的信息，产生数据价值。社会关系网络分析系统主要从海量数据中分析挖掘出人员相关关系，例如从案件信

息中分析出涉案关系，办案关系，从人员信息中分析出亲属关系，从而对人员的关系网络进行立体的展现。

二、功能组成

1. 亲属关系提取

需要从多个表中进行关联查找，并对信息进行加工，最后将关系数据保存至 HBase。

2. 涉案关系提取

涉案关系指向的是同一案件当事人。从案件基本信息、涉案人员信息中提取，通过身份证查找是否有关联案件，然后根据案件编号查找案件相关人物。

3. 办案关系提取

办案关系指向的是案件办理人与涉案人员之间的关系。从案件基本信息、涉案人员信息、办案人员信息中提取，通过身份证查找是否有关联案件，然后根据案件编号查找案件相关人物。

4. 人物查询

人物关系图展开的中心人物必须定位到具体的某个人物，该人物通过人物查询功能得到，提供历史搜索功能。

5. 关系维度过滤

关系维度过滤功能实现对关系图的整体控制，用户可以控制某一类或某一种关系是否显示，也可以设置组合过滤控制多种关系同时存在时才显示，同时可以根据关系发生的时间进行过滤。

6. 关系图

通过可视化图形展示人物关系，在关系人物前用不同颜色的线连接并注明是何种关系，便于区分。用户可以操作拖动或删除关系人物和关系线，得到想要的结果后点击保存生成图片。

7. 人物头像

人物头像分为中心人物头像和关系人物头像。中心任务头像比其他头像大并且处于关系图的中心位置。鼠标移入人物头像时可以看到人物的基本信息。鼠标右键点击人物头像，会出现菜单栏，有查看、分析和扩展等功能。

8. 关系线

不同的关系用不同颜色的线表示，关系线的颜色和左侧维度筛选区域对应，便于区分；多种关系同时存在时用白色线表示；连接线上使用文字注明是何种关系。

第四节 司法行政事件分析研判子系统

一、系统理解

为全面建立以"预测、预警、预防"为目标的司法行政信息预警响应处置工作体系，形成信息预警和响应处置工作机制，实现预警事项全流程线上流转，对事件处置情况全程留痕，推动各单位规范处置流程，提升以信息为主导、上下协同的实战化运作水平。

预警信息是指涉及司法行政系统的突发性事件信息、已经或可能影响司法行政系统持续安全稳定或产生负面影响的事件信息以及需要司法行政系统共同介入处置的公共应急事件信息。

参照国际、国内公共事件分级处置惯例，结合司法行政工作特点，将预警信息分为四级，分别用红、橙、黄、蓝四色进行标识。

1. 特别重大事件预警信息（红色标识）

主要包括，司法行政业务领域中，在国内外具有较大负面影响的事件信息，大规模的群体性事件信息，需要跨省（市、区）协调处置或超出地市司法局处置能力的事件信息。

2. 重大事件预警信息（橙色标识）

主要包括，司法行政业务领域中，在本地范围具有较大负面影响的事件信息，群体性事件信息，需要跨地市协调处置或超出县（市、区）司法局处置能力的事件信息。

3. 较大事件预警信息（黄色标识）

主要包括，司法行政业务领域中，可能升级为具有一定社会影响性的事件信息或可能演变为群体性事件的信息，需要跨县（市、区）协调处置或超出基层司法所处置能力的事件信息。

4. 一般事件预警信息（蓝色标识）

主要包括，事件危害性较低，可由县、乡两级司法行政机关自行处置的事件信息。

强化预警信息研判，推动信息研判工作由浅层的汇总统计向深度的智能决策发展，以数据说话、用数据决策、靠数据管理，提升信息预警和响应处置能力。

二、功能组成

1. 预警信息采集

通过业务系统巡查、远程视频抽查、专项工作督察等多种方式获取预警信息。

积极拓展信息采集渠道，充分发挥信息技术优势，采用大数据、人工智能、网络爬虫等技术手段开展信息采集，提高工作质效。

2. 预警信息报送

各地各部门监测和采集到预警信息后，根据国家的规定开展定级，并通过司法行政事件研判子系统向有关单位进行信息报送。

预警信息定级单位及其上级单位有权根据事件发展态势对预警信息级别做出调整或解除。

3. 预警信息汇聚

司法行政预警信息统一在司法行政事件研判子系统进行汇聚，按照用户单位层级进行分级展示，各级司法行政机关应及时组织人员通过平台获取涉及本单位的预警信息，开展分析研判，进行响应处置，并对本地区预警信息的后续处置进展开展监督检查。

4. 预警信息研判

各级司法行政机关新接收到预警信息后应按要求开展实时动态研判，充分运用数据比对、线索串并等方式开展深入分析，明确事件危害程度、及时制定处置措施。

第五节 司法行政知识库子系统

一、系统理解

建设司法行政知识库系统,全面整合司法行政各部门知识、案例等数据作为基础,实现对内资源共建共享的目标。通过将司法行政工作成果、经验、方法高效整合,面向司法行政工作者,构建涵盖法治宣传、人民调解、律师公证、法律援助、法律职业资格考试、司法鉴定等各部门的司法行政知识库。

根据实际诉求,建设司法行政法律法规库、司法行政案例库、司法行政学习库。服务于广大司法行政机构内部人员、相关法制单位、各委办局及社会公众,为司法行政干警和法律服务工作者提供办案指引。

1. 智能知识图谱

智能知识图谱让 AI 去理解知识的逻辑与关系,根据问题理解后给出或寻找、组合、计算出答案。

2. 智能知识搜索

智能知识搜索引擎采用搜索分词机制,综合打分排序机制,可以进行中英文数字混合搜索,对语义进行理解,支持集成问答机器人,对搜索意图进行预测,给出智能轨迹,支持集成 ASR 语音识别,以声搜声,相似图片搜索,OCR 识别,以图搜视频。

3. 智能知识词云

对文本中出现频率较高的关键词予以视觉上的突出,提示关键词和主题索引,从而过滤掉大量的文本信息,使浏览网页者只要一眼扫过文本就可以领略主体内容的主旨。

4. 智能个性化推荐引擎

通过个性化信息匹配技术,根据每个用户的身份、偏好、岗位、角色、工作场景等要素，通过 AI 算法进行智能化推荐阅读，还支持基于连续阅读行为的智能轨迹，根据连续性来预测用户下一步大概率会需要什么知识。

5. 智能知识挖掘引擎

通过智能算法对知识库中全库内容进行分析和挖掘，从多种维度和视角，帮助用户分析知识库中的热点、关联关系。

6. 智能问答机器人无缝对接

与法律机器人厂家进行无缝对接，实现统一知识库管理与数据同步，一次维护知识库和机器人同步应答。实现双引擎知识搜索，一次搜索获得知识库和机器人的两种结果。

二、功能库

功能库如表 14-3 所示。

表 14-3　功能库

12348 热线知识库		
序号	一级类别	二级分类
1	常见问题	法律援助
2		行政许可办事及法律职业资格考试咨询
3		公证咨询
4		监狱管理狱务公开
5		戒毒管理事务公开
6		矫正公开
7	客服话术	12348 公共法律服务热线话术指引
8		用户咨询简易话术流程
9		电话咨询服务礼仪
10		服务禁语
11		骚扰电话的处理话术
12		其他话术
13	法律法规	本地法律援助相关法规
14		全国法律援助相关法规
15		其他法律法规

续表

序号	一级类别	二级分类
16	服务标准	系统操作标准
17		工单规则和流程
18		工单填写标准
19		台账填写标准
20	机构信息 （地址、上下班时间）	法律援助机构
21		法院
22		公安局
23		公证处
24		监狱
25		检察院
26		戒毒所
27		律师公证管理处
28		律师协会
29		司法鉴定管理处
30		司法鉴定机构
31		司法局
32		法律职业资格考试中心
33		司法所
34	其他信息	社会服务类热线及内容
35		司法行政机构职能

各机构、部门联系方式及受理范围

序号	机构、部门	所需信息
1	法律援助中心	各地法律援助中心地址、电话、联系人、受理内容及范围
2	法院	各地法院地址、电话、联系人、受理内容及范围
3	公安局	各地公安局地址、电话、联系人、受理内容及范围
4	公证处	各地公证处地址、电话、联系人、受理内容及范围
5	监狱	各地监狱地址、电话、联系人、受理内容及范围
6	检察院	各地检察院地址、电话、联系人、受理内容及范围
7	戒毒所	各地戒毒所地址、电话、联系人、受理内容及范围
8	公证处	各地公证处地址、电话、联系人、受理内容及范围

续表

序号	机构、部门	所需信息
9	律协	各地律协地址、电话、联系人、受理内容及范围
10	司法鉴定管理处	各地司法鉴定管理处地址、电话、联系人、受理内容及范围
11	司法局	各地司法局地址、电话、联系人、受理内容及范围
12	法律职业资格考试中心	各地法律职业资格考试中心地址、电话、联系人、受理内容及范围
13	司法所	各地司法所地址、电话、联系人、受理内容及范围

法律援助知识库

序号	问题
1	法律援助适用哪类人群？
2	法律援助可援助哪些事项范围？
3	申请法律援助需准备哪些材料？
4	如何办理法律援助？
5	办理法律援助是否有相关依据？
6	申请法律援助的流程是什么？申请法律援助需要多久？

行政许可及法律职业考试知识库

序号	问题
1	参加法律职业资格考试需要具备哪些条件？
2	行政许可受理范围是什么？
3	如何报名参加法律职业资格考试？

公证知识库

序号	问题
1	出国留学、工作需要哪些材料？
2	遗嘱公证需要哪些人到场？需要哪些材料？
3	公证处受理业务需要多久？
4	公证处业务办理范围是什么？
5	继承公证需要哪些材料？
6	学历学位公证需要哪些材料？
7	委托公证需要注意哪些事项？
8	结婚证公证需要哪些材料？
9	亲属关系公证需要哪些材料？
10	无犯罪记录可以公证吗？需要哪些材料？

续表

序号	问题
11	营业执照等证件公证需要哪些材料？
12	成绩单公证需要哪些材料？
13	目前通过哪些渠道可以办理公证业务？
14	著作权是否可以进行公证？需要哪些材料？
15	自然人经历是否可以做公证？需要哪些材料？
16	死亡证明公证需要哪些材料？
17	选票公证需要哪些材料？
18	火化证明公证需要哪些材料？
19	收养关系公证需要哪些材料？
20	副本与原件相符公证需要哪些材料？
21	进行专利权公证需要哪些相关材料？
22	丧偶未婚公证需要哪些材料？
23	曾用名公证需要哪些材料？
24	职业资格证公证需要哪些材料？
25	委托监护公证需要哪些材料？
26	非正常死亡公证需要哪些材料？
27	国籍公证需要哪些材料？
28	社团、组织章程公证需要哪些材料？
29	指定监护人公证需要哪些材料？
30	宣告死亡公证需要哪些材料？
31	调解书公证需要哪些材料？
32	收入状况、存款公证需要哪些材料？
33	离休、退休、退职公证需要哪些材料？
34	节本与原本相符公证需要哪些材料？
35	纳税状况公证需要哪些材料？
36	动产物权公证需要哪些材料？
37	鉴定报告公证需要哪些材料？
38	国际旅行健康检查证书/证明公证需要哪些材料？
39	译本与复印本等公证需要哪些材料？
40	高考成绩/通知书/录取证明公证需要哪些材料？
41	不动产物权公证需要哪些材料？

续表

序号	问题
42	股权公证需要哪些材料？
43	其他亲属关系公证需要哪些材料？
44	住所地/居住地公证需要哪些材料？
45	合伙章程公证需要哪些材料？
46	不动产权证（房屋产权证）公证需要哪些材料？
47	直系亲属关系公证需要哪些材料？
48	因死亡户籍注销公证需要哪些材料？
49	退伍证公证需要哪些材料？
50	非法人组织资格公证需要哪些材料？

监狱管理狱务公开	
序号	问题
1	罪犯会见需要具备哪些条件和程序？
2	监狱管理局监督投诉部门地址电话是什么？
3	监狱管理局公务员招录咨询电话是什么？
4	监狱管理局监督投诉部门地址电话是什么？
5	各监狱律师会见预约电话一览表是什么？

戒毒管理事务公开	
序号	问题
1	在哪里可以看到戒毒管理事务公开相关信息？

矫正公开	
序号	问题
1	在哪里可以看到矫正公开相关信息？

相关法律法规	
序号	问题
1	在哪里可以看到省级法律援助相关法规？
2	在哪里可以看到全国法律援助相关法规？
3	在哪里可以看到其他法律法规？

第六节　司法行政案例库子系统

一、系统功能

（一）案例库管理

1. 案例管理

案例入库后需要对案例进行管理，管理员对权限范围内已入库的案例进行管理。

停用过期或不满足条件的案例。

移动、整合目录及目录下的案例。

修改案例中的错别字及报送单位提出需要勘误的案例。

对用户权限范围内正在报送及审核的案例情况进行统计。

统计管辖范围内各级单位报送案例篇数、质量、入库率情况。

可向报送单位发起预警提醒，内容包括报送截止日期提醒、报送篇数提醒等。

2. 案例编目

对案例库中所有的案例按照不同的维度进行分类，并进行编排，形成多种数据案例目录结构。方便用户以树状结构的形式直观地对库中案例进行操作。

构建树状目录结构分为三大步骤。

1）构建目录

按照不同分类、不同维度构建目录，同一案例库从不同的分类、维度，可以构建多个目录，不同目录结构之间可以根据用户需要进行切换。

可以按照业务方向来构建目录，如按律师、公证、司法鉴定、人民调解、法律援助等业务条线来进行划分。同时也可以根据案例时间、案例地域等来构建目录。

构建目录操作：新增节点、删除节点、节点升级、节点降级、刷新。

2）案例挂接

为不同的案例在案例目录下找到对应的分类，将案例挂载到对应的目录下。

可对案例目录进行维护，调整案例在案例目录中的位置，调整相应的案例类别，完善案例属性。

挂载操作包括挂载、移除。

根据各节点挂载的数据案例,对各类案例进行统计。如了解刑事案例有多少种,点击刑事类别时,本类别下的案例以列表形式展现。

同一案例可以挂接到多个案例目录下。

3)案例标签化

完善案例的基本信息,并为其选择分类标签,分类标签包括案例专题、案例要素、案例业务类型等标签分类。标签可以根据需要进行制作。

案例打标签的操作非常简便,选中案例,选择对应的标签,点击相应的按钮即可为案例打标签和删除标签。

编目完成后的目录以树状结构呈现,每个分类为一个节点,可以分为多层多级,每个节点统计本节点下的案例并以数字的形式显示案例数量。点击任意一个节点,本节点下的案例将以列表的形式呈现。

通过不同的分类将各种案例管理起来形成一套完善的目录,用户根据目录可以极为方便地管理案例库中的各种案例。

3. 案例查询

此处的案例查询针对案例库中的案例进行查询,案例库中的案例分为两种:已挂接目录案例、未挂接目录案例。

1)已挂接目录案例

对于已挂接案例,在可以采用为挂接案例搜索的情况下,还可以根据目录来进行搜索。

2)未挂接目录案例

利用简单的全文检索技术和 SQL 语言进行模糊匹配检索,面向司法行政用户和系统维护人员开放。

对司法行政用户在提供办案或工作过程中寻求以往类似案例进行指导帮助。对系统维护人员提供的功能是统计管辖范围内案例上报完成情况及质量情况,以便完成案例挂接工作。

(二)标签管理

系统中的标签根据其产生和用途可以分为两大类:体系化标签、非体系化标签。

1. 体系化标签

体系化标签由各类业务人员根据案例从不同的角度、维度对案例进行划分,并按照对应的体系将其整理起来形成一套完整的标签。如常见的以案件类型、地域、时间区间等进行划分的案件标签，此类标签比较适用于常见的案例和历史案例，方便进行总结。

2. 非体系化标签

此类标签基本来源于当前热点案例，是从热点事件中提炼出来的，基本和其他标签没有关系。然而其是用户比较感兴趣的内容，会被大量查阅和借鉴。正常情况下，会引申出比较多的次生标签。

（三）案例检索

系统基于大数据分析技术对司法行政典型案例库（人民调解案例库、公证案例库、律师代理典型案例库、法律援助案例库、普法案例库等）进行分析，建立相应业务的中文语义分析库、大数据分析库和案例主题库，并根据各类分析库和主题库提供具有全文检索能力的接口服务。案例检索可以分为全文检索和综合检索。整个检索页面分为三个部分：检索操作区、结果显示区、案例推送区。

1. 全文检索

全文检索是指系统支持用户在平台中输入任何要查询的关键字要素信息进行案例检索。关键字要素信息可以是减刑假释的条件、戒毒的情况、法律援助的案由等任何信息。

系统在处理关键字检索时，根据各案例都是以制式表单为途径进行录入的，对案例的组成部分进行分类。用户可以选择某一部分内容，利用关键字对这一部分内容进行检索。如果不选择，则表示对整个案例进行全文检索。

全文检索采用了成熟的关键字关联算法，在输入较少信息时，系统由关键字自动关联相应信息，帮助用户进行快速搜索。如输入案件种类时，输入"调"时，可自动关联出"调"相关的案件种类，如"调解"等。用户可以选择相关信息，也可继续输入相关关键字。

2. 综合检索

综合检索根据用户对案例了解程度的不同，在系统中根据预设具体案件分类结合全文检索，为不同类型的用户提供全方位易用的可视化检索。

综合检索结合了全文检索的关键字检索功能，同时增加了案件类型、地域、时间区间、业务种类等案例类别，用户可以根据需要选择分类类别，选中对应类别时，显示相应下级分类。用户只需对筛选条件进行勾选，即可进行查询。

3. 检索结果展示

系统从全文检索库中检索出所有与用户检索信息相关的典型案例进行展示，并按照不同的关键字、标签对搜索结果进行处理，所有搜索结果以标签组成的数据结构进行显示。

系统提供模块化的展示方式和列表形式的展示方式，用户可以根据自己的喜好在两者之间进行自由切换。

列表可以根据相应的条件进行排序，可以根据访问顺序、案例热度、案例更新时间等进行排序，同时提供分页功能。

选中案例后，用户可以进行查看、下载、收藏等后续操作。

（四）案例推送

1. 热点案例推送

系统对案例库案例检索情况进行统计，统计出被检索最频繁的案例作为热点案例，将此类案件作为典型热点案例对外进行推送，并辅以对应的标签。

2. 相似案例推送

用户在平台中进行案例检索时，系统会根据用户点击浏览的案件信息类型及相关关键字的内容和案例库中的同类案例进行比对，并借助相关算法精准快速地找到相似的案例，推送到浏览器供用户参考。

3. 12348 法律服务网推送

基于自然语言处理技术，对法律文件、司法案例、文献资源等案例资源数据，进行深入标注和挖掘，将必要的案例信息推送到 12348 法律服务网平台，提供智能化的检索能力。

（五）司法行政法律法规库

建立司法行政法律法规库，为司法行政干警和法律服务工作者提供法律、行政法规、国务院部门规章、地方性法律、地方政府规章、司法解释等办案指引。系统提供检索功能，可通过法律法规政策的发布时间、实施时间及标题和正文检索进行查询。

二、司法行政学习资料库

建立司法行政学习资料库,面向各级司法行政工作人员,提供学习资料的上传、在线查看和下载等功能。

学习资料主要包括基层司法行政工作的经验分享、各类司法行政管理工作的经验分享等,主要包括视频、文字、漫画等。

1. 学习资料管理

学习资料主要包括主题、主要内容、上传时间和资料类型,用于对学习资料的精准化管理。

2. 报送审核

各级司法行政单位上报学习资料到库后,由学习资料库的管理员统一审核。审核通过后,才能在学习资料库中进行查看和下载等操作。

3. 查询

面向各级司法行政工作人员,提供关键字匹配、类型匹配、上传时间等多条件的精准查询。

三、个人库管理

通过个人库管理,用户在浏览法律法规库、案例库和学习资料库时,可以随时将感兴趣的信息加入收藏,方便后期查看。用户可查看个人的收藏记录,可通过个人库直接进行查看、下载等操作。实现智能知识随行,基于业务场景和条件进行知识推送。知识随行助手提供多种类型知识推送,并支持直接检索。

第七节 精准普法系统

一、系统理解

精准普法通过分析司法行政系统执法监督、人民调解、基层法律服务、公证、鉴定业务数据，结合社会舆情数据分析，从普法体系的对象、事件、时间、类别等不同维度分析普法需求、普法效果、满意度等，做出相应普法调整和普法建议推送，实现普法工作的精准化。

与精准普法对接，一种是对体，一种是对面，一种是对线，一种是对点。

对有当面咨询、网络咨询、热线咨询、公证、鉴定、法援需要的个人提供相应法律法规和典型案例的法治宣传，形成精准到点。出具普法意见书，给各执法单位出具意见书，对自然人和法人全生命周期进行普法推送，增加设置评价体系。

精准普法要从点、线、面三个方面来实践。

点：法人、个人结合特定事件进行精准普法服务。

线：针对时间轴、生命周期、关键节点进行精准普法服务。

面：面向执法单位定期推送特定主题普法信息和普法建议书。

普法评价：通过社交平台或个人收到普法信息后，对普法信息的浏览停留时间进行统计分析，或直接通过点赞、转发、分享等方式计算普法效能。

二、功能需求

（一）公众大数据画像分析

建立公共法律服务平台的大数据画像分析模型，对访问12348法律服务网的已实名注册用户进行人物画像，并对人物画像进行群体性归纳，得出符合一类人群特征的人群画像。随着数据量的增加以及属性要素的拓展，不断丰富完善人群画像的精准度。对人群画像进行针对性分析，可分析出人群的特征和特性，便于公共法律服务平台提供更加精准的法律服务。

人物画像主要数据包括以下内容。

（1）用户基本信息：年龄、性别、职业等。

（2）用户行为信息：访问记录、浏览轨迹、查询记录、咨询记录、申请法律服务记录、操作关联性记录。

人群画像主要数据包括以下内容。

（1）访问信息：如不同类型用户群体的上线习惯分析。

（2）咨询信息：如不同类型的用户群体咨询热点问题类型分析。

（3）服务信息：如不同类型的用户群体寻求法律服务的习惯分析。

（二）精准普法推荐

精准普法是将司法行政机关通过各种途径获取的普法资源（如司法案例、法律条款、司法业务等），结合公众大数据画像模型得出的精准普法需求，利用智能匹配机制，将普法资源与公众的普法需求进行准确匹配，将各类普法资源准确推送给存在需求和存在潜在需求的公众，完成精准普法的目的。

推送方式如下：

（1）在用户登录法律服务网时，系统会根据用户历史访问记录，推送相关普法信息；

（2）用户浏览相关资讯、咨询等信息时，系统会推送热点资讯和热点咨询信息；

（3）用户进行法律咨询时，系统会为其推送下一步可能需要的法律服务。

（三）精准普法建议书

遵循"谁执法谁普法"的原则，利用执法监督平台、社会舆情平台和司法行政大数据分析平台的数据分析功能，对各行业、领域出现的周期性、突发性、规律性、触发性集中式爆发的违法现象进行分析预警，提供相关普法资源，形成普法建议书发送给相关执法机关，建议其进行有针对性的普法宣传工作。

（四）智能咨询子系统

利用基于自然语义理解的人工智能技术，对用户所提出的法律相关问题进行分析，给出解答，并提供相关案例、法律法规条文和相应法律建议书。智能咨询子系统能够实现自我学习和提高，提供解答问题是否被接受的人机对话机制，以便在解答问题中不断学习、不断改进。提供法律、法规、公告、规范性文件的信息自动识别、存储、处理功能，实现知识的自我学习、解构、重组与冲突检测。

第八节 质量提升系统

一、系统理解

参考常规的绩效考评工作机制，建立科学、全面的年度工作绩效指标体系、数据采集标准和评分办法，实现考核任务网上发布、考评数据网上采集、考核结果网上公示。

横向扩展考核覆盖的宽度,纵向规范考评机制,实现考评工作的整体优化;实现考评工作全面线上运转,继续完善线上考评流程,包含考核任务发布、考评数据采集、考核结果网上公示等环节。

二、功能组成

按照司法部"数字法治 智慧司法""一切业务数据化,一切数据业务化"指导思想,信息化条件下,司法行政的所有业务和日常工作都是以数据形式在网上流转,这就使得质量提升用数据进行分析成为可能。

1. 数据收集功能

(1)收集业务系统流转的节点状态数据、节点数量数据、时间、通道、操作系统、用户反馈。

(2)收集业务系统流转的过程数据、停留时间、操作时间、每个动作操作时长、回退时间、补充材料时间与种类等。

(3)收集相关应用的满意率、投诉率、用户反馈。

(4)收集舆情对相关业务的评价。

2. 数据分析功能

(1)分析相关联业务的依赖程度。

(2)分析业务流程环节的重复度。

(3)分段分析业务流程时长、操作方便性及材料标准性、完整性、齐全性。

(4)分析舆情、满意、投诉、时长、依赖、重复之间的逻辑关系。

3. 工作质量建模

构建工作质量数据模型,对各类业务系统的流程、时长、难易进行权重分析,对影响工作质量的要素(人员年龄、文化水平、性别、专业、操作习惯等)分析权重,进行模型优化。

4. 质量提升仿真

工作质量提升要保证原有工作的整体性、有序性和内部结构的优化趋向。通过流程重构、权重参数调整,利用系统优化逼近算法找出时间优化、操作优化、材料优化、界面优化等多种可行的质量提升解决方案。

第九节　辅助决策系统

随着信息化的不断发展和深入，信息量也快速增加。海量的数据虽然包含了丰富的信息，但是如果不能快速准确地定位信息，提取重要数据，反而会导致工作效率低下。

针对司法决策分析系统的整体规划，构建高效灵活的司法信息辅助决策支持系统平台，通过对加强司法决策能力建设的理性思考，以完善审判组织和审判运行机制为着力点，宏观上通过丰富的工作态势信息为用户提供数据资源辅助决策支持，细节上对大量信息进行有效提取、整合，集中分析，将司法审判工作的各方面展示出来，总结当前工作，制订将来工作计划。构建法院对人、事、案件的三大管理体系，建立和完善司法决策辅助制度，利用信息化手段获取决策依据，进一步完善司法决策机制，提升司法决策能力。

一、系统理解

决策分析功能依托司法云大数据中心，通过数据采集、整理、转化、存储等功能，搭建司法数据仓库。在数据仓库的基础上深入分析、挖掘，通过数据统计分析、趋势预测等功能，支持面向领导的辅助决策，支持面向重大事件应急响应的辅助决策，支持司法队伍建设的辅助决策，支持面向事件微观分析的辅助决策。目标就是通过搭建一个健全的决策支持技术体系，收集综合数据，采用先进的技术手段，展开广泛的业务主题研究，并实现友好的人机交互。

二、平台总体技术架构

平台总体技术架构图如图 14-5 所示。

1. 应用层

通过利用基础应用支撑环境提供的工具类软件实现项目的快速开发，包括完成项目功能模块、计划项目功能模块、数据维护功能模块、系统维护功能模块、数据查询模块、统计分析功能模块等。为用户提供决策信息的可视化界面，提供不同层级的用户的决策分析信息，信息以 WEB 网页或大屏形式进行展现。

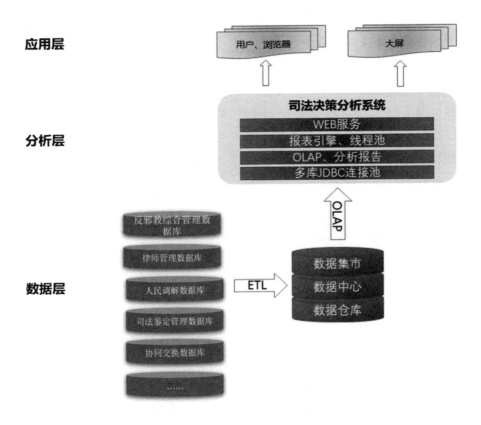

图 14-5 平台总体技术架构图

2. 分析层

分析层主要包括多库 JDBC 连接池、OLAP（联机分析处理）、分析报告、报表引擎、线程池 WEB 服务等，整个分析层使用 JAVA 语言开发，是一个标准的 WEB 服务器，兼容 JDK1.5 及以后版本的 JAVA 运行环境，可以部署在几乎所有的操作系统平台上，兼容目前所有的商业的和开源的 JAVA 应用服务器。由于采用纯 JAVA 架构，所以分析系统拥有良好的可扩展性和可移植性。如果当前运行的服务器性能无法满足海量数据或大量访问用户需求，则可以轻松迁移到小型机或其他操作系统环境。由于全部系统对象持久保存在数据库中，这种迁移工作是非常简单快速的。

3. 数据层

数据层主要包括数据源（含数据集市、数据中心）、数据仓库等。

1）数据源

系统的数据源来自各个业务基层数据，通过将数据源中与决策主题相关的数据以增量的形式汇总更新到数据仓库中，提高数据集中效率。

2) 数据仓库

集中库中的数据，经过数据提取、转化和加载（ETL）技术得到准确的数据，按照转换规则转换为数据仓库中的数据，包括确定物理存储介质、存储数据仓库元数据等。

数据仓库是一个面向主题的、集成的、稳定的、反映时间变化的、用于支持管理决策的数据集合。数据仓库的构建主要分为四部分：概念模型设计，逻辑模型设计，物理模型设计和数据仓库生成。其内容主要包括用户已有的业务数据和外部交互的共享数据。

三、系统要求

（一）司法决策分析系统

司法决策分析系统提供开放式自助分析功能，能够使用 BI 工具完成报表制作，提供领导驾驶舱、一般统计图表、统计报表、图表分析等功能，实现个性化复杂报表制作、自定义报表、填报功能、统计图功能、展现功能，并最终集成到门户中展示，为指挥决策提供辅助。同时，本方案对大数据平台分析挖掘应用提供了具体的分析应用场景，进一步为指挥决策提供支持。

（二）领导决策辅助信息系统

领导决策辅助信息系统的研制面向不同层次业务角色和职能的决策要求，可以概括为四个方面。

1. 面向领导决策的辅助决策

领导决策辅助信息系统的首要目标是服务于司法工作领域战略和政策层面的领导决策。通过领导决策辅助信息系统获得全社会司法领域的宏观状况和趋势的分析结论，以此作为依据优化司法工作战略。科学合理地运用政策杠杆，是运用最小的代价带动和谐社会健康发展的科学手段。

面向领导决策的辅助决策支持过程的实现手段主要是通过对与社会和谐、安定相关的因素、事件进行宏观分析，揭示立法、执法、监督环节的政策性问题，分析社会不安定因素及其产生的原因。为司法行政机构领导和关联业务部门提供决策参考依据，帮助优化组织机构和职能配置，调整催生不安定因素的政策法规，在产生社会矛盾和导致重大群体性事件之前将隐患消除在萌芽阶段，达到防患于未然的执政效果。

2. 面向司法领域重大事件应急响应的辅助决策

领导决策辅助信息系统的另一个重要职能在于对重大社会群体性事件的应急响应处理，能够给领导决策和执行提供准确、充足的信息和建议。

通过对各类重大群体性事件的汇总、归纳，掌握其产生、发展、控制和协调的规律，使得领导者可以在应对重大事件时做到有迹可循、科学决策。一旦重大事件发生，领导决策辅助信息系统不但可以搜集、获取与事件本身相联系的各类信息，还可以依赖知识库提供行之有效的应对指南，结合预案辅助应急响应指挥的命令、行动和反馈。

领导决策辅助信息系统在重大事件应急响应方面的研究价值还在于可以通过现象和规律，揭示事件背后的社会根源，使领导者可以标本兼治，促进社会的长治久安。

3. 面向司法业务体系建设的辅助决策

领导决策辅助信息系统还可以用于对现有司法业务体系建设的管理和优化，通过汇总政法工作过程的信息，可以全面掌握各个部门、岗位的工作情况。

这些过程信息通过分析、挖掘可以反映出具体的单位、部门、岗位、个人的工作质量、效率、社会反响，有助于优化政法队伍建设，对建设公正、廉洁的政法工作业务体系产生较大的推动作用。

通过分析过程信息，还可以发现业务规范、流程存在的问题，能够更有针对性地进行调整，给人民群众带来实实在在的便利。

4. 面向司法事件微观分析的辅助决策

领导决策辅助信息系统在微观层面的应用就是对个体事件（包括案件、信访等）的监督。这依赖领导决策辅助信息系统长期积累的数据和业务规范知识库。

通过对个体事件的要素提取和即时筛查，可以快速发现其中的异常因素，比如办理手续、时效、权限、处罚的问题以及同类事件不同处理等争议因素。领导决策辅助信息系统可以在造成不良社会影响之前，提示监管人员及时介入，更正执法，消除不良影响。

（三）开放式自助分析

在目前大数据、云计算的应用场景下，能够支持不同来源的数据资源进行统一的数据分析处理，支持交互式的数据分析探索过程。支持海量数据的高性能并发查询。开放式自助分析应达到以下目标。

（1）支持 PB 级的海量数据分析，支持多种数据来源的跨源数据分析。

（2）提供完备的分级调度机制，可以按需将配置完毕的分析过程做成自动的批处理程序，实现各种数据处理需求。

（3）提供多种处理、解决方式，有效完成各类异构数据与、或、非、异或等关系运算，支持结果缓存和临时表复用。

（4）所见即所得的图形化设计器，拖拽式的流程编制过程，各节点均可自由配置，使业务人员也能加入数据分析的过程中。

（5）提供可视化呈现节点，分析处理结果可以导出为图表及报表，快速嵌入各类业务平台，和业务系统无缝挂接，快速融入。

（6）处理流程可以保存，重复调用；可以发布为服务，以 API 方式供其他模块调用。

（四）平台架构

为用户提供直观可视的大数据分析处理体验，以可视化的分析工具为基础，让用户能够根据自己的想法自由地开展复杂的数据比对工作，可以由业务人员定制数据处理过程，将业务人员的分析思路模型化、数据化、可视化。输出流程和结果服务于各类业务系统。

开放式大数据分析平台体系结构图如图 14-6 所示。

图 14-6　开放式大数据分析平台体系结构图

（五）功能要求

1. 纯 WEB 界面，跨浏览器支持

纯 WEB 实现，无须任何插件支持，支持 IE8 及以上的 IE 浏览器，支持各种主流的浏览器，如 Chrome、Firefox 等。

2. 多种数据源支持

支持关系数据库模式和大数据模式两种数据管理方式，同时支持各种规模的数据中心应用，可以对司法云大数据中心已经掌握的所有数据资源进行分析，包括结构化、非结构化等，支持多种数据来源的跨格式分析。

3. 调度机制和作业管理

支持各种调度机制，可以设置重复方式、间隔时间、输出类型等多种调度配置，完成丰富的调度设计。充分考虑大数据环境的特点，支持分布式的数据查询引擎，支持各种异步的调度任务。

4. 任务调度

每个用户可以创建、管理属于自己的作业，可以按需将配置完毕的分析过程做成批处理作业，实现各种数据处理需求。每个作业由多个计算节点装配而成，通过拖拽的方式连接各个节点，每个节点可以配置各自的属性。

5. 运算关系配置

系统作业中的每个节点都可以提供各类异构数据清洗、转换、交叉、比对、合并、排除、统计等关系运算，支持结果缓存和临时表复用，作业之间可以通过缓存和临时表进行多作业联合执行。

6. 可视化流程设计器

提供从业务人员的角度设计的"所见即所得"的可视化流程设计器（见图 14-7），将业务人员从 SQL 中解放出来，将编程人员从业务模型设计过程中解放出来。业务人员可以在上面探索式地分析处理数据，可以尝试自己打造需要的业务模型和业务数据。可视化流程设计器支持各类数据集的关系操作，支持单步调试、结果预览，可以进行不断的探索及分析。

7. 自动生成报表结果

系统提供了报表可视化呈现节点，用户可以根据数据分析的结果，按照数据集、多维报表、可视化图表等多种方式将结果导出为图表及报表，并可以通过自动 URL 链接快速嵌入到各类业务系统中，和业务系统无缝对接。

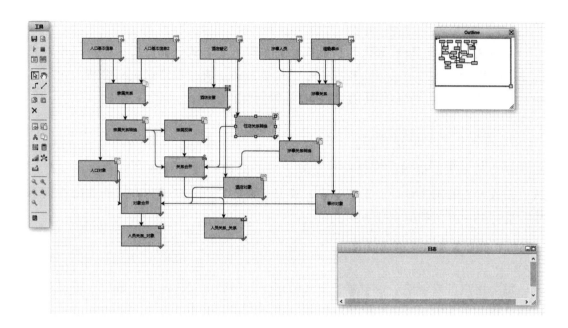

图 14-7 可视化流程设计器

8. 模型重用

用户可以把自身配置的比较常用的分析流程、作业调度保存为分析模型,可以随时进行调用。

9. 分析协作

用户可以将自己的分析模型通过大数据中心进行发布共享,同时也可以使用其他人共享的分析模型。不同分析模型之间互相结合、交互分析,实现大数据开放式分析的工作协作,从而促进情报实战应用技战法的产生和共享。

10. 服务发布

用户可以将分析模型及结果发布为服务,通过信息共享服务系统进行注册,并以 API 方式供其他模块调用。

11. 分析处理引擎

支持关系数据库环境下及大数据环境下的关系运算处理,大数据环境下,性能高,可扩展性好;关系数据库环境下,启动迅速,部署简单。

(六)开放性及开发支持

纯 WEB 界面,无须任何插件支持,兼容各种主流浏览器及 IE8 及以上的 IE 浏览器。同时支持数据管理中心的结构化数据源和海量数据存储平台的大数据数据源,适合各种数据中心数据管理平台接入。

流程设计器中支持筛选、关联、合并等一系列关系操作,可以在不同数据源间完成数据分析处理工作,打破一般数据平台仅能在同源关系数据上进行关系运算的限制。

平台可以作为后台管理设计工具供业务人员使用,配置的成果可以输出为图表、报表直接为业务系统所用,也可以将处理完毕的数据表作为批量处理的成果为其他业务提供支撑。

辅助决策系统针对"数字法治 智慧司法"数据进行全流程的数据分析,并针对执法监控、公共法律服务等业务板块进行辅助决策分析。

第十五章 立项、可研、初设、招标

一般情况下,由于立项报告、可行性研究报告、初步设计报告内容的综合性、专业性十分强,其知识面、数据资料处理及文字驾驭能力等多方面条件的制约,信息化项目筹建方或法人应聘请专业的信息化项目设计咨询公司来策划编制立项、可研、初设报告。

立项、可研、初设、招标文书的制作最终是要确定项目实现与资金配套。资金在信息化建设各阶段的表述并不一致,下面介绍匡算、估算、概算、预算、结算和决算的关系。

在工程项目的不同阶段,项目投资有匡算、估算、概算、预算、结算和决算等不同称呼。

匡算即粗略计算,一般在建设项目决策阶段,以项目建议书或立项报告书(说明书)的方式对项目做粗略的投资测算,供项目开发决策使用。

估算有时候也称可研估算,是指在项目投资决策过程(可行性研究报告阶段)中,依据现有的资料和特定的方法,对建设项目的投资数额进行的估计。一般在国有资金投资为主的建设项目中,项目估算是政府审批的重要内容。

概算也称设计概算,一般在项目初步设计阶段,在投资估算的控制下,由设计单位根据初步设计、扩大初步设计、深化设计图纸及说明、概算定额、取费标准、设备材料概算价格等资料,编制和确定建设项目从筹建至竣工交付生产或使用所需全部费用的经济文件。在国有资金投资为主的建设项目中,项目概算是政府审批的重要内容。

预算一般是指施工图预算,即在建设项目的施工图阶段,依据各专业设计的施工图和文字说明而编制的全部工程造价预算。一般施工图预算也是建设单位确定招标控制价和建筑企业投标报价的主要依据。信息化建设项目不同于建筑企业项目和货物采购项目,大多数信息化项目属于系统开发或系统集成,是一种广义的智力采购项目,因此招标采购的金额一般以政府批复的概算金额为上限。

结算一般是指竣工结算,竣工结算是指发、承包双方依据国家有关法律、法规和标准规定,在履行合同过程中按合同约定进行的工程变更、索赔和价款调整,是承包人按合同约定完成了全部承包工作后,发包人应付给承包人的合同总金额,也就是建设工程竣工后,发包方的应付金额。

决算一般是指竣工结算。竣工决算是指在工程竣工验收交付使用阶段,由建设单位编制的建设项目从筹建到竣工验收、交付使用全过程中实际支付的全部建设费用。竣工决算是整个建设工程的最终价格,是建设单位财务部门汇总固定资产的主要依据。

第一节 立项报告

立项报告(又称项目立项申请书、立项申请报告或项目建议书)是由项目筹建单位或项目法人根据国民经济发展、国家和地方中长期规划、产业政策、行业发展、生产力布局、国内外市场、所在地的内外部条件,就某一具体新建、扩建项目提出的项目的建议文件,是对拟建项目提出的框架性的总体设想。它从宏观上论述项目设立的必要性和可能性,把项目投资的设想变为概略的投资建议。

立项报告是由项目投资方向其主管部门上报的文件,目前广泛应用于项目的立项审批工作中。它要从宏观上论述项目设立的必要性和可能性,把项目投资的设想变为概略的投资建议。项目建议书的呈报可以供项目审批机关做出初步决策。它可以减少项目选择的盲目性,为下一步可行性研究打下基础。

信息化项目立项报告是筹建单位或项目法人结合司法行政行业要求、国家发展布局和自身工作提升需要,准备新建或升级原有信息化建设,提出的项目建设意愿,供上级机关考虑是否确有必要纳入未来几年项目投资范围。因此,立项报告中必须充分说明项目建设的必要性和可能性,并提供项目匡算资金量。

第二节 可行性研究报告

可行性研究是确定建设项目前具有决定性意义的工作,是在投资决策之前,对拟建项目进行全面技术经济分析论证的科学方法。在投资管理中,可行性研究是指对拟建项目有关的自然、社会、经济、技术等进行调研、分析、比较,以及预测建成后的社会经济效益。在此基础上,综合论证项目建设的必要性,财务的盈利性,经济上的合理性、技术上的先进性，以及建设条件的可行性，从而为投资决策提供科学依据。

可行性研究是投资前期工作的重要内容，它一方面充分研究建设条件，提出建设的可能性；另一方面进行经济分析评估，提出建设的合理性。它既是项目工作的起点，也是以后一系列工作的基础，其作用概括起来有以下几方面：

（1）作为建设项目论证、审查、决策的依据；
（2）作为编制设计任务书和初步设计的依据；
（3）作为筹集资金、向银行申请贷款的重要依据；
（4）作为与项目有关部门签订合作协议或合同的依据；
（5）作为引进技术、进口设备和对外谈判的依据；
（6）作为环境部门审查项目对环境影响的依据。

第三节　初步设计报告

一、初步设计

初步设计是拟建项目决策后的具体实施方案，也是进行施工准备的主要依据。初步设计文件的内容由于各类建设项目建设内容、性质不同，其内容也不尽相同。就信息化项目而言，一般应包括：现况分析、需求分析、项目建设目标、规模、内容、建设期、功能要求、性能要求、网络设计、硬件设计、软件设计、数据库设计、环保、消防、职业安全卫生和节能措施的设计，人员配置与培训，风险及效益分析，项目建设与运行管理、总概算等，以及设计图纸和设计说明书。

初步设计的深度应能满足设计方案的评选优化，主要设备及材料，投资贷款和资金筹措，施工图设计和施工组织设计的绘制和确定，施工准备和生产准备等要求。因而，初步设计文件要科学、合理、准确地反映拟建工程的建设规模、建设标准、建设条件和功能要求，并保证设计质量。

在设计过程中，通过对工程造价的分析对比，反馈造价信息，积极进行限额设计。既要按照批准的可行性研究报告及投资估算控制初步设计及概算，又要在保证功能要求的前提下，按各专业分配的造价限额进行设计，保证初步设计的概算不突破造价限额。

二、初步设计概算的作用

（1）初步设计概算一经批准，即成为建设项目从筹建到竣工交付使用所需全部建设费用的最高限额，据以确定建设项目总投资额，作为实行投资包干制或工程建设总承包确定投资包干额或承包总造价的依据。在工程建设过程中，未经批准，不得突破。

（2）作为编制固定资产投资计划的依据。

（3）是控制施工图设计和预算，实行限额设计的依据。

（4）概算的各项技术经济指标是分析、考核建设项目投资构成合理性和效果的依据。

（5）是筹措建设资金，编制建设项目用款计划，签订投资贷款合同（协议），办理投资贷款的依据。

（6）是投标工程编制工程建设招标文件和确定标底的基础。

（7）是落实建设单位经济责任制、控制拨款和结算、考核建设成本的依据。

第四节　招　　标

一、编制招标需求报告

（一）招标需求制作原则

1. 招标需求合法合规

以经发改委批复通过的初步设计文件及批复意见为依据编制招标需求文件，招标需求文件是招标工作的基础，也是签订合同的依据和组成部分。招标需求应当符合《招标投标法》《政府采购法》《合同法》等国家相关法律法规的规定。招标需求中的各项技术标准应符合国家强制性标准，满足项目要求。

（1）除单一来源采购方式外，不得指定品牌型号。如果必须引用某一品牌或生产厂商才能准确清楚地说明采购项目技术标准和要求，则应在引用某一品牌或生产厂商的名称前加上"参照或相当于"的字样，而且所引用的货物品牌或生产厂商参数，至少满足3家。

（2）不得将注册资本、资产总额、营业收入、从业人员、利润、纳税额等规模条件作为资格要求或者评审因素，也不得通过将除进口货物以外的生产厂家授权、承诺、证明等作为资格要求，实行差别待遇或者歧视待遇。

（3）采购标准须在预算经费以下。采购质量要求以满足需要为原则，要根据预算经费来制定，不得提出不合预算经费、追求过高的质量要求。

2. 招标需求公正合理

招标的原则是公开、公平、公正。应平等对待供应商，招标需求不得有歧视性和指向性，刻意排斥某类特定的供应商。招标需求的技术要求、商务条件必须依据充分并符合实际需要；技术要求应根据可行性研究报告、初步设计方案，结合项目实际需求制定，不能盲目提高或降低标准。招标需求制作要合理，在确保工程质量的前提下，保护项目投资。

3. 招标需求导向准确

招标需求内容应包括采购内容、价格、技术参数、质量要求、服务保障、交货期（或服务期、工期）和质保期等；工程类项目还应提交设计图纸、工程量清单、招标控制价等；招标的目的是为需求服务，招标需求全面反映需求是编制招标需求的基本要求。招标商务要求、技术要求要在充分了解建设需求的前提下提出，要以项目需求为导向，全面准确反映需求，功能描述准确，技术指标、工艺方法、质量要求、验收标准明确。

4. 招标需求科学规范

招标需求要科学体现出招标要求，编制时要遵守科学规范的原则。招标范围科学规范，不能重复、漏项，要根据采购项目特点科学划分最适合的标段；资格条件科学规范，要针对不同项目的特点，结合项目预算和市场情况等，科学合理地设置资格条件，吸引实力强、产品知名度高、售后服务好的供应商；评分标准要合法合规，要根据招标项目的不同特点，因地制宜地选用不同的评标办法，科学评选出最适合的、最能满足采购需求的中标候选人。

（1）数量、单位要准确，只能是1、2、3等实数的表达，单位要准确，无歧义，不能出现模棱两可的情况。

（2）要有详细的规格参数，不能只写明货物名称，没有规格参数。

（3）对于每项预算金额要如实表述，不得缺漏或整体打包模糊报价。

（4）其他情况说明。如第三方检测报告提供等，都要进行说明。

5. 招标需求严谨准确

招标需求包括投标须知、技术要求、清单、图纸、合同条款、评标办法等内容。招标需求的内容要尽可能量化，避免使用一些笼统的表述。内容力求统一，避免各部分之间出现矛盾，导致对内容理解不一致，从而影响正常报价。招标需求的编制要严谨，文件各部分的内容要详尽一致，用词要清晰、准确。采购需求要作充分的市场调研和横向比较，在制定采购方案时，包括制定质量、性能、价格、规格参数等，用户单位要进行充分的市场调研和横向比较。应注意以下事项。

（1）不能只听一家供应商的意见甚至采购需求方案完全交由一家供应商制作。

（2）要进行市场了解，还需考虑国家是否有相关标准和强制性规定，并兼顾安全、环保、节能、培训、售后、验收标准等方面的因素。

（3）必要时向供应商和专家咨询意见。

（4）设置核心设备、核心技术指标参数时，除单一产品采购项目，应当根据采购项目技术构成、产品价格比重等合理确定核心产品。

（5）对于不允许偏离的实质性要求和条件应以醒目的方式标明，一般以"★"在采购文件中标明。

6. 招标需求廉洁保密

编制和审核招标需求要相对独立，对项目未公开信息要严格保密，不得与设备供应商接触，不得向设备供应商索要或者接受其给予的赠品、回扣或者与采购无关的其他商品、服务。

（二）招标需求制作的目标

采购需求的编制是否准确、详细，功能、性能指标是否全面，是实现采购目标和物有所值的判断标准。

合规的采购需求应符合法律法规以及政府采购政策规定的技术、服务、安全等要求，能促进供应商依法合规生产，发挥政府采购导向作用，维护国家利益和公众利益。

完整的采购需求包括：功能及对应的性能指标、规格；材质及相应物理性功能要求；包装及附带工具；维修服务要求等。

明确的采购需求应当明晰、规范，不能模棱两可、似是而非。制定完整、明确的采购需求在采购中至关重要：一是保证评审工作顺利开展，以及实现采购目标和物有所值目标的前提条件；二是有利于提高供应商编制投标文件的科学性和有效性，保证政府采购活动的公平和公正。

招标需求的编制工作是招标工作的源头，为实现司法行政系统信息化建设目标，编制文件时除了要确保项目达到内容、安全、质量、工期等管理目标，优选投标供应商外，还应达到以下目标：

（1）合理制作价格要求，防止恶意低价中标，设定恶意低价的限制性或废标条款；

（2）合理制作技术要求，原则上硬件及标准软件应采用成熟的、符合最新技术标准和工艺的高新技术产品和自主知识产权的标准软件，业务应用软件应选择实力强、业务精、有实际应用经验的开发供应商；

（3）合理制作商务要求，必须到省级司法厅现场签订合同，防止借用资质、违法分包转包、围标串标；

（4）保证招标需求的科学、完整，防止中标后改变设计、超概算建设的情况。

（三）招标需求制作内容

招标需求应当完整、明确，应根据建设项目特点，综合考虑技术和投资管理等要求，合理确定投标报价和技术要素的权重。对通用技术和性能标准应重点评审投标报价。对技术要求较高的项目，要兼顾投标报价和投标技术方案设定评标要素和权重。各类评标方法中，均应把履约信用状况、不良和良好的市场行为作为重要评标要素。主要包括以下内容。

1. 价格要求

（1）采购项目预算；

（2）采购项目清单；

（3）采购项目结算方式及付款方式；

（4）评分标准。

2. 商务要求

（1）采购项目资格条件；

（2）采购项目交付或者实施的时间和地点；

（3）采购项目需满足的服务标准、期限、效率等要求；

（4）采购项目实施、验收标准；

（5）采购项目合同主要条款；

（6）评分标准。

3. 技术要求

(1) 采购项目需实现的功能或者目标，以及为落实政府采购政策需满足的要求；

(2) 采购项目需执行的国家相关标准、行业标准、地方标准或者其他标准、规范；

(3) 采购项目需满足的质量、安全、技术规格、物理特性等要求；

(4) 采购项目其他技术、服务等要求；

(5) 评分标准。

二、招标方式

（一）公开招标

公开招标属于非限制性竞争招标，这是一种充分体现招标信息公开性、招标程序规范性、招标竞争公平性，大大降低串标、抬标和其他不正当交易的可能性，最符合招投标优胜劣汰和"三公"原则的招标方式，是常用的采购方式。

（二）邀请招标

邀请招标属于有限竞争性招标，也称选择性招标。邀请招标适用于因涉及国家安全、国家秘密、商业机密、施工工期，或货物供应周期紧迫、受自然地域环境限制只有少量几家潜在招标人可供选择等条件限制而无法公开招标的项目，或者受项目技术复杂和特殊要求限制，且事先已经明确知道只有少数特定的潜在投标人可以响应招标的项目。

符合下列情形之一的货物或者服务，可以采用邀请招标方式采购：

(1) 具有特殊性，只能从有限范围的供应商处采购的；

(2) 采用公开招标方式的费用占政府采购项目总价值的比例过大的。

货物或者服务项目采取邀请招标方式采购的，采购人应当从符合相应资格条件的供应商中，通过随机方式选择三家以上的供应商，并向其发出投标邀请书。

（三）竞争性谈判

符合下列情形之一的货物或者服务，可以采用竞争性谈判方式采购：

(1) 招标后没有供应商投标或者没有合格标的或者重新招标未能成立的；

(2) 技术复杂或者性质特殊，不能确定详细规格或者具体要求的；

(3) 采用招标所需时间不能满足用户紧急需要的；

（4）不能事先计算出价格总额的。

采用竞争性谈判方式采购的，应当遵循下列程序。

（1）成立谈判小组。谈判小组由采购人的代表和有关专家共三人以上的单数组成，其中专家的人数不得少于成员总数的三分之二。

（2）制定谈判文件。谈判文件应当明确谈判程序、谈判内容、合同草案的条款以及评定成交的标准等事项。

（3）确定邀请参加谈判的供应商名单。谈判小组从符合相应资格条件的供应商名单中确定不少于三家的供应商参加谈判，并向其提供谈判文件。

（4）谈判。谈判小组所有成员集中与单一供应商分别进行谈判。在谈判中，谈判的任何一方不得透露与谈判有关的其他供应商的技术资料、价格和其他信息。谈判文件有实质性变动的，谈判小组应当以书面形式通知所有参加谈判的供应商。

（5）确定成交供应商。谈判结束后，谈判小组应当要求所有参加谈判的供应商在规定时间内进行最后报价，采购人从谈判小组提出的成交候选人中根据符合采购需求、质量和服务相等且报价最低的原则确定成交供应商，并将结果通知所有参加谈判的未成交的供应商。

（四）竞争性磋商

符合下列情形之一的货物或者服务，可以采用竞争性磋商方式采购：

（1）政府购买服务项目；

（2）技术复杂或者性质特殊，不能确定详细规格或者具体要求的；

（3）因艺术品采购、专利、专有技术或者服务的时间、数量事先不能确定等原因不能事先计算出价格总额的；

（4）市场竞争不充分的科研项目，以及需要扶持的科技成果转化项目；

（5）按照招标投标法及其实施条例必须进行招标的工程建设项目以外的工程建设项目。

竞争性谈判采取最低价法，而竞争性磋商采取综合评分法。

（五）单一来源采购

单一来源采购也称直接采购，是指采购人向唯一供应商进行采购的方式。适用于达到了限购标准和公开招标数额标准，但所购商品的来源渠道单一，或属专利、首次制造、合同追加、原有采购项目的后续扩充和发生了不可预见的紧急情况不能从其他供应商处采购等情况。该采购方式的最主要特点是没有竞争性。

符合下列情形之一的货物或者服务，可以采用单一来源方式采购：

(1) 只能从唯一供应商处采购的;
(2) 发生了不可预见的紧急情况不能从其他供应商处采购的;
(3) 必须保证原有采购项目一致性或者服务配套的要求,需要继续从原供应商处添购,且添购资金总额不超过原合同采购金额百分之十的。

采取单一来源方式采购的,采购人与供应商应当遵循政府采购法规定的原则,在保证采购项目质量和双方商定合理价格的基础上进行采购。

(六) 询价采购

询价采购是指采购人向有关供应商发出询价单让其报价,在报价基础上进行比较并确定最优供应商的一种采购方式。采购的货物规格与标准统一、现货货源充足且价格变化幅度小的政府采购项目,可以采取询价方式采购。

采取询价方式采购的,应当遵循下列程序。

(1) 成立询价小组。询价小组由采购人的代表和有关专家共三人以上的单数组成,其中专家的人数不得少于成员总数的三分之二。询价小组应当对采购项目的价格构成和评定成交的标准等事项做出规定。

(2) 确定被询价的供应商名单。询价小组根据采购需求,从符合相应资格条件的供应商名单中确定不少于三家的供应商,并向其发出询价通知书让其报价。

(3) 询价。询价小组要求被询价的供应商一次报出不得更改的价格。

(4) 确定成交供应商。采购人根据符合采购需求、质量和服务相等且报价最低的原则确定成交供应商,并将结果通知所有被询价的未成交的供应商。

三、招标组织形式

招标组织形式是招标的组织方式,包括自行招标和委托招标。自行招标是指招标人自身具有编制招标文件和组织评标能力,依法可以自行办理招标。委托招标是指招标人委托招标代理机构办理招标事宜。

司法行政机构属政府机构,因此其招标组织工作一般委托给本级政府采购代理机构实施。

政府采购机构是指政府设立的负责本级财政性资金的集中采购和招标组织工作的专门机构。

政府采购是指各级政府为了开展日常政务活动或为公众提供服务,在财政部门监督下,以法定的方式、方法和程序,通过公开招标、公平竞争,由财政部门以直接向供应商付款的方式,从国内外市场上为政府部门或所属团体购买货物、工程和劳务的行为。其实质是市场竞争机制与财政支出管理的有机结合，其主要特点是对政府采购行为进行法制化管理。政府采购主要以招标采购、有限竞争性采购和竞争性谈判为主。

国内政府采购一般有三种模式：集中采购模式，即由一个专门的政府采购机构负责本级政府的全部采购任务；分散采购模式，即由各支出采购单位自行采购；半集中半分散采购模式，即由专门的政府采购机构负责部分项目的采购，而其他的则由各单位自行采购。中国的政府采购中，集中采购占了很大的比重，列入集中采购目录和达到一定采购金额以上的项目必须进行集中采购。

四、邀标单位资格预审

若信息化建设项目被确定为邀请招标方式，一般政府采购中心会要求招标业主方提供3~5家邀标公司参与投标。邀请招标业主方需要对被邀请参与投标的公司进行资格预审，为公平、公正、高效完成招标工作，应按照一定规则进行资格预审工作。若为公开招标，则无须进行此项工作。

信息化建设项目邀请招标资格预审工作，包括邀请对象考察推荐、采购需求申报两个环节。由司法行政系统科技与信息化领导小组办公室（以下简称"科信办"）组织实施，并接受纪检监察部门的全程监督检查。

信息化建设项目邀请招标资格预审工作，按照"提前告知、集体决策、及时公布"的原则进行。讨论研究有关事项须提前告知与会人员，由科信办及各相关处（科）室负责人集体参加讨论，提出意见建议。

邀标对象考察推荐工作包括接受报名、资格审查、实地考察、综合评定四个环节。

按照相关规范规定，由科信办组建接洽和考察工作专班，负责对所有有投标意向的公司进行接洽考察。

参加报名的公司须提交公司营业执照、相关涉密资质等证明材料。经接洽和考察工作专班查验核实，科信办拟定入围条件并筛选出满足各项目建设基本条件的公司作为资格预审对象。

科信办依项目实际情况制定邀标对象资格预审评分表。

科信办在司法行政机构纪委的监督下从司法行政机关各处（科）室随机抽取7~9人组成项目资格预审评分小组，并按照相应项目邀标对象资格预审评分表对各项目报名公司进行综合评分，对各项目报名公司最终得分进行核算，并就审查情况形成书面报告，经"三重一大"会议同意后，取前5名作为拟邀标对象进入实地考察环节。

实地考察中发现存在提交资料与事实不符、借用其他公司资质报名参加资格审查等弄虚作假情形的公司一律实行一票否决。考察结束后拟邀标对象不足 5 名的，按照评分排名依次递补并进行实地考察。

考察结束后，将排名前 5 名（含递补情形）且通过实地考察的公司情况形成书面报告，经"三重一大"会议审定后，向本级政府采购中心进行推荐。若参与报名公司少于 5 家（不少于 3 家），经审查及实地考察通过后，如数向政府采购中心进行推荐。若参与报名公司少于 3 家，不具备邀请招标条件的，则继续接受报名，直至不少于 3 家公司报名，方可进入后续环节。

组织项目初步设计编制人员、监理公司人员、造价审计公司人员集中编写采购需求。需求编写完毕后，须邀请有关专家进行评审，报请领导签批同意后向政府采购中心进行申报。

根据政府采购中心对采购需求提出的审核意见进行修改调整，直至最终确认，提交政府采购中心制作招标文件。

政府采购中心制作的招标文件需要由技术专家进行审核，提交科信办集中审定，并报请单位领导签批同意后，报政府采购中心确定开标时间。

招标后续事宜依政府采购中心按照政府采购相关法律法规进行。

科信办对各项工作中产生的所有原始文书、文件等资料及时进行整理归档。

项目预审严格执行"谁评定谁负责、谁审核谁负责、谁考察谁负责"的问责机制。对违反规定的行为，依法依规追究相关责任人的责任。

五、邀标单位考察与评审

为规范司法行政机构信息化项目考察和评审管理流程，确保提供科学、合理的项目考察建议和评审意见，应遵循以下要求。

1. 考察和评审专班组成

由科信办牵头与各业务处（科）室参与人员组成项目考察和评审专班。所有项目考察和评审专班成员应全程参与项目考察和评审活动。

2. 工作职责

项目考察专班负责制定项目考察内容并对项目涉及相关单位、公司进行考察和评审。制定项目考察内容清单和评审标准等。对考察和评审过程进行记录，并编写考察情况说明和考察评审报告等。

第五节　设计、监理、造价咨询管理

为了加强司法行政系统信息化建设项目（以下简称"项目"）设计单位、监理单位和造价咨询单位的监督和管理，实现对项目的设计、工期、质量、安全、投资的有效控制，规范建设流程，明确责任，防范风险，需要对各建设服务单位提出工作要求。

对项目的设计单位、监理单位和造价咨询单位的设计行为、监理行为和造价核算提出要求，适用于司法行政系统信息化建设项目的全过程，业主方和承建公司均应执行。

设计单位、监理单位和造价咨询单位应严格按照招标文件、投标文件和合同，配备必要的人员，组建项目专班，保质保量地完成合同约定的服务内容。

设计单位、监理单位和造价咨询单位应协助建设单位监督合同的执行，减少变更，严格按照相关文件控制投资概算。不得通过变更或者提高工程量谋取不正当利益。

各公司的项目负责人与主要人员应与投标及合同承诺一致，在服务期内，人员应保持相对稳定，以保证服务工作的正常进行。主要人员的更换，必须征得业主方书面同意。严格遵守相关法律法规，严禁转包或非法分包，严禁挂靠、借用资质等违法违规行为。

一、建设单位主要职责

（1）确定项目责任人；
（2）组织相关部门和公司按进度完成建设任务；
（3）对项目推进情况进行督导；
（4）定期召开联席会议，决定项目建设实施过程中的重大事项；
（5）按照合同规定，加强对设计公司、监理公司和造价咨询公司的日常监督和管理，对不符合法律法规、影响项目建设健康发展的行为提出整改要求。

二、设计单位主要职责

设计单位按照合同规定，做好信息化工程项目的方案编制、信息化建设咨询、指导及过程文档的管理等工作。

1. 编制项目初步设计

编制《司法行政系统信息化建设项目初步设计方案和投资概算报告》。主要包括以下内容：项目概述、需求分析、建设方案、项目建设与运行管理。

在项目研究范围及论证内容不变的前提下，随时根据审批部门在项目报批过程中提出的要求进行合理修改和补充。

2. 详细设计

根据《司法行政系统信息化建设项目初步设计方案和投资概算报告》和司法行政机构的要求提交施工图设计，主要包括以下内容：详细设计文档、施工图。施工图设计的规模和预算不能超过初步设计批复的各单项规模和概算，能据以安排材料、设备订货和非标准设备的制作，能据以进行施工和安装，能据以进行工程验收。

3. 招标咨询

根据设计的技术方案编写技术规范书，为工程招标提供技术服务。

4. 项目后评估

根据要求，开展项目评估，在工程项目竣工，运行一段时间后，再对项目的设计施工、运行状态、实际效果等全过程进行系统评价。

5. 标准编制和推广

根据要求，开展司法行政系统信息化相关的标准编制工作。

6. 项目随工服务

为了更好支撑建设、保证工程质量和进度，在工程实施过程中，提供符合项目需求的随工项目团队，成员应主要包含以下专业：网络、软件工程、数据库、机房工程、服务器和存储、应急指挥、数据交换、数据模型、系统架构等。

7. 成立司法行政系统信息化专家团队，定期组织信息化研讨会

建立司法行政系统信息化专家库，组织信息化专家定期进行信息化讨论会，为司法行政系统信息化建设出谋划策，确保司法行政系统信息化建设科学先进。

8. 组织学习、调研司法行政系统信息化相关先进经验

组织相关人员对信息化建设成熟、先进的单位进行学习、调研，更好推动自身信息化建设。

9. 信息化推广工作

提供项目建设期内以及后续的项目推广期内的设计、项目管理、招投标、运行维护、业务改革、数据模型研究、业务流程再造、业务梳理、信息化质效指标制定等咨询服务设计方案。

三、监理单位主要职责

监理单位应做好工程的监督管理和过程文档的管理等工作。

1. 质量控制

（1）审核承建单位制定的技术方案；
（2）审核承建单位制定的采购方案，协助建设单位验收采购货物；
（3）审核承建单位制定的测试方案，协助建设单位组织三方或第三方测试机构进行系统测试。

2. 进度控制

（1）审核承建单位的进度分解计划，确认分解计划可以保证总体计划目标的实现，监督检查项目进度执行情况；
（2）对项目实施进度实行实时跟踪，并要求承建单位对进度计划进行动态调整，以确保项目的阶段和总体进度目标的实现；
（3）当工期严重偏离计划时，应及时指出，并提出对策建议，同时督促承建单位尽快采取措施；
（4）采用先进的项目管理工具，控制项目施工进度。

3. 投资控制

（1）通过对项目实施方案的优化，确保投资控制在合理、性价比高的范围内；
（2）当发现资金使用严重偏离计划时，应及时指出，并提出对策建议，同时加强对承建单位的支付申请审核并协助建设单位对资金支付进行严格把控；
（3）对项目变更内容做详尽调查认证，并提出建议。

4. 安全控制

（1）负责监督项目建设过程中所涉及的政府数据和资料的安全保护，保证不被非授权使用，按照国家规定，协助建设单位对项目建设过程中涉及国家秘密的内容进行严格管理。

（2）负责项目建设施工过程中的安全控制，确保不出现安全事故。

5. 合同管理

（1）协助建设单位签订合同；

（2）跟踪检查合同的执行情况，确保承建单位按时履约；

（3）协助建设单位处理项目实施的每个过程出现的合同变更、违约、索赔、延期、分包、纠纷调解及仲裁等问题；

（4）根据合同约定，对承建单位提交的付款申请，提出付款建议。

6. 项目信息管理

（1）及时向建设单位提交反映项目动态和监理工作情况的项目文档；

（2）建立全面、准确反映项目各阶段工程状况的图表、图片、声像、文档，收集、管理项目各类文档和资料；

（3）督促、检查承建单位及时完成各阶段设备资料、工程技术资料的整理和归档工作；

（4）转发建设单位发出的一切指示、通知和业务联系单。

7. 文档管理

监理人应负责以下文档的编写：

（1）项目建设监理日记、周报、月报及项目大事记；

（2）项目协调会、技术研讨会等各类会议的纪要；

（3）阶段性项目总结、阶段性项目监理总结、各类监理通知。

监理人应参与以下文档的管理：

（1）项目实施期间各类技术文件；

（2）合同执行过程中各类往来文件及存档；

（3）整理、审核项目的竣工验收资料。

8. 组织协调

（1）监督各方履行职责，协调各方的工作关系；

（2）建立畅通的沟通平台和沟通渠道，采取有效措施使项目信息在有关各方之间保持顺畅流通，积极协调项目各方之间的关系，推动项目实施过程中问题的解决。

四、造价咨询公司主要职责

造价咨询公司应做好项目的概算审核和过程文档的管理等工作。

1. 项目设计概算审核

对采购人提供的设计概算文件，按设计概算编审规程的要求进行审核，并就投资控制向采购人提供咨询，出具相应的咨询成果文件。

2. 预算审核

审查工程预算的工程量计算是否准确，预算单价套用是否恰当，各项取费标准是否符合现行规定，最终出具审核报告。

3. 现场跟踪造价咨询工作

项目施工过程中，参与隐蔽工程验收、工程量计量及工程进度款支付的复核工作。

参与工程变更及现场签证的计量、计价复核工作。

按需及时与业主一同到施工现场解决有关造价事宜。

完成项目全过程成本控制，主动、及时地发现并向招标业主汇报任何可能影响成本的事项，提出相关改善建议。

4. 施工阶段全过程造价控制

确定工程造价控制目标，制定工程造价控制办法，编制资金使用计划，审核工程计量支付并提供付款建议，审核工程变更费用，审核索赔与现场签证费用，进行成本分析与造价控制目标的动态调整，提供人工、材料设备、机械方面的价格信息咨询，审核已完工程的结算，提供工程造价的控制与管理方面的其他技术咨询服务等。针对上述服务内容出具相应的咨询成果文件。

5. 施工决算编制

根据采购人提供的项目建设技术、经济资料编制建设项目竣工决算，出具相应的咨询成果文件。

6. 结算阶段造价咨询工作

建设项目正式竣工验收后，对工程项目竣工结算的真实性、合规性进行造价咨询，主要完成以下工作。

(1) 审核工程竣工结算。

(2) 协助完成结算造价咨询工作。结算完成之后，协助业主方进行经济技术指标分析。包含以下内容：① 按合同规定的各阶段计量结算支付审核；② 工程施工过程中的设计变更和索赔等重大事项，以及隐蔽工程的审核；③ 工程结算最终计量支付的审核；④ 工程合同奖罚和材料价格的核定；⑤ 工程管理中存在的问题及其他咨询意见和建议。

司法行政系统科技与信息化领导小组办公室要加强对设计、监理、造价审计的管理监督。监理公司在项目实施期间应实行日考勤、周例会、月小结制度；造价审计公司应及时参与隐蔽工程的验收、工程量计量等工作。建设单位要定期审查监理记录和造价审计记录，发现记录不完整、弄虚作假的，及时提出整改意见。

五、工作纪律

项目参建单位应严格遵守国家有关法律、法规，任何个人不得违规干预项目各环节的正常开展。

监理公司、造价咨询公司的办公地点要与施工单位现场办公拉开一定距离，选在建设单位办公室附近为宜。建设单位应对监理公司、造价咨询公司严格管理，不按照合同履职的，应采取一定的惩罚措施。

参与项目的工作人员，应当恪尽职守、廉洁奉公、遵守纪律，与承建单位接洽、外出考察时应有两名以上工作人员在场，与承建单位或第三方机构存在利害关系的工作人员应当主动回避。

参与项目的工作人员，不得与承建单位私下接触，不准接受任何形式的贿赂、馈赠、礼品及其他财物，不得接受承建单位的宴请、娱乐、旅游、外出考察等不正当利益。不得故意刁难承建单位，现场验收不得拖延，工程资料应及时签认。

建设项目应自觉接受财政、发改、审计、纪检监察等部门监督检查，并受广大干部职工的监督。对违纪违规的问题，交纪检监察部门严格追责问责。

设计、监理、造价单位及项目参与人员均应严格遵守与建设单位签订的保密协议，对涉及项目的信息及内容做到不外传、不泄露。

第六节　审查项目文档（立项、可研、初设）

虽然司法行政系统信息化建设项目通常以购买咨询服务方式，采购信息化项目设计公司或咨询公司进行立项报告、可行性研究报告、初步设计报告的编制，但司法行政机构作为业主方，也应该对这些编制的报告进行审查，以核实报告的内容是否与业主的立意和实际需求一致。以下内容可作为报告评审专家或司法行政机构领导和科信办人员审查报告文档的核心看点。

（1）文档总体架构：各章节要与业主单位的应用和需求关联，不能只是技术说明。

（2）目标：对要实现的目标，是否表述清晰，是否有具体数据指标。

（3）项目范围：可以明确并约束项目设计的内容和规模，如用户范围、类型、数量，网络和基础设施范围，业务软件种类，安全、运维、服务范围等，以及地点、场地环境、条件等。

（4）明确项目建设方式，如租赁、建设、购买服务等。

（5）各子系统要有对应硬件配置表、软件配置表，写明采购方式，如设备购置、软件开发、租赁、服务等。

（6）要求有系统整体架构图。除示意图外，最好要有结构图、逻辑图、网络拓扑图、数据库 E-R 图等。

（7）技术路线是否可行，是否成熟，是否先进，是否适合本项目。

（8）各子系统之间的关系图，如逻辑图、拓扑图、数据库 E-R 图等。

（9）数据共享方面，要求有数据来源、数据类型或格式、交换类型和交换量以及数据交换方式。

（10）系统硬件需求来自业务需求，业务量决定硬件和网络，决定硬件容量、性能、参数。系统各硬件之间的匹配要优化。服务器及总线、内存、硬盘的配置要求与业务种类、业务量有明确的逻辑关系和计算公式（或计算方法）。

（11）系统软件需求来自业务需求，软件功能是否齐备，软件是开发还是购买要分清楚。基础软件如数据库、操作系统，支撑软件如 GIS、智能识别等是要齐备。软件与硬件要匹配。

（12）如果涉及云平台建设，要注意云的计算能力、存储能力、交换能力、服务能力、安全能力是否满足业务需求。

（13）要注意系统网络是否能达到业务应用需求，各类网络之间是什么关系，数据交换和数据传输方式在网络的逻辑关系下是否可以顺利实现。

（14）要注意系统安全是否按整体架构进行防护，安全区域划分是否合理。

（15）要求有安全运维系统整体架构图，要有标准规范、应急流程、演练方案、灾难恢复方案等。

（16）系统集成应单独描述并单独列出工作量，系统集成应把各系统联动起来，形成统一操作体系和管理体系。

（17）要注意价格描述是否合理。价格要落实到每一款软件、每一个硬件、每一条网络、每一项服务中。前后分散价格与最后价格清单表要保持数量、单价、小计、总价一致。

（18）要有清晰的项目建设边界。明确新建和利旧的网络线路、硬件设备、软件接口开发、数据交换服务、项目硬件、项目辅助设备、项目综合布线、信息点接口及设备、质保边界、运维边界的任务由哪一方完成。

（19）无文字错误，标点符号、页码、图表编号正确。

第七节 合 同

在信息化项目建设中，对合同的审核应满足以下要求（见表15-1）。

表15-1 合同审核要求

审核项	内容
封面	项目名称、甲方、乙方全称，签订时间、地点等是否完整
合同构成部分	招投标文件、中标通知书、合同书、补充通知、会议纪要等合同构成是否完整，合同解释顺序是否与招标书一致
质量验收标准依据	合同中是否有明确的质量验收标准
质量验收标准的一致性	合同中的质量验收标准与招投标文件的表述是否一致
合同工期	有无明确的计划开工日期、竣工日期及合同建设总工期
验收时间	有无明确的项目验收时间

续表

审核项	内容
合同价格和支付方式	合同价格形式是否明确，审计形式和支付方式约定是否与招投标文件一致
免费技术支持服务内容及时间	项目完工后免费技术支持方式、内容、时间
收费技术支持服务内容及时间	项目完工后收费技术支持方式、内容、时间
损害赔偿	对工期、质量违约有相应的赔偿条款
保密约定	双方都不得向第三方泄露对方业务和技术上的秘密。建议建设单位和承建单位单独签订一个保密协议，同时明确保密期限
软件合法性	软件的著作权和所属权是不同的，一般来说建设单位支付了所有的开发费用之后，软件所属权将转给建设单位，但软件著作权仍然属于承建单位。如果要将软件著作权也移交给建设单位，在合同中应当写明这一条款
技术标准及工程依据	对合同中质量条款应具体注明规格、型号、适用标准等，避免合同订立后因为适用标准是采用国家、地方、行业还是其他标准等问题产生纠纷
合同附件	合同附件应保持与合同一致，不要相互之间产生矛盾，同时招投标文件也属于合同范畴，在签订合同条款时应详细审核承包单位投标文件中的承诺条款
签约资格	承建单位签约人的主体资格是否与投标文件一致
配合监理工作的条款	合同中有无监理配合条款
合同生效条件	有无合同生效条件
合同清单	合同中要明确列出所有设备、软件、材料、配件等产品的品牌、配置、指标、数量、单价以及工程费用。应将设备费用和工程费用分别计算，并在清单中单独描述
质保金	在合同中明确质量保证金的金额、期限
安全文明施工	如未列出安全文明施工措施费，应在合同中说明以包含在合同价格中
合同附件优先顺序	明确合同附件的优先顺序
违约金	应明确定义违约的有效条件、违约金计算基数、计算比例以及免除条件
明确收款账户	明确收款方的账户名、开户银行、指定账户等

第十六章 "数字法治 智慧司法"建设项目管理

第一节 领导和管理机构职能

信息化建设应遵循信息化建设规律,同时遵循专业人做专业事原则。因此,信息化建设首先应成立相应机构,配备信息化专业人才。一般在司法行政机构成立科技信息化建设领导小组,全面负责项目建设的领导工作,科技信息化建设领导小组设置办公室具体负责信息化建设工作,成立了科技信息处(科)的单位一般代理行使信息化领导小组办公室日常工作。科技信息处(科)负责项目建设的具体工作,在项目建设的各个阶段各司其职、分工合作,共同推进项目建设。

科技信息处(科)的主要职责是:确定建设规划和目标,审查项目建设方案,按照上级机关和发改委、财政部门批准的建设方案领导组织实施;聘请有关专家组成专家咨询委员会,具体负责对项目建设的技术咨询与指导。

科技信息处(科)负责项目建设资金的预决算编报、用款申请,检查、指导资金的使用管理和决算审计。建设项目必须经党委审批。具体建设项目实施和用款必须经分管领导审批。

司法行政机构各单位负责组织本部门项目建设方案确定的相关应用系统的业务需求、标准规范等方面的拟定。

一、科技信息化建设领导小组办公室

科技信息化建设领导小组办公室负责项目的统筹管理工作,主要职责包括:
(1)制定《司法行政系统信息化建设项目年度任务书》;

(2) 审定项目立项，编制实施计划；

(3) 审核项目技术方案；

(4) 组织项目的招投标工作；

(5) 审核项目招投标文件、评标文件和商务合同；

(6) 指导司法行政系统信息化建设项目工作，跟踪、掌握项目建设进度，组织开展项目评估论证、验收和建档等工作；

(7) 协调开展项目资金使用情况的审计、监督等工作。

信息化建设日常工作包括以下内容。

(1) 文秘工作。负责拟定信息化建设的各类文件，制发、整理、归档各类会议纪要，制定、出台信息化建设管理办法和规章制度，制发全省司法行政系统信息化建设通报，负责文字综合、文电流转、文件归档、会议记录、印章管理工作。

(2) 会务组织。负责领导小组及信息化建设各类会议的筹备、组织、协调、联络等会务工作，领导出席会议、活动的计划筹备与组织开展工作。

(3) 统筹协调。负责协调司法行政系统信息建设领导小组日常工作，对信息化建设过程中的业务需求等进行统筹协调，掌握司法行政系统信息化建设进度情况并督导落实。

(4) 对外联络。负责日常对外联络工作，协调联系宣传部门司法行政系统信息化建设工作进行宣传，扩大影响力，提高知名度。

(5) 机要保密。负责领导小组办公室的机要、安全、保密工作。

信息化建设项目的全流程跟踪落实工作包括以下内容。

(1) 方案拟审。审定信息化项目建设方案。

(2) 进度管理。根据信息化建设方案，对项目建设内容范围和进度进行管理，制定项目建设目标、计划和进度表。

(3) 质量监督。根据国家法律法规及省质量技术监督局的相关规定，对工程项目建设进行严格的质量把关，聘请相关机构及专家对各项目建设质量进行检测检验，确保工程质量过硬、达标。

(4) 监理管理。负责协调项目监理公司对信息化建设项目进行全流程监理，出具监理报告。

(5) 竣工验收。根据国家相关法律法规及竣工验收标准，对工程建设项目进行验收，出具验收报告。

(6) 项目有关文书的保管。承担信息化建设项目合同文书、招标文件、商务票据、项目监理审计等文档的归档管理工作。

信息化建设的技术保障工作包括以下内容。

(1) 技术问题解决。负责协调信息化建设中的各种技术难题。

（2）技术方案审定。负责从技术层面审核信息化建设总体方案和实施计划。

（3）技术标准制定。负责从技术层面制定信息化项目的建设标准和使用规范。

（4）技术档案管理。负责信息化建设过程中技术文件的建档、归类和管理工作。

（5）技术应用推广。负责指导信息化建设与应用，定期组织开展信息化技能应用培训，发现典型，推广成功经验。

（6）技术培训指导。负责组织技术人才、专家能手对已建成项目的技能培训和指导。

（7）科技创新与应用。负责指导科技创新工作，收集各业务系统、服务系统、支撑系统、协同系统的数据资源和用户反馈信息，研究并提出流程重组、业务创新、管理创新、服务创新。负责各大系统的更新、优化与升级和新技术的推广应用。

二、司法行政机关纪委

司法行政机关纪委的主要职责包括以下内容。

（1）对项目立项、项目采购、合同管理、项目实施、项目验收、资金支付、成果管理和运行维护等进行职能监督。

（2）建立和完善预防腐败机制，及时发现、查处项目建设中的违法违纪问题。

信息化建设的监督检查工作包括以下内容。

（1）程序规范监督。按照标准化程序和规范对建设项目进行监督检查。按照相关法律法规对项目招投标、合同签订、建设施工、竣工验收、结算审计等文档台账进行检查。

（2）工作效率监督。负责对领导小组办公室各组成人员履职尽责、办事效率、工作作风等进行监督检查。

（3）纪律作风监督。严格按照中央八项规定和相关准则、条例的有关规定，积极配合纪委、巡视组对项目建设中的廉洁、作风、纪律等问题进行监督检查。

（4）投诉信访受理。负责受理信息化建设期间的投诉举报、来信来访，配合相关部门督办落实。

三、司法行政机关保密办

司法行政机关保密办的主要职责包括以下内容。

（1）负责监督项目的保密管理工作。

(2)参与保密管理相关的项目招投标工作。

(3)参与保密管理相关的合同起草、项目评估论证和项目验收工作。

四、计划财务装备处

计划财务装备处的主要职责包括以下内容。

(1)编制项目经费预算,申请年度建设经费,制订政府采购计划。

(2)参与项目的招投标工作,并对项目招投标、资金使用情况、设备和服务采购进行监督。

(3)参与合同起草、项目评估论证和项目验收工作,负责资金支付前的审核工作,并按照有关规定办理资金支付手续。

(4)负责项目的资产管理,与项目造价(财务)审计单位一起开展审计工作。

信息化建设项目经费保障工作包括以下内容。

(1)立项报批。根据国家法律法规及省发改委的相关规定,协调完成各建设项目立项审批的相关资料准备、手续办理、报批登记等工作。

(2)财政拨付管理。根据国家法律法规及财政的相关规定,完成对财政拨付专项资金的账户管理、决算支付等工作。

(3)招投标。根据国家法律法规及省政府采购中心的相关规定,完成对信息化建设项目的招投标工作。

(4)审计结算。负责协调审计结算机构对各工程项目进行结算审计,出具结算报告。

五、司法行政机关各处(科)室(单位)

司法行政机关各处(科)室(单位)的主要职责包括以下内容。

(1)提出项目建设需求。

(2)参与项目实施,并对项目的开发、测试、运行提出意见。

(3)参与项目评估论证和项目验收工作。

六、法制处

法制处的主要职责包括以下内容。

(1)参与合同起草,负责合同文本的法律审核工作。

(2) 提供法律咨询服务，协助处理法律纠纷。

信息化项目建设法律文件的审核工作以及法律咨询、权益保障工作包括以下内容。

(1) 涉法文件审核。负责对信息化项目建设中涉及招标投标、合同签订、责任履行等文件合法性进行审核。

(2) 涉法咨询受理。负责为领导小组做出决策提供法律咨询，受理信息化建设过程中各方利益代表的法律咨询。

(3) 涉法纠纷化解。负责为信息化建设过程中各方利益诉求、矛盾焦点提供司法解释服务，及时化解各方矛盾纠纷。

(4) 法人权益保障。负责从法律层面维护信息化项目建设过程中各方利益代表的合法权益，为各方提供正规化、专业化、职业化的法律服务保障。

七、后勤服务中心

后勤服务中心的主要职责包括以下内容。
(1) 负责信息化建设项目的房屋调整工作。
(2) 负责信息化建设项目的配电、配水、配暖等工作。
(3) 负责信息化建设项目的办公家具配置等工作。
(4) 负责信息化建设项目的资产管理工作。
(5) 负责信息化建设项目的相关后勤保障服务工作。

第二节　项目实施机构职能

项目实施机构是科技信息处（科），其职能包括：
(1) 组织协调、指导管理、监督项目建设；
(2) 履行项目的立项和开工建设程序；
(3) 具体组织和协调项目实施工作，负责项目资金使用审批；
(4) 组织编制信息化建设的应用规范和技术标准；
(5) 组织开发与推广应用软件和管理软件；
(6) 提供计算机技术服务；
(7) 管理、维护网络、网站和信息化设备；

（8）组织计算机培训和考试；

（9）负责项目相关资料的建档工作。

第三节　运行维护机构职能

科技信息处（科）为项目建成后的运行维护机构，全面负责"数字法治 智慧司法"建设项目各分系统的运行、维护和组织管理。运行维护的具体职能主要分为以下四类。

（1）用户端管理：如 PC、打印机、病毒防御、网络、软件正版化等。

（2）系统级：硬件系统的日常维护、数据库管理、系统的备份和恢复、系统补丁的维护、系统性能的监控和调优、系统故障的分析和解决、数据库及应用系统用户和权限管理等。

（3）应用级：涉及系统中各个应用系统的功能支持，如基于业务需求的正常调整，组织结构、流程、规则等的修改等。系统功能的增强，如新功能的启用、业务模块的扩展等。

（4）组织级：如培训和宣传、制度的制定和监督执行、系统使用的内审等。

第四节　招　　标

一、招标方案

招标方案主要包括咨询设计招标、材料及设备（含施工）招标、监理招标、造价审计招标等。

（1）咨询设计招标：主要涉及立项报告咨询设计、可研报告咨询设计、初步设计报告、方案设计、施工图设计等。

（2）材料及设备（含施工）招标：主要通过招标确定施工单位。

（3）监理招标：在项目开展设计之前，通过招标确定监理单位，从设计到项目施工、验收整个过程中进行监督，保障工程质量。

（4）造价审计招标：在项目开展设计之初开始介入项目，进行造价核算，项目实施过程中进行跟踪审计，项目竣工后进行竣工审计并出具审计报告。

二、招标方式

项目的招标工作包括招标、投标、开标、评标、定标等各个环节的活动。项目严格遵守国家相关法规，按照审批的初设报告的内容进行招标活动，并接受有关部门对招标活动的监督。

项目领导小组负责招投标组织协调工作，负责招标方案的制定、招标文件的编写、评标等具体招标工作。招标文件和合同须经项目领导小组批准。

项目招标范围和方式详见表 16-1。

表 16-1 项目招标范围和方式

项目	招标范围		招标组织形式		招标方式			不采用招标方式
	全部招标	部分招标	自行招标	委托招标	公开招标	邀请招标	单一来源采购	
勘察								
设计	√			√	√			
建筑工程（软件开发）	√			√	√			
安装工程（硬件安装、系统集成）	√			√	√			
监理	√			√	√			
设备	√			√	√			
服务								
其他	√			√	√			

三、招标程序

根据有关规定，项目招标应按下列程序进行。

（1）建设单位向政府招标主管部门提出招标申请，经批准后，编制招标文件，或委托经建设行政主管部门批准的具有相应资质的招标代理机构办理。

（2）发布招标公告或招标通知书。

（3）对招标企业进行资格审查，根据项目需求，可考虑组织投标企业勘察施工现场，并统一组织答疑。

（4）编制标底。委托招标代理机构招标时，审定标底。

（5）项目开标。由招标单位主持，在招标管理部门的监督下进行。当众启封标书，宣布标价，公开标底，进行评标、决标，并按规定进行中标公示。

（6）签订承建合同。中标企业确定后，由招标单位发出经招标管理部门签发的中标通知书，招投标双方在一个月内签订承建合同，并经招标管理机构审定。

四、对中标单位的要求

对中标单位的项目负责人、技术负责人，通知标书中各专业技术负责人必须亲自到现场，原则上不得中途换人。如确实需要换人，必须征得招标业主方同意。一旦招标业主方发现所换人员不称职，中标单位必须立即撤换。由于换人而引起的质量、延误工期、增加造价等问题，应由中标方负全责。

五、信息化工程项目政府采购工作流程

为加强"数字法治 智慧司法"工程项目政府采购工作内部控制，防范采购风险，提高采购效率，根据《政府采购法》《政府采购法实施条例》及相关法律法规要求，应按如下流程进行。

在科技信息化建设领导小组（以下简称"领导小组"）统一领导下，信息化工程项目政府采购工作由科技信息化建设领导小组办公室（以下简称"领导小组办公室"）负责管理。

领导小组主要负责统筹协调、研究解决信息化工程项目政府采购的重大问题，审核政府采购工作方案及相关工作措施。

领导小组办公室负责信息化工程项目政府采购的组织和协调。

领导小组办公室负责政府采购活动的管理实施工作，依法依规履行政府采购工作程序。

信息化工程项目政府采购工作流程主要包括编报采购计划、确定采购需求、选择采购机构与方式、确认招标文件、委托采购、推荐采购人代表、确认中标结果、质疑与投诉、签订合同、履约验收、资金支付、建立台账等。

1. 编报采购计划

根据司法行政系统信息化建设规划及年度计划，提交采购申请，对项目立项审

批文件、年度预算批复等资料进行审核，报领导小组办公室负责人签批同意后申报采购计划。

2. 确定采购需求

经领导小组办公室审核确定采购需求。

3. 选择采购机构与采购方式

"数字法治 智慧司法"工程项目一般委托本级政府采购中心实施采购或委托本单位协议招标委托机构实施采购。除经财政部门批准的涉密项目采取邀请招标方式外，其他项目一般采取公开招标方式。

4. 确认招标文件

政府采购中心根据采购需求编制招标文件，经审核后，报领导小组办公室负责人审批确认。

5. 委托采购

招标活动由政府采购中心或协议委托招标机构按法定程序组织开展。

6. 推荐采购人代表

根据政府采购中心或协议委托招标机构规定，在开标评标前，通过抽签方式推荐二名采购人代表。其中一名采购人代表参加开标及资格审查工作，另一名采购人代表参加评标工作。

7. 确认中标结果

根据政府采购中心抽取专家组成的评标委员会的评标结果，报经党委确认后，由政府采购中心发布中标公告。

8. 质疑与投诉

对招标过程中供应商提出的质疑，由政府采购中心形成具体答复意见，经领导小组办公室负责人审定。最终答复意见经政府采购中心确认后，由领导小组办公室或政府采购中心以书面形式答复供应商。参照上述流程，处理供应商投诉事项。

9. 签订合同

在规定期限内,招标业主方与中标供应商沟通联系,依据《合同法》由中标供应商与招标业主方签订合同。

10. 履约验收

根据工程进度、合同约定及验收方案,在监理方组织下严格按照采购合同开展履约验收,并出具《政府采购合同履约验收单》及第三方专业机构验收报告。

11. 资金支付

项目按程序组织办理合同公示、备案等手续,由招标业主方财务部门按照资金支付管理及报销流程的相关规定办理资金支付手续。

12. 建立台账

按照采购计划下达函分明细项目全程记录、反映采购活动,收集轨迹资料,建立详细的政府采购台账一式二份,由招标业主方档案部门、领导小组办公室保存。

第五节 工程风险分析与规避

一、风险识别和分析

(一)风险识别

风险识别是指对尚未发生的、潜在的以及客观存在的各种风险进行系统、连续的预测、识别、推断和归纳,并分析产生事故的原因。该定义包括以下含义:感知风险和识别风险是风险识别的基本内容;风险识别不仅要识别所面临的风险,更重要也是最困难的是识别各种潜在的风险;风险识别是风险管理过程中最基本和最重要的程序。

技术风险识别是技术风险管理的基础,也是一项复杂的工作。其复杂性在于技术风险的隐匿性、复杂性和多变性;风险识别的质量与风险管理者的管理素质和风险意识密切相关;风险识别全面深入,不但要识别显性风险,更重要的是识别潜在风险。要分析风险是静态风险还是动态风险,是可控风险还是不可控风险。

只有全面正确地识别风险投资活动所面临的技术风险，才能奠定风险管理的良好基础。

（二）风险因素分析

1. 政策风险

例如，行政审批制度改革是中国行政体制改革的"试验田"和"突破口"。以行政审批服务中心建设为代表的地方行政审批改革，迄今已走过10年。现在，从普通百姓到国内单位，乃至外国投资者，都已充分体验和正在享受这一改革所带来的巨大成效和丰硕成果，项目政策风险极小。

2. 项目管理风险

质量风险，因项目建设各阶段均会受到很多内、外部因素的影响导致信息系统工程的质量无法直观评测，在工程实施中的设计方案、技术选型、设备选型、设备安装、设备配置、实施组织、协调管理都很容易存在一定风险。合同管理存在法律风险，承建单位重承诺、轻履约，设备众多，以次充好，合同中对建设范围、目标、质量、进度及人员保障方面的界定约束力不强等。

3. 项目建设风险

项目技术实现风险，拟建系统需与多个各类系统发生数据、信息、服务交互，原有系统的相关单位和技术人员配合不力，或者特殊情况下对工程技术实现提出了更高的要求等，都会导致项目的部分设计、重新设计等风险。多集成商管理风险，建设单位、总设计单位、项目管理单位、总集成、各子系统集成商等各单位之间的责权模糊，相互推诿责任、不作为等，造成一定风险。

4. 项目运维风险

政府及企事业单位的数据中心人员、分支机构、代维厂商等多种角色，操作人员管理分散，多点登录；管理交叉异构，账号共享，数据中心人员账号同时可以访问网络设备和服务器，存在账号共享风险；内部高权限人员操作不透明，存在违规操作导致敏感信息泄露的风险，以及误操作导致服务异常甚至宕机的风险；外部人员操作风险不可控，存在被黑客盗用账号实施恶意攻击以及无法有效监管操作的风险；缺少必要取证、举证手段，无法第一时间发现并阻止不合法的操作，无法追溯到操作源头，为取证、举证提供充分的依据。

5. 投资风险

工程建设覆盖范围大、涉及内容多、技术含量高,是一个复杂的系统工程。网络构成、应用服务系统、信息资源开发、安全保障等,都关系到省司法行政系统信息化建设的成败。严格按照先统一设计后协调实施的原则,避免"边设计边施工"的现象;严格执行基本建设项目审批程序,是控制项目投资风险的有效办法。

6. 外部风险

外部风险主要是由于法律法规变化,项目相关接口方的情况变化等不可控制因素导致的风险。一般不将"不可抗力"作为风险因素处理,对这些事件往往采用灾难防御措施。

风险程度分析表如表 16-2 所示。

表 16-2 风险程度分析表

序号	风险因素	出现的可能性					出现后对项目的影响程度				
		极小	小	一般	较大	极大	极小	小	一般	较大	极大
1	政策风险	√					√				
2	项目管理风险			√				√			
3	项目建设风险			√					√		
4	项目运维风险			√						√	
5	投资风险			√						√	
6	外部风险		√							√	

二、风险对策和管理

司法行政系统信息化建设工作领导小组应加强与相关部门的合作与协调,对项目给予高度重视,积极支持、引导,保持政策的一致性和连贯性,针对存在的问题进行协调,并制定出切实可行的支持措施。

(1) 对有关价格、汇率和利率等风险在投资估算和财务效益分析中留有充分余地,同时在项目执行过程中实施有效监控。

(2) 由于项目规模较大,成本控制至关重要,其对项目投资的整体效益影响较大,要给予充分重视,各期开发必须紧密连接。

(3) 按照司法行政单位的组织管理要求,设立办事机构,选准高、中层管理人员。对管理人员的选聘标准,不仅要求专业技术上是内行,对其敬业精神、团队精神、协作精神等都应提出有利于单位发展的相关要求。

（4）提升软件服务环境。在硬件环境按国际标准建设的前提下，提升服务质量、科技含量、服务水平，具有为客户提供全过程服务的手段和能力。这不仅体现出对客户的重视程度，而且符合市场化、人性化商业服务的客观需要。

（5）在系统建设管理和技术方面，从横向和纵向上作大量的协调和管理工作，使各部门、单位之间充分协调，在项目中引入专业化的项目咨询、项目管理和项目监理机制，抓住项目的重点和难点问题，以有效的项目咨询服务、项目管理服务和监理服务为抓手，分析先行、制度先行、加强会商会审、按程序推进项目，在项目中实时把控，确保项目的最终运行效果符合预期构想。

第六节 建设（实施）管理

一、质量管理制度

根据项目施工管理责任制的要求，须按下列质量管理制度执行，以保证质量计划的实现。

1. 工程质量负责制度

项目经理部就工程承包范围内的工程质量向招标业主负责，并作为项目质量管理的第一责任人。监理代表招标业主负责对工程质量进行监督，监理和项目经理需要有相应资质和项目授权委托书。

2. 现场技术交底制度

坚持以技术进步来保证施工质量的原则。应编制有针对性的施工组织设计，积极采用新工艺、新技术，针对特殊工艺要编制有针对性的作业设计。每个工种、每道工序，施工前要组织进行各级技术交底，包括项目技术负责人对项目部的技术交底、项目部对班组的技术交底。各级交底以书面形式进行。因技术措施不当或交底不清而造成质量事故的，要追究有关部门和人员的责任。监理全程参与所有现场技术交底，并对实施过程进行监督，做好旁站记录。

3. 材料进场检验制度

项目建设中用到的各类设备必须具有出厂合格证，并根据国家规范要求进行开箱检验，检验不合标准的设备一律不准使用，因使用不合标准的设备而造成质量事故的，要追究验收人员的责任。监理全程参与材料进场检验。

4. 施工过程三检制度

实行并坚持自检、互检、交接检制度，自检要作文字记录。隐蔽工程要由监理组织项目技术负责人、质量检查员、班组长检查，并做出较详细的文字记录。

5. 现场质量记录制度

质量记录是质量责任追溯的依据，应力求真实和详尽。监理应对各类现场操作记录及设备调试记录、质量检验记录等妥善保管，特别是各类工序接口的处理，应详细记录当时的情况，理清各方责任。

6. 工程质量等级评定、核定制度

竣工工程首先由建设单位按国家有关标准、规范进行质量等级评定，然后报当地工程质量监督机构进行等级核定，对合格的工程发给质量等级证书，未经质量等级核定或核定为不合格的工程不得交工。

二、进度管理制度

1. 组织管理制度

实行项目法管理和项目经理负责制，建立强有力的施工指挥机构和施工保障体系，投入能保证施工进度如期实现的足够的施工队伍，实行专业化施工。

全面、及时掌握并迅速、准确地处理影响项目建设进度的各种问题。对工程交叉和施工干扰应加强指挥和协调，对重大关键问题超前研究，制定措施，及时调整和调动人、财、物，保证项目建设的连续性和均衡性。

强化建设管理，严明劳动纪律，对劳动力实行动态管理、优化组合，使作业专业化、正规化。

2. 计划管理保证制度

编制科学合理的总体建设进度计划，运用专业管理软件，对施工计划进行动态控制；在总计划的基础上分解明确的月及周计划，项目经理抓住主要矛盾，严格按计划安排组织项目建设，重点抓好关键节点的实施情况。定期检查进度计划的执行情况，及时对建设进度计划进行调整；在项目建设过程中，根据建设进展和各种因素的变化情况，不断优化建设方案。

项目实施要有合理的项目实施进度计划,并对实施进度进行合理把控,确保项目按期完成,主要有以下阶段和进度计划表(见表16-3)。

表16-3 项目实施进度计划表

序号	阶段	项目名称	月数	6	7	8	9	10	11	12	1	2	3	4	5	6	7	8	9	10	11	12
1	启动阶段	初设编制与评审	5	■	■	■	■	■														
2		项目招投标与合同签订	2						■	■												
3	实施阶段	需求调研和深化设计	2								■	■										
4		设备采购	3									■	■	■								
5		软件开发与实施	7										■	■	■	■	■	■	■			
6		系统部署与试运行	3																■	■	■	
7	完成阶段	使用培训	2																	■	■	
8		初步验收	1																		■	
9		最终验收	1																			■

第一,项目初设、招投标。编制需求分析报告和建设方案,完成项目立项和招投标工作,确定项目各承建单位。

第二,需求调研、系统建设。进行信息化建设需求调研工作。进行系统网络配置,软硬件系统和设备采购、安装、调试、应用软件系统研发和实施、系统集成等工作。

第三,系统测试、投入运行。进行系统测试、试运行和正式运行,编制系统运行维护管理规范。

第四,档案整理、系统验收。按照国家信息化建设相关标准规范,对项目建设过程中的相关文档资料进行整理,存档,并组织系统验收。

三、工程变更管理制度

信息化项目建设应严格按预算控制,一般不得发生变更。确需变更的,应当遵循科学、合理、真实、经济和及时的原则,按规定办理变更审批手续。

工程变更包括设计变更、工期延长变更、软件功能或工作量变更、涉及工程费用增减的施工组织设计变更、材料与设备的换用、无价货物或服务价格及暂定价的确定、工程量和费用的增减、工程质量标准的改变、其他实质性变更等。

(一)工程变更等级

(1)不涉及费用增减的变更。

(2)一般工程变更是指工程总投资在1000万元以内,单项变更增加工程投资金额在10万元(含)以下的工程变更;或工程总投资在1000万元以上,单项变更金额占工程投资1‰(含)以内的工程变更。累计变更金额不得超出合同价的5%。工期延长的变更不得超出总工期的30%。

(3)重大工程变更是指超越一般工程变更范围(包括重大的工程事故处理)的工程变更,累计变更金额不得超出合同价的10%。

(二)工程变更审批权限

(1)工程变更申请可以由业主方和承建单位任意一方发起申请。

(2)不涉及费用增减的变更由业主方负责审核,由科技信息处(科)报经分管领导审批。

(3)一般工程变更报科技信息处(科)审批。

(4)重大工程变更由联合审查小组审核后报党委审批。

(5)审批后由监理单位向承建单位发出变更通知,承建单位根据变更内容组织施工。

(6)项目变更导致工期、费用增减的,由业主方和承建单位预先书面协定并同步按审批权限报批。

(三)工程变更报批期限

一般工程变更招标业主方应在5个工作日内审核完毕;重大工程变更应在10个工作日内审批完毕。审批期限自送齐资料后计算。

招标业主方在报批工程变更时,需填报工程变更报告单一式六份,说明变更原因、内容及预算金额，并附送如下资料：

（1）经设计和监理等单位签字认可的工程变更单及附件资料；

（2）工程变更预算单及工程量计算表；

（3）招投标文件，施工合同适用变更的条款，变更前后的施工图；

（4）其他相关资料。

项目施工过程中，遇实施情况与设计不符且急需处理的情况及地震、台风等不可抗力时，为保证工程建设进度，可由业主方召集由设计、监理、审计造价单位等参加的紧急会议，商定处理方案，形成书面意见后边实施边报批。

项目实施过程中，发生工程费用增减的，由审计造价公司审核认定。承建单位因组织施工需要等原因而提出变更的，增加的费用由承建单位承担。

涉密工程验收记录、工程量计算应当在工程报保密主管部门审核后完成复核，并附详图和工程量计算式，同时提供经办人和保密办复核意见。复核必须要有具体意见，禁止仅签原则性意见或只签名无具体意见。

工程变更会议记录和审批流程必须手续完备。变更报告不得随意涂改，并必须注明日期。不得用直接在施工图上修改签字的形式来代替工程变更报告单。

设计、监理和审计造价单位应对工程变更进行严格审查，防止出现分解工程变更内容、压低变更金额等方式规避工程变更审查或工程变更未经审批而实施。

四、资金管理制度

1. 资金风险防范

项目资金管理严格执行请款、拨款制度，实行项目资金专款专用、专户管理、专账核算制度。

建立项目资金管理领导责任制和会计核算制，并自觉接受财务、审计、纪检和上级财务主管部门的监督检查，强化项目资金的管理和监督。对擅自变更项目预算、截留、挪用和坐支项目资金的，按法律法规的规定严肃查处。

项目建设单位按照事前审核、事中监控、事后检查的要求，建立健全项目资金跟踪检查制度和重大问题上报制度，定期不定期地开展项目资金专项检查，全程跟踪检查各项资金的拨付、使用情况，对发现的资金管理方面的重大问题及时上报。

2. 资金管理机构

装备财物部门和造价审计公司参与项目工程资金阶段审计和年终审计，对项目资金拨付、使用情况定期进行审核，全程进行监督，保证资金正常运行。

3. 资金管理方式

由项目实施部门在上一财政年度做好项目支付计划，按项目实际完成进度填制项目请款书，逐级上报，申请项目资金。申请付款填写资金支付表时，须附合同、发票、验收报告、固定资产登记卡以及项目执行情况等材料。

资金支付表及有关材料经司法行政机关项目验收小组、信息化建设领导小组办公室、司法行政机关纪委和计划财务装备处主要负责人审核后，报信息化工作分管领导签署意见和财务工作分管领导审批，由计划财务装备处按照有关规定办理资金支付手续。

4. 资金拨付方式

设备采购费用、线路租赁费用以及工程施工费支付按阶段进行分期支付，一般主要包括以下内容：工程开工前预付款；工程施工过程中根据工程进度和质量，拨付进度款；工程竣工后，根据工程竣工决算，拨付竣工款；质保期（运维期）满，根据质保（运维）履约情况拨付质保金（尾款）；其他情况，根据合同约定进行支付。

五、验收管理制度

根据项目实施进度，由信息化建设领导小组办公室会同司法行政机关纪委、司法行政机关保密办、计划财务装备处和业务需求部门等相关人员组成司法行政机关项目验收小组，组织项目的验收工作。验收小组下设专家小组，成员为三人以上单数。

合同约定须进行第三方软件测试的，测试报告作为终验文件之一，相关费用按照合同约定执行。

项目验收发生的劳务费，按照国家发布的关于专家评审费支付标准的相关文件规定执行。

项目档案是在信息化建设过程中具有保存价值的文档、声像等资料，分为工程立项、工程管理、工程标准、工程施工、工程培训、工程验收六大类，由项目管理（监理）单位协助信息化建设领导小组办公室建档归类管理。

项目造价（财务）审计单位根据年度审计计划对往年竣工项目进行审计。

项目实行质量保证制度。项目设计（咨询）、项目承建、项目管理（监理）、项目造价（财务）审计、项目评测等相关单位按合同要求对项目工程质量承担相应责任。项目承建单位的质量保障期自验收合格之日起，不得少于3年。

司法行政系统科技与信息化领导小组办公室（以下简称"科信办"）根据相关规定，组织对司法行政系统信息化建设项目的组织验收和管理工作。

项目承建单位在完成项目测试、初验、试运行通过后，向建设单位、监理单位提出项目竣工验收申请。

1. 验收依据

（1）项目前期工作批复文件（立项、可行性论证、设计批复）；
（2）合同书及合同附件、有关技术说明文件；
（3）第三方系统测试评测机构的测试报告或涉密项目保密主管部门出具的验收合格证书；
（4）按照国家和本省相关法律法规、国家标准、地方标准、行业标准进行验收。

2. 项目验收的前提条件

（1）建设项目应按照投标文件、项目合同等相关要求进行建设，并满足功能需求，试运行三个月以上；
（2）建设内容及配套设施经过测试，通过初步验收；
（3）完成系统部署试运行及相关培训工作，制定完善的售后服务方案，取得用户使用合格意见；
（4）系统测试通过第三方评测机构的测试报告，涉密项目需提供保密主管部门出具的验收合格证书；
（5）项目过程资料、技术文档及竣工验收资料图纸齐全，签字盖章确认完毕，知识产权清晰，符合合同及相关政策法规要求；
（6）其他招标文件、投标文件、合同书、合同补充文件及附属文件规定的验收条件。

3. 验收内容

验收内容及标准根据合同和招标文件要求制定。由承建单位、监理单位制定验收方案，报科信办审定执行。验收内容如下。

（1）检查建设情况。主要检查建设内容、建设规模是否符合批准的建设方案、工作任务说明书、合同书等有关文件约定，项目建设中发生的重大变更是否获得项目批复机构批准。
（2）检查施工情况。主要检查网络系统、应用系统、安全系统的施工质量，执行法律法规和标准情况，项目建设和管理是否符合有关法律法规和信息化建设相关标准。
（3）检查档案资料情况。主要检查项目建设的批复文件及相关档案，系统设计、施工设计、软件开发、系统集成等技术资料，合同档案、各类标准、管理文件及过程控制文件等档案资料。

4. 项目审查内容

1) 功能检查

对软件功能完整性、正确性进行审查和评价。

2) 施工审查

对项目计划、采用标准、招标需求和需求方案及其执行情况进行审查和评价。

3) 测试结果审查

对测试单位出具的项目测试报告、监理单位出具的监理报告、第三方机构或保密部门出具的验收合格证书等进行审查。

4) 技术文档检查

验收评审的资料包括以下几个部分。

（1）设计资料：主要包括招标书、投标书、有关合同、有关批复文件、系统设计说明书、系统功能说明书、系统结构图、项目详细实施方案。

（2）项目竣工资料：主要包括项目开工报告、项目实施报告、项目质量测试报告、项目检查报告、项目预决算书、测试报告、材料清单、项目实施质量与安全检查记录、项目竣工图纸、操作使用说明书、售后服务保证文件、培训文档、其他文件。

（3）软件开发文档：主要包括需求说明书、概要设计说明书、详细设计说明书、数据库设计说明书、测试计划、测试报告、程序维护手册、程序员开发手册、用户操作手册。

（4）项目管理文档：主要包括项目计划书、质量控制计划、配置管理计划、用户培训计划、质量总结报告、会议记录和开发进度月报。

5. 验收方法

（1）登记：对项目中涉及的所有硬件、软件和应用程序登记造册，特别是硬件使用手册、软件使用手册、应用程序等技术文档。

（2）对照：对照检查项目各项建设内容的结果是否与合同条款及项目实施方案一致。

（3）操作：对项目系统硬件——实际加电操作，验证是否与硬件提供的技术性能相一致；运行项目系统软件，检验其管理硬件及应用软件的实际能力是否与合同规定的一致；运行应用软件，实际操作，处理业务，检查是否与合同规定的一致，达到预期目的。

（4）测试：对能使用检测仪器进行检测的设备进行实际测试，检查是否和设备实施的规格、性能要求相一致。

6. 验收程序

验收程序包括建设项目的测试报告和验收方案报建设单位、监理单位审核通过后，按照初验、试运行、竣工验收三个阶段进行组织和管理。

1）初验

（1）项目完工后，承建单位根据合同、招标书、详细设计方案，检查、总结项目完成情况，提交完工申请报告。经自测试通过后，提交测试报告，向科信办、监理单位提出初验申请。

（2）科信办组织监理单位和承建单位组成初验小组，对项目各项工作进行全面检查。

（3）承建单位提供材料，主要包括初验申请书、完工报告、测试报告、项目总结报告，以及要求的验收评审资料。

2）试运行

（1）试运行期为3个月，试运行期间承建单位应做好试运行情况的记录。

（2）试运行期间所有设备的修改和软件变化都应在试运行结束后写入操作和维护手册中。

（3）对建设单位进行培训，使建设单位用户掌握该项目的操作和维护方法。移交管理权限，制定完善的售后服务方案。

（4）试运行期通过后，承建单位须提供试运行报告，并经监理单位审核、建设单位确认，由用户单位出具用户使用报告。

3）竣工验收

（1）竣工申请：经项目测试和初验，全部系统经试运行三个月合格后，项目承建单位向项目建设单位、监理单位提出项目竣工验收申请。由项目承建单位、监理单位共同制定验收方案，并报科信办审定。

（2）验收方案经科信办审核通过后，组织验收可分为两个步骤，即验收小组验收和验收专家组评审，可同步进行。

7. 验收结论

验收结论分为验收合格、需要复议和验收不合格三种。符合信息化项目建设标准、系统运行安全可靠、任务按期保质完成、经费使用合理的，视为验收合格；由于提供材料不详难以判断，或目标任务完成不足80％而又难以确定其原因等，导致验收结论争议较大的，视为需要复议。

项目凡具有下列情况之一的，按验收不合格处理：

（1）未达到项目验收方案或合同、招投标所要求的主要技术指标的；

（2）所提供的过程、验收材料不齐全或不真实的；
（3）项目的内容、目标或技术路线等已进行了较大调整，但未得到科信办认可的；
（4）实施过程中出现重大问题，尚未解决和做出说明，或项目实施过程及结果等存在纠纷尚未解决的；
（5）没有对系统或设备进行试运行，或者试运行不合格的；
（6）项目经费使用情况经审计发现问题的；
（7）违反法律法规的其他行为。

六、成果管理制度

信息化项目成果（包括专利申请权、专利权、非专技术的使用权和转让权、著作权或版权等），除有特殊约定外，均归业务使用部门所有。项目建设与软件开发单位签订政府采购合同须明确以下权属。

（1）源代码程序归业务使用部门所有，未经书面授权，软件开发单位不得将源代码程序及相关工作成果转让或许可第三方使用，不得对源代码程序、完成委托事项所产生的工作成果进行任何修改，也不得将修改后的工作成果加以使用或许可、转让给第三方使用等。

（2）软件开发单位提交的源代码程序应附带详细、规范的代码说明文档、接口文档和数据库文档。

（3）购买商业软件、设备系统，应尽量要求供应商提供软件、设备系统的集成调用接口。

（4）计划财务装备处加强对项目的资产管理工作，严格按照有关规定进行固定资产登记。

七、运行维护管理

项目建成终验后，运行维护工作统一归口到科信办，由科信办委托经公开招投标程序选定的中标单位运行维护，运维经费纳入司法行政机关年度预算。

运行维护单位必须建立健全信息安全等级保护、涉密信息系统分级保护、安全测评、风险评估、应急管理、安全检查、业务培训等工作制度。

第七节　人员配置与培训

一、人员配置

从科技信息化项目看，科技信息处（科）是信息化领导小组的办事机构，负责信息化建设规划、项目建议书、可行性研究和实施方案等的组织论证、制定、落实和验收，以及信息系统的建设、维护和培训。

全系统所有人员均为培训对象，信息化通识技能培训面向全体人员，各业务处（科）室按业务类别进行分项培训。

培训师资分为三类：

（1）是信息化理念和前沿知识培训由大专院校、科研院所和本领域有研究经验的专家进行讲解；

（2）基本操作和业务应用由专业教师和专业工程师讲解；

（3）业务分析、提升、创新由本业务的能手和相关专家进行经验讲解。

二、培训计划

培训依然是信息技术应用能力提升的最直接、最有效手段。针对不同司法行政队伍培训对象的不同，需对培训对象、培训内容、培训方式、考核内容、考核方式进行细分，以求得到最好的培训效果。

（一）培训需求分析阶段

在培训实施前，对培训对象技术水平进行了解，根据情况综合分析，总结培训对象的知识缺陷，摸清现有状况，具体措施如下：

（1）发放调查问卷，了解听课对象及听课需求；

（2）与主管人员进行面对面的访谈，了解他们对自身知识的评价，对培训的期望和知识的薄弱环节。

（二）培训课程设计阶段

在了解培训对象的培训需求的前提下和培训项目实施前，培训讲师根据实际需求对培训系统的某些部分进行修订，或对培训项目进行整体修改，使其更加符合听课对象的实际需要。

培训对象按业务岗位可分为领导岗、管理岗、业务（事务）岗、专业技术岗。

1. 领导岗

领导岗是指部、省、市、县各级司法行政机构中的正副职书记、局长。这些岗位对整个单位信息化建设的影响起着关键作用。领导岗对信息化的认知、接受、推动有着决定性作用，信息化机构设立、人员配备、资金支持、制度保障等决策由这些岗位来决策。针对领导岗位的信息化培训要求有三大模块：解放思想培训，统一思想培训，通识应用培训。

1）解放思想培训

一是从国家信息化宏观政策、发展战略、区域发展目标，确定信息化的发展方向。

二是对信息化技术的先进性、创新性、便捷性、安全性进行全面阐述。

三是用实例分析司法行政系统或政法系统已经运用信息化技术，在立法执法、监督执行、为民服务、行政管理等方面取得的成绩和社会反响。

2）统一思想培训

一是司法行政＋信息化的优势、亮点、特色。

二是研究本地信息化建设对标上级和中央的建设方案。

三是信息化建设中带来的地域空间泛在、响应时效泛存、对象种类泛化、新流程与旧制度抵触、信息指数级传播、舆情随时产生、创新方案责任担当等。

四是机遇与挑战并存，合理规避风险，找到发展的平衡点。

3）通识应用培训

一是常用固定设备的基本操作，如电脑、打印机、扫描仪、手写板。

二是常用移动终端的基本操作，如手机、平板、笔记本、智能手表、智能眼镜等。

三是本单位 OA 系统操作，特别强调 OA 系统上线后，所有可以线上办理的业务全部取消线下办理，这样才能达到预期效果。

四是新潮应用，如智能音箱、手机扫描、手机修图、语音录入、OCR 文字识别、文件互传、信息分享等。

2. 管理岗

管理岗是指各级司法局的业务和行政管理处（科、股）室正副负责人等中层管理岗，这些岗位承担着司法行政各业务和政务管理的具体落实和管理监督作用，信息化应用能力的提升直接影响业务管理系统能否高效运行。这些岗位是制度的制定者，也影响着线上流程的走向，影响流程的复杂度。针对管理岗的信息化培训要求有三大模块：科学管理与流程再造培训，互联网＋放管服培训，通识应用培训。

1）科学管理与流程再造培训

一是学习、了解科学管理的相关知识，把科学管理搬到线上进行，减少环节，减少人为干预。

二是线上管理与线下管理相结合，实体服务、网络服务、电话服务最终在同一资源池汇聚，消除信息不对称造成的管理熵。

三是技术创新推动流程再造，运用大数据、物联网、互联网＋、数据共享、GIS、AI、人脸识别、图像提取等技术优化流程、提高效率。

2）互联网＋放管服培训

一是学习"进一个门、一个窗口、一次办理"的指导思想。

二是用技术分解"办一次"的流程可控。

三是对各自业务系统分门类培训。如立法管理、执法监督、律师管理、公证管理、鉴定管理、法律援助、人民调解、司法所、人民监督员、统一法律职业资格考试、法律宣传、社区矫正、安置帮教、队伍建设等。

3）通识应用培训

同领导岗通识应用培训。

3. 业务（事务）岗

业务（事务）岗是指各级司法行政机构中各处（科、股）室直接办理业务和操办各种事务的工作人员。这些岗位包括信息化流程线上的操作员、录入员、最终用户。信息系统好不好用，有没有问题，如何优化，他们最有发言权。针对业务（事务）岗的信息化培训要求有两大模块：业务技能培训和通识应用培训。

1）业务技能培训

一是对各自业务系统分门类培训，掌握各业务流程的关键节点。如立法管理、执法监督、律师管理、公证管理、鉴定管理、法律援助、人民调解、司法所、人民监督员、统一法律职业资格考试、法律宣传、社区矫正、安置帮教、队伍建设等。

二是对突发事件、应急处置的培训。如网络不通、设备故障、流程数据无法提交等。

三是对常用办公设备的运维操作。如电脑、打印机、复印机、扫描仪、高拍仪、相机、摄像机、自助机的运维。

2）通识应用培训

同领导岗通识应用培训。

4. 专业技术岗

专业技术岗是指各级司法行政机构从事信息化技术保障的岗位，这些人长期为各自单位所有岗位人员服务，积累了对司法行政业务的理解，也掌握了信息化相关技术，对信息化设备、软件、运维、培训、考核有着全面的了解，对信息化应用能力提升起着引领作用。但由于信息化部门在各单位处于相对弱势地位，信息化应用能力提升的引领作用无法充分展现，同时由于部分司法行政单位对业务培训的认知停留在系统内，上级有培训才去参加，系统外培训一律不参加，信息化行业和企业办的培训更是"不敢沾边"。针对专业技术岗的信息化培训要求有两大模块：系统内技术创新培训，信息化行业技术培训。

1）系统内技术创新培训

一是由司法部或各级司法行政机构为实现全系统技术创新与交流组织的业务技能培训。

二是为提升专业技术岗的技术水平，邀请知名高校、科研院所、企业的专家和工程师讲解最新行业动态和业界最新知识。

2）信息化行业技术培训

一是针对现有系统上线需要掌握的硬件调试、软件运维、数据库管理、数据备份等专业技术的培训。

二是信息化行业组织的关于新技术应用、新产品发布、新应用普及的培训。

三是信息化行业组织的关于各类职业资格、职业技能培训，如安全工程师、系统工程师、大数据分析师、数据可视化工程师等。

（三）培训课程的实施阶段

在实施阶段，严格按照实施过程的管理原则，充分保证培训的效果。培训实施过程中主要涉及以下内容：

（1）培训实施计划安排；

（2）发放培训资料或教材；

（3）课程讲授、交流、研讨；

（4）解决培训对象实际问题。

（四）培训效果评估阶段

课程结束后，针对所有培训对象进行考核及评估，并针对综合考核及评估情况在后期实习阶段进行跟踪指导。具体内容如下：
(1) 发放考核试题，对培训对象进行考核；
(2) 对培训课程进行评估调查；
(3) 培训讲师提交培训效果反馈表；
(4) 讲师对培训情况进行评价。

三、培训文档

以上所有过程结束后，将提交以下文档记录：
(1) 人员培训计划及具体培训安排表；
(2) 培训手册；
(3) 人员签到表；
(4) 人员考核成绩单；
(5) 培训满意度调查表；
(6) 课程评估反馈表。

第八节 信息化项目建设面临的问题和解决思路

一、项目建设进度滞后

项目进度滞后的原因来自多个方面：
(1) 承建公司建设能力不够；
(2) 项目管理中变更事项较多；
(3) 司法行政机构改革造成人员变动较大；
(4) 机关办公场地面临搬迁风险；
(5) 机关部分业务处（科）室重视不够，需求不明确。
对项目推进和完成需根据各项目滞后原因分别制定推进方案。

（1）承建公司能力不足或变更事项较多的项目。这种情况一般不是承建公司能力不足，而是驻场项目经理能力不足，不能把握项目整体要求和整体进度，自己擅长的就做得又快又好，自己不擅长的就拖拖拉拉。建议把做得好的和弱的子项目分开进行初验，明确项目完成度、明确欠缺资料、明确欠缺功能，逐项推进。

（2）机构改革问题和面临搬迁的基础设施。做好材料轨迹留痕，请设计、监理、造价单位参与，涉及经费变更的，需要明确起止时间、起止工作量，不在信息化建设中的要给中标方明确建设边界，也给招标业主方明确建设范围。

（3）需求不明确的项目。按业务处（科）室清理各自软件开发进度，由业务处（科）室对功能、流程、规范、统计表格进行确认。科技信息处（科）各软件联络员核对自己联络的软件项目，分别对领导用户、处（科）室用户、基层用户、公众用户逐一进行 PC/移动端功能确认、业务流程提醒、用户体验跟踪、管理规范变更进行确认。科技信息处（科）对软件安全、单点登录、统一权限管理、数据共享、数据备份、系统反馈、技术标准进行确认。

（4）各项目实施周例会、月例会制度，每月制订工作计划并对上月工作进行总结，必要时向承建单位通报项目进展情况。

二、应用推广困难

（1）领导关心不够。信息化项目建设到什么程度，领导应用程度，各级各部门应用程度，各单位一把手都不太清楚。

（2）信息化理念不够。信息共享不够，顶层设计、整体布局、系统推进方案，信息化项目建设中各项目相对独立，有各自的项目负责人，但项目组之间没有交流，无法实现顶层设计的整体性理念。

（3）业务处（科）室参与度不高。业务处（科）室认为科技信息化工作是科信部门的工作，与自身关系不大。

为解决应用推广困难，需要解决以下深层次问题。

（1）科信部门内部要提升信息化理念，应从实际行动中强化信息化资源共享、数据流动。科信部门内部所有办文全部在 OA 系统中进行，既可提升自身信息化应用理念，也可对所有工作留痕，方便日后查询、统计、回溯。所有办文除指定办理人外，其余所有人都要求阅知，不能只在阅办人之间流转。

（2）从思想上、理念上引起各业务处（科）室重视，扩大培训面、培训类型、培训内容，开展异地先进成果调研学习。

（3）科信部门主动作为，不仅仅是带领公司去进行对接，还要深入了解各业务处（科）室的业务规程，深入了解难点痛点，真正解决问题，发现信息化带来的新问题，并提出改进意见。

（4）主动向业务处（科）室及分管领导报告信息化建设进度和重点难点，不能只报喜不报忧、只讲成绩不讲过错。引起领导重视，发挥领导的主动推动作用。

（5）要回头看、找问题，找差距，不能只做开头，不管过程，不管结果。特别是信息化上线后，传统管理制度、考核方案要相应进行修改，管理制度不适应新技术应用的新环境普遍存在。

（6）加强宣传和督办，学习司法部信息化推进方法，摆数据、排名次，对各业务处（科）室、各级单位进行排名通报。

第十七章 "数字法治 智慧司法"标准规范

第一节 信息化标准体系的需求分析

在司法行政机关特别是在"数字法治 智慧司法"建设中引入标准化体系,不仅能够更好地规范工作流程、统一工作规范、明确工作要求,还能够从制度上更好地杜绝司法行政人治化、随意化、自由化,为基层的司法行政工作指明方向,并且为司法改革在基层的实践工作提供方法。全面依法治国的要求落到实处,需要用制度化、标准化来实现,从而提高政府特别是政法机关的公信力。"数字法治 智慧司法"标准体系建设的一般原则如下。

一、需求引领,系统布局

围绕司法行政重大部署,合理规划标准化体系布局,科学确定发展重点领域。

二、问题导向,创新驱动

以问题为导向,全面落实标准化改革要求,完善标准化法制、体制和机制。强化以科技创新为动力,推进科技研发、标准研制和产业发展一体化,提升标准技术水平。以管理创新为抓手,加大标准实施、监督和服务力度,提高标准化效益。

三、包容开放,协同推进

加强顶层设计和统筹管理,调动各地区、各部门积极性;坚持各类、各层级标准协调发展，提高标准制定、实施与监督的系统性和协调性；加强标准与法律法规、政策措施的衔接配套，发挥标准对法律法规的技术支撑和必要补充作用。

第二节 "数字法治 智慧司法"标准体系

"数字法治 智慧司法"标准体系建设要结合标准化工作改革，推进司法行政标准化体系结构性调整。完善司法行政标准制定程序，提高标准制定修订效率，发挥市场作用，促进技术创新、标准研制和业务发展一体化。

严格按照标准化建设发展的工作规律，坚持顶层设计，构建包含监狱管理、戒毒管理、社区矫正、立法、执法、备案、法考、普法宣传、基层法律服务、人民调解、安置帮教、法律援助、司法鉴定、律师管理、公证管理、公共法律服务体系、科技与信息化等司法行政职能的司法行政标准化体系，充分发挥法律法规、标准规范的协同作用。主要从以下标准体系着手建设。

一、立法建章标准体系

建设完善行政立法规划计划制定、法律法规起草审查、条约审查、法规规章备案审查、法律法规编纂清理、法规译审等系统，助力形成完整、统一、权威的中国特色社会主义法律体系的标准。利用人工智能技术，以法律法规库为基础，建设法律专业词库和知识图谱系统，建立以宪法为根本遵循的上下位法、相关法以及法律条款间的关联关系，实现对行政立法立、改、废、释全生命周期的信息资源的标准管理、规范调用。

二、执法监督标准体系

梳理行政许可、行政处罚、行政强制等方面的行政执法主体及其行政权力清单，落实行政执法"三项制度"（行政执法公示制度、执法全过程记录制度和重大执法决定法制审核制度），全面收集分析省政府各部门、各地各级政府的具体行政行业信息，为完善执法程序、规范执法行为、加强行政执法协调监督提供信息支撑。推进全省行政复议和行政应诉信息系统建设应用，实现行政复议全流程线上办理，形成全省行政复议和应诉案件库，强化行政复议监督职能。

三、智慧监狱标准体系

根据监狱的实际业务情况,横向划分为监管安全类、监管改造类、公正执法类、综合保障类、队伍建设类和业务协同类工作主题,纵向则按照监狱组织层级划分为业务决策、业务管理和业务操作三个职能分类。进一步规范监狱执法、教育改造、劳动改造、狱政管理、设施和经费管理、队伍管理。切实规范监狱执法,严格提请减刑假释、呈报暂予监外执行各环节的条件和程序,确保监狱执法工作在法治轨道内运行。加强执法监督,建立健全执法监督机制和责任追究机制,加强执法活动监管,健全完善执法公开、公示制度,不断提高执法水平。

四、智慧戒毒标准体系

建立戒毒工作考核评估标准体系,提高戒毒所安全管控能力和规范执法水平,打造标准化、精细化、智能化的执法管理体系,健全戒毒人员教育矫治、生活卫生、戒毒治疗等工作规程,健全完善所外就医、诊断评估、提请变更强制隔离戒毒期限等执法标准和程序,确保戒毒所安全稳定无事故。建立戒毒效果评估标准体系,规范戒毒流程,提高强制隔离戒毒工作的科学性、针对性和有效性。建立社会化戒毒机制,充分利用社会资源,探索建立吸毒人员亲属、社会机构、戒毒志愿者相结合的社会化戒毒机制。

五、智慧社区矫正标准体系

以建立和完善社区矫正工作体系为目标,以提高教育矫正质量为中心,构建社区矫正管理执法新机制。规范社区矫正人员交付衔接工作,健全完善与法院、监狱、看守所的交付衔接机制,有效减少脱管、漏管,落实刑释解教人员必接必送制度,做到社区矫正工作流程清晰、职责明确、制度上墙。规范档案管理,建立执行档案和工作档案,做到一人一档、分级管理,确保档案内容真实完整、管理严格规范。完善社区矫正信息管理系统,实现全部社区矫正执法环节网上审批审核、同步可监测。建立社区矫正日常执法流程,建立完善全方位的社区矫正执法监督体系,切实规范社区矫正执法,健全完善社区矫正工作制度,强化社区矫正执法行为的日常监督和年度考评,确保社区矫正工作规范运行。

六、全国统一法律职业资格考试标准体系

完善国家法律职业资格考试组织机构、健全责任体系，科学设置法律职业资格考试组织实施工作规程和操作流程，加强国家法律职业资格考试基地建设，设置突发紧急情况预案。人性化推进服务，建立法律职业资格考试信息管理平台，完善职业资格管理便民渠道。

七、普法宣传标准体系

健全社会普法教育机制，构建社会化大普法格局，加强政府购买力度，明确招投标流程和监督责任，多层面、多阵地吸纳社会力量参与，发挥公益自愿组织能动性；充分发挥部门普法指导性和普法对象自主性需求，落实目标管理责任，提高普法工作有效性；建立普法依法治理年度任务分解，落实部门普法依法治理职责，探索建立健全普法考核评估机制，进一步提升普法教育的实效和水平。

八、基层法律服务标准体系

推进基层法律服务所与司法所分离，具备事业发展、执业风险等基金，切实增强基层法律服务所自我发展和抵御风险的能力。严把基层法律服务工作者执业准入关，推行执业前谈话和执业辅导制度。全面规范和加强基层法律服务所内部管理，建立健全日常监督管理，规范委托代理行为，加强法律服务质量监督，健全投诉处理机制等；建立人员流动管理制度，规范基层法律服务工作者的转入、转出等报批手续。

九、人民调解标准体系

构建人民调解质量管理新体系，实现纠纷调解流程规范、调解文书统一、调解结果合情合理合法、调解卷宗内容齐全、调解质量监管到位、调解信息系统化管理，全面规范和加强人民调解工作。完善人民调解信息管理系统，建立系统运行监督指导机制和系统运行情况通报制度。

十、安置帮教标准体系

建立和完善安置帮教工作体系,以提高安置帮教质量为中心,以规范管理工作为主线,以落实各项保障为重点,以服务管理创新为动力,着力规范和强化工作运行机制、管理机制和保障机制,全面提升安置帮教工作成效。制定出台刑释解教人员无缝衔接、分类帮教、文书档案管理等工作制度,形成一套有约束力、能执行的刑释解教人员安置帮教制度体系,规范安置帮教指导、督促、检查、落实工作,确保工作质量,提升安置帮教工作规范化水平。

十一、法律援助标准体系

推进法律援助标准化建设,规范法律援助工作流程,完善指派制度,区分民、刑事案件制定规范工作流程。建立法律援助质量评估标准,强化服务对象满意度、服务行为规范及服务行为效果等考核指标评价。完善法律援助监督制度,提高听庭率和社会邀请人士的参与度,通过法官评价、听庭评价等形成内外结合、上下互动、立体动态的监督模式。完善奖励机制,提升法援服务质量。

十二、司法鉴定标准体系

严格司法鉴定机构和鉴定人准入标准,健全司法鉴定执业管理规范,明确鉴定委托受理条件,适用统一的司法鉴定专业领域技术标准和技术规范,加强认证认可工作,推进司法鉴定行业规范升级。组建司法鉴定为民服务志愿者队伍,主动承担社会责任,做好司法鉴定法律援助工作,提高司法鉴定服务能力。健全司法鉴定投诉处理机制,规范司法鉴定意见质量评价机制和争议解决机制,落实鉴定人出庭作证、鉴定过错追责等制度,提高司法鉴定社会公信力。

十三、律师管理标准体系

建立律师执业行政许可操作规程,统一律师事务所及律师准入和退出标准,强化人员管理。建立律师事务所操作规程,健全律师事务所治理结构、管理制度,提高律师业服务经济社会发展能力。建立律师助理证管理操作规程,完善律师助理证申请、管理制度。建立律师办案质量监督检查操作规程,统一案卷管理标准、规范律师业务流程，建立健全律师办案质量评价体系。建立律师行业投诉查处操作规程，健全投诉处理机制，完善律师违法违规执业惩戒制度。建立律师事务所年度检查考核操作规程，规范律师事务所及律师的年度考核，健全和完善律师执业信用等级管理体系。

十四、公证管理标准体系

统一公证机构和公证员准入及退出标准，规范公证机构窗口建设标准和窗口服务标准。规范公证程序，明确公证申请与受理、审查、出证标准，保障公证质量，建立公证案件质量管理和评价体系。建立统一的公证信息管理平台，推行使用公证业务办证软件，提高公证服务能力。明确实施许可、审批、检查、考核、奖惩的具体措施，健全完善薪酬、职称、评先等激励机制与违规行为制约机制和过错责任追究机制。

十五、权力运行监督标准化体系

探索建立司法行政权力运行监督标准化体系，研究制定行政审批事项分类编码、行政审批取消和下放效果评估、权力行使流程等标准，推进各级司法行政机关事权规范化。健全行政审批服务制度，依法进一步简化和规范审批程序，进一步优化办事和审批流程，标准化设置窗口服务规范，引入电子意见评价系统，强化服务评价和服务监督，进一步推进行政审批公开，推行网上公开申报、受理、咨询和办复，加强便民措施，使相关行政权力运行更透明、高效，实现依法行政、规范履职、廉洁透明、高效服务的政府建设目标。

十六、公共法律服务标准体系

不断健全公共法律服务网络，有效整合公共法律服务资源，大力拓展公共法律服务领域，不断提高公共法律服务能力和水平，加快建立健全符合国情、覆盖城乡、惠及全民的公共法律服务体系，切实提高法律服务规范执业水平，进一步健全执业标准和工作规范体系，切实加强法律服务机构内部管理和建设，完善法律服务质量控制体系，为社会公众提供优质高效的法律服务。

十七、科技与信息化标准体系

建立健全司法行政系统公共安全标准体系，开展司法行政视频联网与应用和人体生物特征识别应用、警用防暴狱防越狱装备设计与安全评估、监管场所安全管控与智能化预警研判关键技术等领域的标准研究。推进司法行政系统电子公文管理、档案信息化与电子档案管理、电子监察、电子审计等标准建设，加强互联网政务信息数据服务、便民服务平台、行业数据接口、电子政务系统可用性、政务信息资源共享等政务信息标准化工作，制定基于物联网、云计算、大数据等信息技术应用的司法行政舆情分析和风险研判标准，开展虚拟化、物联网、移动互联网等信息技术应用标准研究，促进司法行政电子政务标准化水平提升。

通过各分项标准建设，建成标准统一、安全可控的全国司法行政基础信息标准库。

全国司法行政基础信息标准库建设按照一数一源、多元采集、共享校核、及时更新、权威发布的原则建设，并依法向各政府部门和社会开放。标准统一、安全可控的全国司法行政基础信息标准库包括全国司法行政系统人事、档案信息子库；全国监狱系统服刑人员信息子库，包括服刑人员减刑、假释、暂予监外执行、保外就医等信息数据；强戒人员信息库；社区矫正信息子库，包括社区矫正人员入矫、解矫数据，社区服刑人员行政处罚、撤销缓刑、假释、收监执行信息数据；律师管理信息子库、公证管理信息子库、司法鉴定信息子库、法律援助信息子库、安置帮教信息子库、基层法律服务信息子库、人民调解信息子库、通过法律职业资格考试人员信息子库、地理信息子库等司法行政基础信息标准库，覆盖全国各省市，满足全国司法行政系统各领域检索统计、依法决策、提高工作效率与质量的需求，解决长期困扰基层部门的数据标准和交换问题，为司法行政系统决策提供数据基础。

建设数据共享体系，形成司法行政信息资源协同共享标准体系。当前司法行政系统内各单位往往只专注于各自内部的业务应用，彼此间信息资源共享利用缺乏合理规划和整合协调，形成各种"信息孤岛"，严重制约司法行政信息资源作用的充分发挥。司法行政系统内各部门亟待按照职责分工，梳理履职所需信息共享需求，明确共享信息的有效需求和提供方式，逐步建立信息共享监督检查、考核通报、安全和保密审查等制度，推动司法行政系统内各部门信息资源按需共享。建立司法行政公共信息资源共享服务中心，提供全国各省市司法厅（局）、监狱管理局、戒毒管理局等各部门间供需信息的共享通道，形成统一的信息资源目录体系，提供统一的信息资源发布、目录服务等功能，支持信息查询、信息订阅、信息推送与接收、信息访问接口等信息资源服务。

建设自我防控体系，实现标准化实施成效评价标准，将标准化覆盖到司法行政工作的各个领域、各个环节。实施工作流程化、流程标准化，力求实现以下五大成效。

（1）岗位职责进一步明确。在细化岗位职责的基础上，建立健全层级式责任体系。

（2）规章制度进一步健全。按照标准化管理的要求，全面清理修订和补充完善各项规章制度，建立健全科学规范制度体系，切实做到制度走在前、执法无盲区。

（3）工作流程进一步规范。实施政务提效工程，完成流程优化和再造，加大政务公开力度，实现办事流程更加顺畅、透明、高效。

（4）考核评价进一步科学。标准化实施形成严谨、科学、有序的任务指标报审体系，实现指标定准，为考核评价能够考准、考实、考真树立标尺。

（5）权力运行进一步规范。以标准化管理体系为依托，构建业务集成服务平台与信息反馈平台，促进司法行政工作向服务型、法治型、廉洁型、创新型转型。

附录 A "数字法治 智慧司法"标准名录

《全国司法行政信息化总体技术规范》(SF/T 0008—2017)
《全国司法行政系统指挥中心建设技术规范》(SF/T 0009—2017)
《全国司法行政视频会议系统建设管理规范》(SF/T 0010—2017)
《全国司法行政信息资源交换规范》(SF/T 0011—2017)
《全国司法行政系统网络平台技术规范》(SF/T 0012—2017)
《全国安置帮教信息采集及数据交换技术规范》(SF/T 0019—2017)
《全国法律援助管理信息系统技术规范》(SF/T 0024—2017)
《全国公共法律服务平台建设技术规范》(SF/T 0013—2017)
《全国公证综合管理信息系统技术规范》(SF/T 0023—2017)
《全国监狱信息化应用技术规范》(SF/T 0014—2017)
《全国律师综合管理信息系统技术规范》(SF/T 0022—2017)
《全国人民监督员管理信息系统技术规范》(SF/T 0026—2017)
《全国人民调解管理信息系统技术规范》(SF/T 0018—2017)
《全国社区矫正管理信息系统技术规范》(SF/T 0015—2017)
《全国社区矫正人员定位系统技术规范》(SF/T 0016—2017)
《全国司法行政戒毒信息化应用技术规范》(SF/T 0021—2017)
《全国司法行政信访管理信息系统技术规范》(SF/T 0020—2017)
《全国司法鉴定管理信息系统技术规范》(SF/T 0025—2017)
《全国司法所管理信息系统技术规范》(SF/T 0017—2017)
《智慧监狱 技术规范》(SF/T 0028—2018)
《司法行政移动执法系统技术规范》(SF/T 0049—2019)
《司法数据资源平台和司法共享服务平台技术规范》(SF/T 0050—2019)
《监管场所异常事件视频监智能分析系统技术规范》(SF/T 0051—2019)
《信息技术 数据质量评价指标》(GB/T 36344—2018)

附录 B 初步设计参考目录

目 录

第 1 章 项目概述

1.1 项目名称

1.2 项目建设单位及负责人,项目责任人

1.3 初步设计方案和投资概算编制单位

1.4 初步设计方案和投资概算编制依据

1.5 项目建设目标、规模、内容、建设期

  1.5.1 建设目标

    1.5.1.1 信息中心项目建设背景

    1.5.1.2 信息中心项目建设目标

  1.5.2 建设规模

  1.5.3 建设内容

  1.5.4 建设周期

1.6 总投资及资金来源

1.7 效益及风险

  1.7.1 经济效益

  1.7.2 社会效益

1.8 相对可行性研究报告批复的调整情况

1.9 主要结论与建议

  1.9.1 结论

  1.9.2 建议

第 2 章 项目建设单位概况
2.1 项目建设单位与职能
2.2 项目实施机构与职责

第 3 章 需求分析
3.1 现状分析
3.1.1 总体情况
3.1.2 应用系统现状
3.1.3 网络系统现状
3.1.4 现有信息化系统和信息化应用存在的问题和不足
3.2 政务业务目标需求分析结论
3.2.1 政务目标分析
3.2.2 业务目标分析
3.2.3 作业目标分析
3.2.3.1 核心业务支撑需求分析
3.2.3.2 信息资源整合需求分析
3.2.3.3 平台服务需求分析
3.2.3.4 运维管理需求分析
3.3 拟建业务系统
3.4 系统功能指标
3.4.1 基础支撑云平台
3.4.1.1 大数据资源池数据处理
3.4.1.2 大数据资源池数据
3.4.1.3 统一数据交换
3.4.2 大数据整合与处理
3.4.2.1 ETL工具采集
3.4.2.2 大字段自动剥离
3.4.2.3 数据梳理
3.4.2.4 文件管理中心
3.4.2.5 数据资源目录
3.4.2.6 数据资源管理
3.4.2.6.1 数据库资源管理
3.4.2.6.2 资源元数据管理

3.4.2.6.3 资源现状动态监测

3.4.2.6.4 资源多维检索

3.4.3 安全防护体系

3.4.3.1 物理安全

3.4.3.2 网络安全

3.4.3.3 主机安全

3.4.3.4 应用安全

3.4.3.5 数据安全

3.4.3.6 安全管理制度

3.4.4 灾备系统

3.4.4.1 业务服务过程建模

3.4.4.2 业务服务与司法行政部门关系建模

3.4.4.3 业务服务参数管理

3.4.5 运行维护系统

3.4.5.1 业务数据采集管理

3.4.5.1.1 业务运营指标检测

3.4.5.1.2 不同时间段的业务检测

3.4.5.2 业务可用性管理

3.4.5.2.1 业务异常处理

3.4.5.2.2 业务的全方位可用性管理

3.4.5.2.3 业务服务健康度管理

3.4.5.3 业务服务影响分析

3.4.5.4 业务服务告警处理

3.4.6 网络系统

3.4.7 数据共享与交换服务平台

3.5 系统性能指标

3.5.1 系统可靠性要求

3.5.2 系统可用性要求

3.5.3 系统稳定性要求

3.5.4 系统可维护性要求

3.5.5 系统可扩展性要求

3.5.6 系统安全性要求

3.5.7 数据库信息处理要求

3.5.8　提升基础设施资源利用率

　　3.5.8.1　硬件设施利用率

　　3.5.8.2　基础软件资源利用率

3.5.9　性能需求

3.6　技术指标分析

3.6.1　系统性能指标分析

3.6.2　系统接口指标分析

3.7　信息安全管理体系建设需求

3.7.1　安全等级保护

3.7.2　安全域划分

3.7.3　安全体系威胁分析

第4章　总体建设方案

4.1　总体目标

4.1.1　信息中心及数据交换共享平台（含灾备中心）

4.1.2　司法行政信息化支撑体系

4.2　总体设计原则

4.3　系统总体结构和逻辑结构

4.3.1　总体建设思路

4.3.2　总体结构图

4.3.3　项目总体逻辑和结构框架

4.4　总体技术架构

4.4.1　技术路线

4.4.2　遵循 J2EE 规范

4.4.3　采用 SOA 架构

4.4.4　运用 AJAX 技术

4.5　关键技术

4.5.1　海量大数据处理平台

4.5.2　多维实时计算与分析技术

4.5.3　ETL 技术

4.5.4　WebService 技术

4.5.5　ElasticSearch

第 5 章　本期项目设计方案

5.1　信息中心建设目标、规模与内容
- 5.1.1　建设目标
- 5.1.2　建设规模
- 5.1.3　建设内容
- 5.1.4　建设原则
- 5.1.5　设计原则

5.2　标准规范
- 5.2.1　管理规范
- 5.2.2　技术规范

5.3　信息中心总体架构

5.4　大数据处理应用平台设计
- 5.4.1　总体架构
- 5.4.2　信息接入中心
- 5.4.3　信息处理中心
- 5.4.4　数据计算中心
- 5.4.5　数据开发中心
- 5.4.6　元数据管理
- 5.4.7　配置清单

5.5　数据共享与交换服务平台设计
- 5.5.1　总体架构
- 5.5.2　部门间信息共享服务平台
- 5.5.3　数据服务化
- 5.5.4　搜索套件
- 5.5.5　数据交换方式
- 5.5.6　配置清单

5.6　网络系统设计
- 5.6.1　概述
  - 5.6.1.1　概述
  - 5.6.1.2　建设目标
  - 5.6.1.3　建设内容
  - 5.6.1.4　建设原则
  - 5.6.1.5　结构化

5.6.1.6 模块化

5.6.1.7 层次化

5.6.2 网络总体架构

5.6.2.1 总体逻辑架构

5.6.2.2 可靠性设计

5.6.2.3 总体网络架构

5.6.3 电子政务外网设计

5.6.4 政法综合信息网设计

5.6.5 带外网设计

5.6.6 司法厅 SDN 云网络设计

5.6.6.1 VXLAN 组网设计

5.6.6.1.1 VXLAN 组网技术

5.6.6.1.2 VXLAN 组网详细设计

5.6.6.2 业务自动化设计

5.6.6.2.1 物理分区自动化预配置

5.6.6.2.2 业务发放配置自动下发

5.6.6.2.3 虚机迁移

5.6.7 配置清单

5.7 灾备系统设计

5.7.1 术语表

5.7.2 灾备建设目标

5.7.3 总体架构设计

5.7.4 网络层设计

5.7.4.1 互联网总体架构图

5.7.4.2 电子政务网外网总体架构图

5.7.4.3 网络切换

5.7.5 应用层设计

5.7.6 数据层设计

5.7.7 灾难切换流程及恢复策略

5.7.7.1 灾难切换流程

5.7.7.2 灾难恢复场景

5.7.7.2.1 单系统切换及应用群切换

5.7.7.2.2 整体切换

5.7.7.3 不同灾难场景恢复机制

5.7.8 配置清单

5.8 中心机房及配套工程设计

5.8.1 总体设计原则

5.8.2 机房装修工程

5.8.2.1 设计原则

5.8.2.2 现有结构破拆

5.8.2.3 机房墙面

5.8.2.4 机房地面

5.8.2.5 机房吊顶

5.8.2.6 机房隔断

5.8.2.7 机房照明

5.8.2.8 机房门窗

5.8.2.9 其他

5.8.3 供配电系统

5.8.3.1 总体设计说明

5.8.3.2 分类设计说明

5.8.3.2.1 插座设计

5.8.3.2.2 辅助用电设计

5.8.3.2.3 线路敷设设计

5.8.3.2.4 过流保护设计

5.8.3.3 不间断供电 UPS 系统

5.8.3.3.1 模块化 UPS 系统方案可行性分析

5.8.3.3.2 智能模块化 UPS 供配电系统

5.8.3.4 蓄电池系统

5.8.3.5 低压配电系统

5.8.4 空调新风系统

5.8.4.1 需求分析

5.8.4.2 精密空调系统

5.8.4.2.1 系统选型

5.8.4.2.2 工程设计

5.8.4.3 机房新风系统

5.8.4.3.1 设计规范要求

5.8.4.3.2 系统配置

5.8.5 防雷接地系统

 5.8.5.1 机房防雷系统

 5.8.5.2 机房接地系统

  5.8.5.2.1 系统设计标准

  5.8.5.2.2 系统施工要求

5.8.6 机柜配套系统

 5.8.6.1 标准服务器机柜

 5.8.6.2 封闭冷通道系统

 5.8.6.3 机柜专用PDU供电单元

5.8.7 综合布线系统

 5.8.7.1 弱电综合布线系统

 5.8.7.2 布线桥架系统

 5.8.7.3 系统设计原则及系统特点

 5.8.7.4 系统设计方案

5.8.8 气体消防系统

 5.8.8.1 系统概述

 5.8.8.2 灭火剂特点

 5.8.8.3 七氟丙烷自动灭火系统工作流程图

 5.8.8.4 无管网系统

5.8.9 配置清单

5.9 灾备机房及配套工程设计

 5.9.1 项目概述

  5.9.1.1 项目背景

  5.9.1.2 总体设计原则

  5.9.1.3 设计依据

 5.9.2 机房装修工程

  5.9.2.1 设计原则

  5.9.2.2 机房墙面

  5.9.2.3 机房地面

  5.9.2.4 机房吊顶

  5.9.2.5 机房隔断

  5.9.2.6 机房照明

  5.9.2.7 机房门窗

  5.9.2.8 其他

5.9.3 供配电系统

    5.9.3.1 总体设计说明

    5.9.3.2 分类设计说明

    5.9.3.3 低压配电系统

    5.9.3.4 机房用电计算

5.9.4 空调新风系统

    5.9.4.1 需求分析

    5.9.4.2 精密空调系统

    5.9.4.3 机房新风系统

5.9.5 机柜配套系统

    5.9.5.1 标准设备机柜

    5.9.5.2 封闭冷通道结构

    5.9.5.3 机柜专用PDU供电单元

5.9.6 防雷接地系统

    5.9.6.1 机房防雷系统

    5.9.6.2 机房接地系统

        5.9.6.2.1 系统设计标准

        5.9.6.2.2 系统施工要求

5.9.7 综合布线系统

    5.9.7.1 弱电综合布线系统

    5.9.7.2 布线桥架系统

5.9.8 监控门禁系统

    5.9.8.1 系统概述

        5.9.8.1.1 系统架构

        5.9.8.1.2 系统组成

        5.9.8.1.3 系统部署图

    5.9.8.2 系统功能

        5.9.8.2.1 动力配电系统监控

        5.9.8.2.2 环境监控功能

        5.9.8.2.3 安保系统监控

        5.9.8.2.4 物理组态

        5.9.8.2.5 联动控制功能

        5.9.8.2.6 智能报警管理

        5.9.8.2.7 分布式部署

　　　　5.9.8.2.8　可视化视图管理

　　　　5.9.8.2.9　3D可视化

　　　　5.9.8.2.10　界面轮巡

　　　　5.9.8.2.11　统计分析

　　　　5.9.8.2.12　日志管理

　　5.9.8.3　保护区划分

　　5.9.8.4　设计原则

　　5.9.8.5　设计标准

　　5.9.8.6　防护区要求

　　5.9.8.7　系统要求

　　5.9.8.8　安全要求

　　5.9.8.9　防护区技术参数

　　5.9.8.10　设计参数

　　5.9.8.11　七氟丙烷灭火系统介绍

　5.9.9　配置清单

　5.9.10　备份系统

5.11　环保、消防、职业安全卫生和节能措施的设计

　5.11.1　环保措施及方案

　5.11.2　消防措施

　5.11.3　职业安全和卫生措施

5.12　初步设计方案相对可研报告批复变更调整情况的详细说明

第6章　项目建设与运行管理

6.1　领导和管理机构

6.2　项目实施机构

6.3　运行维护机构

6.4　核准的项目招标方案

　6.4.1　招标方案

　6.4.2　招标方式

　6.4.3　招标组织形式

　6.4.4　招标程序

　6.4.5　对中标单位的要求

6.5　项目进度、质量、资金管理方案

　6.5.1　质量管理制度

6.5.2　进度管理制度
6.5.3　资金管理制度
6.6　相关管理制度

第 7 章　人员配置与培训
7.1　人员配置计划
7.2　人员培训方案
7.2.1　培训计划
7.2.2　培训文档

第 8 章　项目实施进度
8.1　项目进度计划
8.2　项目进度计划表

第 9 章　初步设计概算
9.1　初步设计方案和投资概算编制说明
9.2　初步设计投资概算书
9.3　资金筹措及投资计划
9.4　总投资概算表

第 10 章　风险及效益分析
10.1　风险分析及对策
10.1.1　风险识别和风险分析
10.1.2　风险对策和风险管理
10.2　效益分析

第 11 章　附件
11.1　中心机房图纸
11.2　相关图纸
11.3　机房图纸
11.4　投资概算表

参 考 文 献

[1] 陈雪松．司法行政信息化设计与实践［M］．武汉：华中科技大学出版社，2021．

[2] 林宝晶，钱钱，翟少君．网络安全能力成熟度模型原理与实践［M］．北京：机械工业出版社，2021．

[3] 余莉琪，李永华，陈雪松．智慧监狱安防应用［M］．北京：中国法制出版社，2017．

[4] 中建三局第二建设工程有限责任公司．现代医院工程总承包施工技术［M］．北京：中国建筑工业出版社，2016．

[5] 孙培梁．智慧监狱［M］．武汉：华中科技大学出版社，2014．

[6] 王电．公安信息化概论［M］．北京：清华大学出版社，2011．

[7] 叶佩生．电子信息机房技术［M］．北京科学出版社，2011．

[8] 陈雪松．以信息化引擎助力警官学院发展新动能［J］．科技风，2022（3）．

[9] 杨东霞．运用法治手段推动乡村振兴［J］．农村工作通讯，2020（2）．

[10] 段忠贤，刘强强，黄月又．政策信息学：大数据驱动的政策科学发展趋势［J］．电子政务，2019（8）．

[11] 谢贞发．基本公共服务均等化建设中的财政体制改革研究：综述与展望［J］．南京社会科学，2019（5）．

[12] 周俊．公共服务购买中政府与社会组织合作的可持续性审视［J］．理论探索，2019（6）．

[13] 陈一帆，胡象明．大数据驱动型的公共决策过程创新及效果评估——基于SSCI和SCI的文献研究［J］．电子政务，2019（8）．

[14] 李文钊．公共政策研究的范式变迁及其超越［J］．中国人民大学学报，2019，33（4）．

[15] 王帮元．新型智库数据共享平台构建研究——以安徽省公共政策研究评估中心为例［J］．安徽行政学院学报，2019（3）．

[16] 陈秉华．浅谈信息化技术在司法行政工作的应用［J］．法制博览，2019（9）．

[17] 刘益良，袁勇，孙志中．新时代智慧公共法律服务体系建设的实践与思考［J］．中国司法，2019（3）．

[18] 孙威蔚，马韵洁，张金良．基于大数据的司法行政管理服务平台研究［J］．数字通信世界，2019（3）．

[19] 袁艳霞．瞄准短板精准发力推进城乡融合发展［J］．山东干部函授大学学报（理论学习），2019（7）．

[20] 秦祥然，秦祖智．依法治国背景下公共法律服务均等化路径浅析［J］．法制与社会，2019（34）．

[21] 司法部．"数字法治、智慧司法"信息化体系建设指导意见［J］．中国司法，2018（11）．

[22] 孙钰．提高乡村公共产品供给效能［N］．光明日报，2019-06-18．

[23] 郑代良．关注中国社会智库发展中存在的问题［N］．中国社会科学报，2019-07-19．

[24] 陈柏峰．法治社会的辨识性指标［N］．北京日报，2019-06-17．

[25] 刘志阳．技术革命交汇期怎样实现创新赶超［N］．解放日报，2019-08-13．

[26] 邢伟．以标准化促公共服务均等化［N］．经济日报，2019-02-20．

[27] 杨金洲．以人民为中心发展思想的理论逻辑与价值意蕴［N］．光明日报，2018-11-27．

[28] 刘权．区块链：在构筑智慧城市中挑起大梁［N］．中国电子报，2019-11-12．

[29] 刘子阳．司法部有关负责人就《"十三五"全国司法行政科技创新规划》答记者问［N］．法制日报，2017-08-05．

[30] 贾东明，姜祖桢，郭崧．试论"人工智能＋大数据"在司法行政戒毒人员康复训练工作中的应用［C］．第十一届全国体育科学大会论文摘要汇编，2019．

致 谢

感谢以下司法行政机构提供了相关材料供本书参考：

司法部信息中心

北京市司法局

上海市司法局

天津市司法局

重庆市司法局

山东省司法厅

广东省司法厅（含广州市司法局、深圳市司法局）

江西省司法厅（含南昌市司法局、赣州市司法局、赣州监狱）

江苏省司法厅（含南京市司法局、苏州市司法局、苏州监狱）

湖南省司法厅（含长沙市司法局）

贵州省司法厅（含贵阳市司法局）

云南省司法厅（含昆明市司法局、云南省第一监狱、五华监狱、云南省第一戒毒所）

河北省司法厅（含河北省监狱管理局、戒毒局、石家庄市司法局）

内蒙古自治区司法厅（含自治区监狱局、自治区戒毒局、呼和浩特第二监狱）

西藏自治区司法厅（含监狱管理局、戒毒局、拉萨监狱、自治区监狱、曲水监狱、自治区未管所、堆龙戒毒所、昌都司法局、山南司法局、林芝司法局、当雄县司法局）

湖北省司法厅（含武汉市司法局、武昌区司法局、宜昌市司法局、襄阳市司法局、咸宁市司法局、潜江市司法局、仙桃市司法局、恩施土家族苗族自治州司法局、省监狱管理局、省戒毒管理局、省社区矫正局、襄阳监狱、襄北监狱、襄南监狱、汉江监狱、广华监狱、荆州监狱、孝感监狱、省未管所、省女子监狱、省狮子山戒毒所、省女子戒毒所、省未戒所、黄冈戒毒所）

感谢以下公司（按汉语拼音排序）参与司法行政系统信息化建设，并提供了相关建设方案供本书参考：

阿里巴巴网络技术有限公司
北京百度网讯科技有限公司
北京大视景科技有限公司
北京飞利信科技股份有限公司
北京航天世纪投资咨询有限公司
北京华宇信息技术有限公司
北京旷视科技有限公司
北京数字冰雹信息技术有限公司
北京天融信科技有限公司
北京小鱼易连科技有限公司
广州聚星源科技有限公司
杭州叙简科技股份有限公司
湖北省楚天云有限公司
湖北邮电规划设计有限公司
华为技术有限公司
华信咨询设计研究院有限公司
科大讯飞股份有限公司
浪潮集团有限公司
律品汇科技（北京）有限公司
南京擎天科技有限公司
上海百事通信息技术股份有限公司
深圳市腾讯计算机系统有限公司
武汉达梦数据库有限公司
武汉实为咨询监理有限公司
无锡中铠信息咨询服务有限公司
新华三技术有限公司
中国长城科技集团股份有限公司
中国船舶集团有限公司第七二二研究所